어드밴스드 코칭포유

코칭대상	› CEO, 임원, 팀장, 중간관리자
코칭목적	› 코칭의 심화된 방법론을 이해하고 적용한다. › 상황별 1:1코칭·이슈별 팀코칭으로 현업 문제를 해결한다.
교육특징 및 기대효과	› 인코칭 핵심 프로그램 코칭포유의 심화버젼 › 상황별 1:1 코칭으로 리더십 강화 › 이슈별 팀코칭으로 생산성 향상 › 현업에 효과적인 코칭 ToolKit 제공으로 지속적 활용 › 전문코치 피드백 코칭 심화스킬
참가자 추천사	› 현장에서 바로 적용할 수 있는 Tip과 도구들이 가득한 과정 › 코칭의 효과성에 대해 다시 한번 생각해 보고, 실제 조직에서 느낄 수 있는 코칭의 선입견을 지울 수 있는 시간이었다. › 9스토리의 모든 사례들이 우리조직에서 가장 큰 이슈들이라 놀랍고 흥미로웠다. › 흔한 코칭교육인줄 알고 들어왔는데, 감정을 인식하고 관리하는 부분이 굉장히 신선했고 우리 리더들에게 가장 추천하고 싶은 부분이다.
문의	› 문의처 02-780-5464

TALC
Think, Act, Learn & Change

조직의 가면을 벗어라:
코칭으로 만드는 미래

P 03
00
COVER STORY
TALC을 시작하며

P 04
01
COVER STORY
조직의 가면을 벗어라

P 10
02
COVER STORY
가면을 벗는 용기

P 14
03
COVER STORY
진정성을 표현하는 방법,
코칭에 대하여

P 29
04
COVER STORY
팀장급 리더 300명이
말하는 '코칭 리더십의
필요성'

P 33
05
COVER STORY
커뮤니케이션의 비밀 -
한영 칼럼

P 37
06
한국 코칭 발전사
한국 코칭 10년
(2004~2014)의 발자취

P 52
07
한국 코칭 발전사
Big Data로 보는
한국 코칭 10년의 의미

P 63
08
한국 코칭 발전사
한국 코칭 관련
조직 정보

P 67
09
조직 내 코칭
조직 내
코칭에 대하여

P 75
10
조직 내 코칭
'힘'을 빼면 조직 내
갈등이 해결된다

P 79
11
조직 내 코칭
가치관 경영으로
생산직의 문화를 바꾸다

P 85
12
조직 내 코칭
조직 내 코칭 프로세스
한눈에 살펴보기

P 95
13
조직 내 코칭
코칭 프로젝트
성공 전략

P 106
14
조직 내 코칭
코칭 Q&A

P 109
15
조직 내 코칭
코칭받은 계기와 느낀 점

P 121
16
전문코치
코치에 대한 Data

P 135
17
전문코치
코치가 되기까지의
STORY

P 153
18
COACH
코칭 슈퍼파워
Level Test

Think, Act, Learn & Change
TALC

2쇄 2017년 9월 15일
발행 인코칭
발행인 홍의숙
편집장 김재은
디자인 디렉터 황인권
디자인 인권앤파트너스
인코칭 R&D 센터
홍의숙, 김재은, 이솔잎, 남미진, 정용환
우성식, 방성희, 최영지, 왕영민

주소: 서울특별시 서초구 방배로 117, 4층
전화: 02-780-5464
FAX: 02-780-5465

등록: 2012. 10. 5. 300-2012-189
ISBN: 979-11-956191-0-8 (13320)

이 책의 저작권은 인코칭에게 있으며
무단 복제와 전재는 법으로 금지되어 있습니다.

TALC를 시작하며

모든 사람들은 대화를 하며 살아갑니다.
내 머리와 마음속에 가득차 있는 것들을 하나 하나 꺼내 놓으며
나만의 이야기를 풀고 또 다른 사람의 이야기로 내 속을
다시 채우며 대화합니다.
코칭은 서로를 믿어주는 사람들이 만나 더 나은 방향으로
발전할 수 있도록 함께 대화하고자 하는 목적을 가지고 있습니다.
우리는 코칭의 아름다운 목적에 대해서는 알고 있지만
사실 어떤 프로세스로 진행되고 어떤 대화를 나누는지
자세히 알지 못합니다.
하지만 여기 저기서 코칭이 좋다고 합니다.
그래서 그 궁금증을 해결하고 코칭을 더 많이 활용하고자
TALC 시리즈를 기획하고 출간하게 되었습니다.

TALC은 코칭이 대화(TALK)의 형태를 취하는 것에
창안해 만든 단어입니다.

코칭이 적용되는 모든 부분에서 **T**hink 생각하고,
그렇게 생각한 것을 행동 **A**ct 으로 옮기고,
서로에게 배우고 **L**earn,
그리고 변화 **C**hange 하는 모습을 보여줄 계획입니다.

그 첫번째 이야기는 기업에서 가면을 벗고 진정성을
나타낼 수 있는 '코칭'의 방법을
모색해 보는 것으로 시작하려고 합니다.

코칭산업에 기여하고자 하는 의도로 이 책을 시작할 수 있는 기회를
주신 인코칭의 홍의숙 대표님, 그리고 처음부터 끝까지 동행하며
최고의 파트너가 되어주신 인권앤파트너스의 황인권 대표님께 깊은
감사를 드립니다.
조직원이 인정하는 꽤 괜찮은 일터를 만드는데 도움이 되길 바라며…

편집장 **김재은**

TALC · 01
생각하고, 행동하고, 배우고, 변화하고자 하는 노력에 대한 이야기

COVER STORY

조직의 가면을 벗어라

일하기 좋은 기업(GWP)의 핵심은 상하간의 관계민주화이다.
계급에 바탕으로 둔 수직적 서열조직이 아니라 역할과 책임에 기반한 수평적 자율조직이 진정으로 일하기 좋은 기업의 조건이다

일하기 좋은 기업, 멋진 일터라는 개념의 GWP(Great Work Place). 구성원들이 신바람 나게 일할 수 있는 조직문화를 만들기 위한 GWP에 대한 고민은 이미 오래전부터 기업이 풀어야 할 숙제였다. GWP개념은 외환위기 이후 엄청난 규모의 구조조정 후유증을 만회하고 더불어 지속가능한 성과를 창출하자는 취지에서 일부 대기업에서 도입된 뒤 점차 확산되어 왔다. 최근에는 소속 구성원들과 유대감을 키운다거나, 구성원들의 모성애와 부성애를 보호해주어 마음 편히 일 할 수 있는 근무환경들을 GWP의 조건으로 선정하고 있다.

그런데 구성원들의 편안한 업무환경을 위해 도입된 GWP인데도, 오히려 구성원들의 반발이 생기는 경우가 발생하여 역효과를 낳는 기업들도 어렵지 않게 볼 수 있다. 왜 그런 것일까? 회사가 GWP를 위해 새로운 규정을 만들어내면서 정해진 틀에 맞춰 전체 구성원들이 무조건 따라야 한다는 식으로 GWP를 위한 GWP규정을 강요하기 때문이다. 또한 안락해 보이는 사무공간을 제공하고 있는지, 카페테리아나 구내식당에서 양질의 식사를 제공하는지, 스트레스를 해소하기 위한 취미활동 공간이 구비되어 있는지 등 외관상의 조건에 더 많은 관심과 투자를 쏟았기 때문이다. 정작 중요한 것은 구성원들이 진정으로 무엇을 필요로 하는지를 파악하여 구성원들 관점에서 실행해야 함에도 그러지 못하고 있는 것이다. 그러다 보니 눈에 보이는 것들만 놓고 봤을 때에는 누구나 일하고 싶어 하는 꿈의 직장으로 거론되는 몇몇 기업들도 내면을 들여다 보면, 막상 그 조직에 있는 구성원들은 만족하지 못하는 이중성을 가지고 있다. 겉으로만 화려한 가면을 쓰고 있는 셈이다. 이처럼 눈에 보이는 부분에 치중하여 조직문화의 시각적인 효과에 연연하다보면, 정작 중요한 핵심을 놓치기 쉽다. GWP의 핵심은 구성원들이 자발적으로 열정을 갖고 일할 수 있도록 회사가 어떻게 진정성있게 배려해줄 것 인가이다. 제도나 프로세스 자체보다 진정으로 구성원들이 일하기 좋은 환경을 체감하고 가식없이 자발적이고 자율적으로 자신의 일에 몰입하고 있느냐가 관건이다.

돈이 많다고 해서 인생이 무조건 행복하다는 방정식은 존재하지 않는다. 복리후생수준이 잘되어 있다고 해서 모든 구성원들이 행복할 거라고 믿는 것은 착각이다. 구성원들이 자신이 속한 조직에 대해 행복감을 느끼는 기준은 2가지이다. 첫 번째는 자부심이다. 자신이 속한 조직이 자신을 인정해 주고 다른 사람들에게 자랑하고 싶을 만큼 훌륭한 조직문화를 갖추고 있을 때 가능하다. 물론 급여수준이나 복리후생수준이 기본적으로 뒷받침되어야 함은 물론이다. 두 번째는 기대감이다. 이렇게 열심히 일하면 5년후나 10년후가 되었을 때 발전된 회사의 모습과 성장한 자신의 모습을 기대할 수 있어야 한다. 지금 당장 조금 힘들더라도 5년후의 미래 모습이 확실하다면 현재는 충분히 즐겁게 참아낼 수 있는 것이다.

「열정과 몰입의 방법」의 저자 케네스 토마

스(Kenneth Thomas)에 따르면, 조직에 속한 사람들이 자신이 하고 있는 일에 열정적으로 몰입하고 헌신하게 되는 요소는 4가지라고 한다. 자신이 가치 있는 일을 하고 가치있다고 느낄 때, 자신이 업무수행의 자율성이 있다고 느낄 때, 자신에게 업무수행의 역량이 충분히 있다고 느낄 때, 자신이 업무를 통해 발전하고 있다고 느낄 때라는 것이다. 금전적 보상을 통한 단순 거래적 관계보다는 사람에 대한 이해를 바탕으로 일하는 과정을 통해서 보람과 가치를 느끼게 하고, 일을 통해 자신이 성장하고 있다는 성취감을 느끼게 해야 일에 미친다는 것이다.

구성원들을 만족시키기 위한 조직문화의 가장 중요한 원칙은 구성원들이 일에서 재미와 열정을 느끼게 할 수 있는가이다. 형식적이고 제도적인 측면에서 운영했던 조직문화를 탈피하여 구성원들이 진정으로 무엇을 원하는지 사람 중심의 조직문화를 가꿔나가야 한다. 그러려면 조직은 다음의 3가지에 대해 현재 자신의 상태를 파악하고, 문제가 있다면 코칭을 통해 문제를 극복하려고 노력하는 조직이 되어야 한다.

첫째, 회사와 구성원들의 업에 대한 본질을 명확히 인식하도록 한다.

업(業)은 시장에서 거래하고자 하는 것이다. 업의 본질은 경영활동을 통해 고객과 사회에 우리 회사가 기여하고자 하는 가치이다. 수없이 많은 기업들이 시장에 나와 있는 데 왜 또 우리 기업이 시장에서 경영활동을 해야 하는 지에 대해 답을 해 놓은 것이 업에 대한 철학. 즉, 미션(Mission)이다. 회사의 구성원들도 자신이 조직생활을 통해 회사에 기여하고자 하는 가치가 무엇인지 구체적이어야 한다. 업에 대한 본질은 삶의 이유이자 열정적으로 일하게 하는 근본이다.

둘째, 조직과 개인의 역할과 책임을 명확하게 규정해준다.

업에 대한 본질을 지속적으로 추구하기 위해서는 조직의 성과창출에 기여해야 할 '역할(役割)'과 역할수행을 통해 '책임(責任)'져야 할 성과기준을 분명히 알아야 한다. 직책수행자로서의 역할도 중요하지만 매월 매주 선택과 집중해야 할 역할과 책임을 구체적으로 인지하도록 해줘야 한다. 자신의 역할과 책임이 불분명하면 나름대로 열심히 일하긴 하는데 구체적으로 자신이 조직의 어떤 성과에 기여하고 있는지 잘 알지 못하여 성취감이 떨어진다.

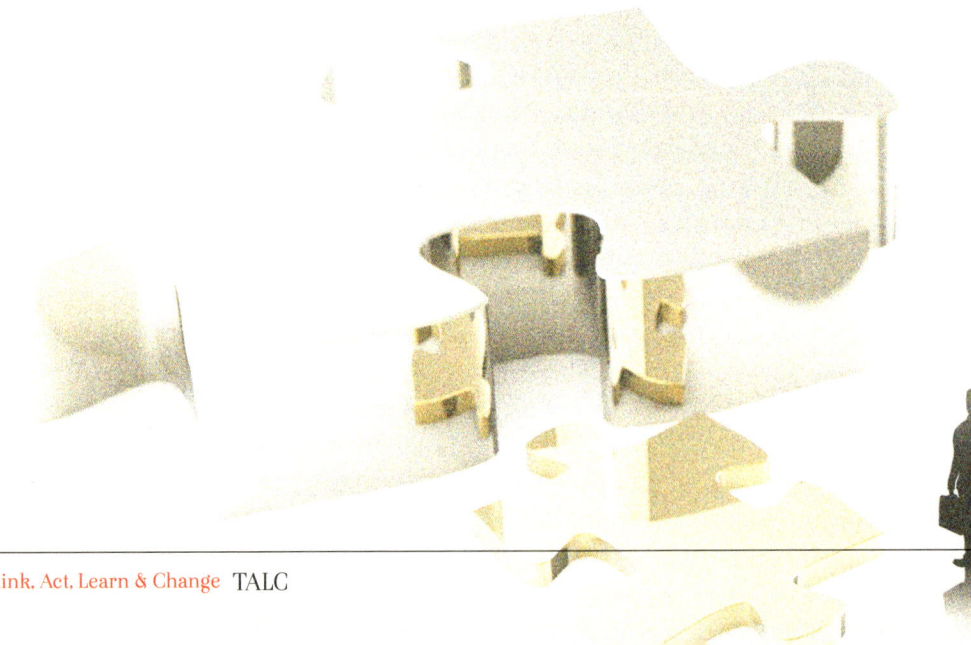

금전적 보상을 통한 단순 거래적 관계보다는 사람에 대한 이해를 바탕으로 일하는 과정을 통해서 보람과 가치를 느끼게 하고, 일을 통해 자신이 성장하고 있다는 성취감을 느끼게 해야 한다

셋째, 상사중심의 지시보고조직에서 실무자 중심의 자율책임조직으로 혁신시킨다.

지금까지 기업의 경영관리방식이 상사중심의 지시통제방식이었다면, 이제는 실무자가 자신이 책임져야 할 성과창출을 위한 전략과 방법을 창의적이고 혁신적으로 고민하고 주체적으로 실행할 수 있는 자율책임 경영방식의 업무 생태계를 만들어 주어야 한다. 조직의 외부환경과 내부 업무환경 그리고 구성원들의 심리적 환경을 고려해 보면 이제는 예전처럼 리더가 하위조직에서 하고 있는 일들을 일일이 보고 받고 의사결정해 줄 수 없는 환경이다. 분기나 월간단위로 역할(Role)과 책임(Responsibility)을 구체적으로 부여하여 주체적으로 실행할 수 있도록 자율적인 분위기를 만들어주고, 리더는 잘 실행할 수 있도록 실행전략과 방법을 코칭하는데 중점을 두어야 할 것이다. 그런데 이러한 리더들의 지시보고방식의 업무관리 습관이 혁신되기 위해서는 성과코칭훈련이 지속적으로 이루어져야 할 것이다. 리더 스스로 과거의 관리습관이 코칭습관으로 바뀌지 않는다면 결코 구성원들의 신바람나게 일할 수 있는 조직문화를 만들기란 어려울 것이다.

과거와 같이 단기적으로 처방하던 물리적인 조직변화나 혁신은 좋은 일터가 되기 어렵다. 기업은 구성원이 성과창출을 위해 노력하겠다는 의지를 어떻게 하면 더욱 즐겁게 할 수 있는지, 그리고 어떻게 하면 그들의 가치를 높여 줄 수 있는지를 고민해야 한다. 구성원들이 자신의 일을 즐거워하고, 그 일을 통해서 꾸준히 성장하게 되는 과정이 연결되면, 회사와 같이 성장하고 있다는 확신과 자신의 인생을 주체적으로 살아가고 있다는 믿음이 형성될 수 있다.

글로벌 경영환경이 '가치 공유'의 시대로 접어 들어가면서, 경영품질과 구성원 브랜드가 중요해졌다. 눈에 보이는 유형가치를 넘어서 특별한 부가가치, 즉 눈에 보이지 않는 구성원 브랜드의 무형가치를 높임으로써 성과를 지속적으로 이끌어내야 한다. 경쟁기업과 차별화된 역량을 지속적으로 강화하고 가치를 창출할 수 있도록 기업들에게 중장기적 관점의 노력이 절실한 때이다. 앞으로의 기업은 지속적으로 성과가 창출될 수 있도록 구성원들이 마음껏 자신의 의지대로 즐겁게 일을 하며, 성과와 역량에 근거하여 공정하고 합리적으로 처우하는 조직문화를 형성하여 구성원들의 열정과 창의성을 응원해주기 위해 노력해야 한다.

류랑도

류랑도는 경영학 박사이자 더퍼포먼스의 대표이다. 저서로 <일 공부>, <일을 했으면 성과를 내라> 등 다수가 있으며 성과창출전문가로 활동하고 있다.

리더십 코칭으로
제조업의 혁신을 이끈다

Coaching for Innovation 코칭포이노베이션은
제조업 현장직 리더와 팀원이 함께 리더십을 발휘해
조직문화를 혁신하고 기업의 생산성을 높일 수 있도록
맞춤형으로 구성된 코칭 과정입니다.

대상 제조업 현장직 리더, 동일한 팀원들
인원 각 그룹당 5~15명

기대효과

1. 혁신적 기업 문화 형성

리더십 마인드 강화와
커뮤니케이션 능력 향상을 통해
긍정적이고 혁신적 기업문화를
구축합니다.

2. 생산성 향상

소통능력 향상과 아이디어 제고를
통해 불량률 저하와 시간당
생산성을 향상 시킵니다.

3. 역량 강화

코칭 리더십 발휘를 통해
자존감이 높아지고 개인 역량이
강화됨으로써 업무 만족도가
향상됩니다.

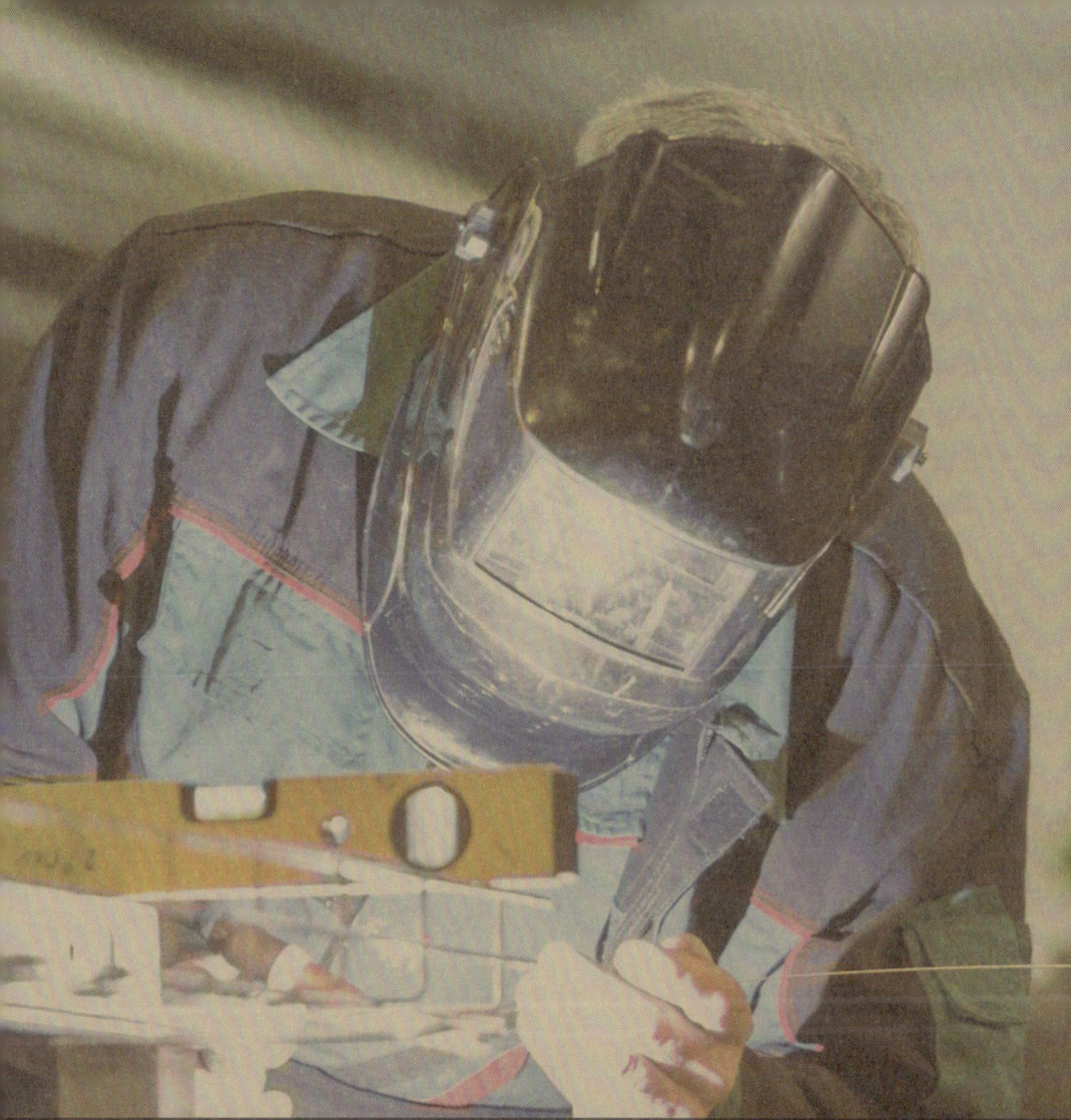

incoaching

구성
* 기업의 니즈에 맞춰 그룹코칭 혹은 팀코칭으로 진행됩니다.
    그룹코칭: 동일한 직급의 구성원으로 진행
    팀코칭: 동일한 팀의 구성원으로 진행
* 코칭포이노베이션은 총 4단계로 구성되어 있습니다.
* 각 단계는 2개월간 총 4회의 코칭으로 진행되며 코칭과 코칭 사이의 과제를 통해 현업 적용도를 높입니다.
    1단계: 나의 혁신 〉〉〉 2단계: 소통의 혁신 〉〉〉 3단계: 해결방법의 혁신 〉〉〉 4단계: 지속성장의 혁신
* 일회성이 아닌 단계별로 진행되어 지속적 효과를 통한 혁신을 통해 성과 창출에 기여합니다.

※ 비용 : 단계별 600만원

※ 문의 : P. 02-780-5464   Email. jek@incoaching.com
H. www.incoaching.com   F. facebook.com/incoachingKR
Coaching Log: report.coachtown.org   A. 서울특별시 서초구 방배로 117

조직의 가면을 벗어라: 코칭으로 만드는 미래

TALC · 02 현 상황에 솔직하고 빠르게 대응하는 성과내는 조직 만들기

COVER STORY

가면을
벗는 용기

이제 더는 허상(虛像)에
자신을 가두지 말자,
가면을 벗어 버리자

과거 산업사회와는 달리 정보지식사회에서는 모든 것이 너무도 빠르게 변하여 많은 리더들이 리더십을 발휘하는 것에 힘겨워하고 있다. 아직 현장에서 지휘봉을 잡고 있는 리더들은 대부분 우리 사회가 부족한 것이 많아서 어떤 것이든 생산해내면 팔 수 있는 시대에 존재 했기에 지금처럼 치열하지는 않은 상태에서 리더십을 발휘했다.

즉 무(無)에서 유(有)를 만드는 것이 많으니까 서로 모르는 것도 많고 조금만 쓸 만하면 그것이 어떤 것이든 인정을 받기가 쉬웠다. 그러나 정보사회에서는 모든 것이 노출 되어 있어서 비교확인이 빨라졌고 그 가운데 새로운 것을 만들어 간다는 것이 너무도 어렵기에 리더들이 무엇인가 탁월한 제품이든 아이디어든 찾아내는 것이 힘든 상황이다.

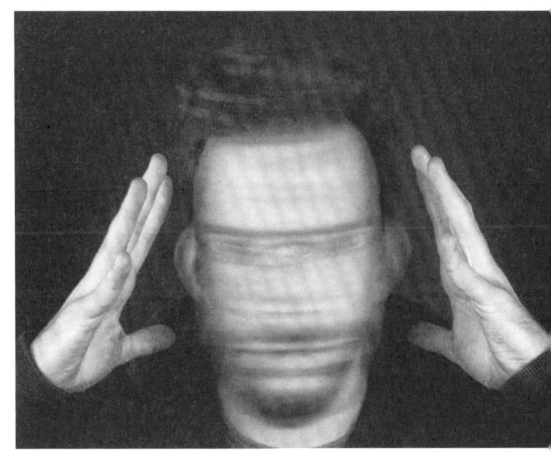

D사의 박 사장은 엔지니어 출신으로 대학 졸업 후 10년 동안 대기업에서 일했던 경험을 가지고 회사를 차렸다. 현재 D사는 20년이 되었고 본인의 아이디어로 만들어졌던 해외에서도 인정받는 제품 3-4개로 직원 100여명과 지내왔는데 3년 전부터 유난히 조직을 경영하는 것이 전 같지 않고 힘들다는 생각에 잠 못 이루는 날이 많아졌다.

회사 매출이 점점 줄어들고 새로운 아이템은 나오지 않다보니 직원들의 사기도 떨어지고 그 동안 잘 키웠다고 생각한 좋은 직원은 사표를 내고 생산성은 점점 나빠져 가기 때문이다.

박 사장이 더 괴로운 것은 경기가 계속 나쁘다 보니 다른 기업에 비해서 D사에 대한 전체적인 평은 안정적인 회사, 사장이 리더십을 잘 발휘해서 별로 이직률이 없는 회사로 인식되어 있다는 것이다.

그 말이 아주 틀렸다고는 할 수 없지만 그것은 과거의 상황이고 현재는 진짜 문제 속에 들어와 있기 때문이다.

솔직히 자신이 그 동안 발휘했던 리더십은 대기업에서 10년 동안 있으면서 몸에 배였던 스타일로 시키면 시키는 대로 까라면 까는 형식으로 해왔다. 그러다보니 모든 직원들은 자신의 결정만 기다리고 있는 것이고 본인도 그것을 당연히 여겨서 지금까지 일해오다보니 대부분 수동적인 직원들이라 위기의 상황에서도 누구 하나 새로운 아이디어를 내놓지 못하고 있는 것이다. 더 이상 물러설 곳이 없다고 판단한 박 사장은 자신부터 변화를 하겠다고 선언하고 조직의 혁신을 꾀하기 시작했다.

먼저 회의 방식부터 변화를 가져가기 위해서 스스로 선언하기를 '이제부터 회의 시간이 1시간이면 나의 발언은 10분 이내로 할테니 나머지는 당신들이 다 준비해서 진행해

보라'고 했다. 그 후에 직원들이 맡아서 하는데 워낙 수동적인 자세로 살아왔던 사람들이라 정말 변화에 어려움을 겪었다. 처음엔 모두가 입을 다물고 고개를 숙이고 있고 어쩌다 누가 말하면 계속 그 사람만 말하는 상황이 벌어진 것이다. 어떨 때는 10분 이내로 발언하겠다고 한 자신부터 약속을 어기고 혼자서 30분을 또 이야기하며 직원들에게 훈계를 하고 있는 모습을 발견하고 자괴감을 느꼈다.

어떻게 해야 진정한 변화를 이끌어갈 수 있을까를 고민하면서 문득, 자신이 직원들과 타 기업인들과의 만남에서 정말 힘들다는 내색을 별로 하지 않았다는 것을 발견하고 그 동안 자신은 직원들에게, 다른 기업인들에게 어쩌면 가면을 쓰고 대한 것이라는 생각이 들었다. '이제 더는 허상(虛像)에 자신을 가두지 말자, 가면을 벗어 버리자'라는 각오를 하고 회의 시간에 직원들에게 자신이 지금 얼마나 힘든지, 우리 회사가 앞으로 얼마나 버틸지, 솔직히 내가 더 이상 아이디어도 생각나지 않고 두려움에 잠 못 이루고 있다. 당신들이 날 도와주지 않으면 나는 회사를 지켜나갈 수 없다는 말을 했다.

그 동안 나 아니면 안 된다는 생각, 그래서 당신들은 내가 없으면 아무것도 아니라는 식으로 경영해왔던 사람이 나를 따라오라고 했던 이들에게 도와달라고 요청을 하는 이 상황이 정말 너무도 힘들었다고 했다.

모든 일을 시키는 일이나 잘하라고 했던 사장이 가면을 벗자 직원들이 달라지기 시작했다.

영업을 하러 나가는 것이나 새로운 아이템을 찾아 서로 토의를 하는 것이 어색했던 그들이 삼삼오오 짝을 지어서 회의를 하는데 점점 벽에 포스트잇이 늘어나면서 목소리들도 높아졌다. 그 중 용기 있는 직원이 자신들이 어느 정도 회의를 한 후 박 사장에게 참석해서 조언을 해달라는 요청을 하기도 했다. 재미있는 것은 모두 수동적으로 행동하는 사람들인 줄 알았는데 의외로 적극성을 띈 직원들이 나타나기 시작했고 그들이 새로운 문화를 만들어가는 것을 보게 되었다.

박 사장 자신이 먼저 가면을 벗어버리면서 조직원들의 수동적인 가면도 벗겨지기 시작한 것이다. 그 동안 자신이 쓴 가면에 대해 아무런 의심 없이 살아왔다가 위기 상황에서 솔직하라는 정공법을 택하여 D사는 바람직한 모습으로 문화를 만들어가고 있다.

많은 이들이 모여서 일을 만들어내는 조직의 힘은 매우 크다.

정확하게 표현하기는 어렵지만 그 속에 녹아져있는 조직의 문화가 주는 가치는 돈으로 환산하기 어렵다고 본다.

건강한 조직문화는 직원들의 사고와 행동

박 사장 자신이 먼저 가면을 벗어버리면서 조직원들의 수동적인 가면도 벗겨지기 시작한 것이다

에 올바른 방향과 힘을 실어주게 된다. 하나로 뭉치게 하고 삶의 의미를 찾게 해주는 중요한 역할을 하는 것이다.

너새니얼 호손(Nathaniel Hawthorne)의 큰바위 얼굴에서 보면 주인공 어니스트는 어머니께 들은 큰바위 얼굴의 위대한 전설을 생각하며 주인공을 만나기 위해 기다린다. 자신은 항상 부족한 사람이라 생각하며 노력하면서 자애와 진실, 사랑을 전하며 큰 위대한 인물이 나타나길 평생 기다렸으나 만날 수 없었다. 노년이 된 그는 한 시인에 의해 그가 큰 바위의 얼굴을 하고 있다는 소릴 들었다. 오랜 기다림과 노력이 그를 그토록 원했던 큰 바위 얼굴을 닮은 사람으로 만든 것이다.

우리는 습관이라는 이름으로, 성공적인 경험을 했던 것으로 아무런 의심없이 당연하다는 듯이 행동하며 살아갈 때가 많이 있는데 자신들이 속한 조직은 어떤지 가끔씩 멈추어서 점검 해보자.

우리 조직은 지금 어떤 가면을 쓰고 있는지. 그 가면을 벗으면 어떤 모습이 보여질지… 그리고 진정으로 원하는 조직의 모습이 무엇인지.

나부터 원하는 조직을 생각하며 거기에 걸맞는 행동을 한다면, 조직의 가면이 벗겨지면서 오히려 더 빛을 발할 것이다.

홍의숙

홍의숙은 경영학박사로 기업코칭전문회사인 인코칭의 대표이사이다. 코칭 관련 저서로 <초심>, <경영천재가 된 CEO> 외 다수가 있으며 코칭산업의 성장과 지식사업수출을 위해 노력하고 있다.

조직의 가면을 벗어라: 코칭으로 만드는 미래

TALC · 03 코칭의 발전, 정의, 철학, 필요성을 알아본다.

COVER STORY

진정성을 표현하는 방법, 코칭에 대하여

인코칭 R&D 센터

가면을 벗고 진정성 있는 자신의 모습을 보여주기 위해서는 언제 어떻게 가면을 벗을지 알아야 한다.
또한 가면을 벗은 모습에 대한 사람들의 반응에 따라 그 다음 순서로 무엇을 해야 할지 알아야 한다.
그렇다면 가면을 벗고 진정한 자신의 마음과 의도를 표현하는 방법은 무엇일까?

많은 기업의 HR 담당자들은 그 방법으로 '코칭'만큼 좋은 것이 없다고 이야기 한다. 코칭은 리더 스스로가 자신의 이야기를 직접 꺼내놓을 수 있도록 마음의 문을 여는 도구이기 때문이다. 특히 기업코칭은 개인의 목표가 기업의 목표와 한 방향으로 정렬하게 만드는데 결정적인 기여를 한다. 누가 시켜서 그렇게 하는 것이 아니라 자기 스스로가 목표를 정하고 중간 단계를 경험하면서 방향성을 찾기 때문에 자발성을 강조하는 것이다.

하지만 코칭을 들어보기는 했지만 정확히 무엇인지에 대한 것은 모르거나 짐작으로 자의적 해석을 하는 경우도 많다. 코칭을 한다고 했지만 코칭을 제대로 하지 않아 부작용이 생기는 수 많은 경우가 잘못된 코칭 지식에 대한 반증이다.
코칭에 대해서 제대로 알아보자.

Main Idea

이슈	해결책	상세 내용	사례
관리자들은 자신의 진정성을 구성원들에게 표현하는 방법을 알지 못한다.	기업 코칭은 개인의 이슈를 조직의 이슈와 연결지어 진정성을 표현하고 스스로 성장할 수 있는 해결책을 찾도록 돕는 리더십의 도구이다.	코칭이 무엇인지 명확히 아는 것이 필요하다. · 코칭의 발전 · 코칭의 정의 · 코칭 철학 · 코치의 필요성 · 코치의 역할 · 주요 코칭 주제 · 코칭 구분하기 · 코칭 스킬	· 전문 코치에게 코칭을 받아 문제를 해결한다. · 관리자를 조직 내 코치로 육성하도록 지원한다.

코칭이란?

코칭에 대한 정의는 매우 다양하지만, 이들의 공통적인 핵심 요소는 변화와 성장 그리고 지원과정이라 할 수 있다. 변화와 성장은 개인의 삶에 가치와 의미를 부여해 주는 과정으로 자아 실현, 능력 개발, 성과 향상 및 관계 증진 등 인생의 다양한 측면에서 이루어 질 수 있다. 따라서 코칭은 변화와 성장이 필요한 개인이라면 누구에게나 필요하고 효과적일 수 있다. 현재의 개인이 처한 상황에서 문제의 해결 방법을 찾도록 지원하고, 실제 변화를 이룰 수 있도록 행동 변화를 파트너로서 지원해 주기 때문이다. 이러한 이유로 프로 골퍼에게도 장점을 보다 더 잘 발휘하기 위해 코치가 필요하며, 기업의 CEO에게도 새로운 역량 개발과 지속적인 성과 향상을 위해 전문 코치가 필요하다.

코칭이 변화와 성장을 목표로 하지만, 이를 이뤄 나가는 과정상의 특징에 따라 코칭이 차별화될 수 있다. 즉, 코칭은 수동적인 변화가 아닌 자기 주도적인 변화를 목표로 하며, 일시적인 변화가 아닌 지속적인 변화를 추구한다. 뿐만 아니라 코칭은 상담에서 중요하게 여기는 치유적 변화 보다는 끊임없이 새로운 목표를 향한 성장 지향적인 변화를 이끈다는 점이 다르며, 문제해결에 초점을 두기 보다는 문제 해결 능력을 키우는데 초점을 둔다는 점이 특징이다.

코칭 과정에서 코치는 고객 개인의 현재 상황을 파악하고, 의사 결정에 도움을 주거나 문제를 해결할 수 있도록 지원한다. 특히 본인 스스로는 파악하지 못한 부분에 대한 통찰력을 갖게 하고, 내면의 변화를 행동으로 옮길 수 있도록 하는 일련의 과정에서 중요한 역할을 한다.

코칭의 의미를 이해하기 위해서는 '코치'의 어원을 확인해 보는 것이 도움이 된다.

헝가리의 도시 코치에서 개발된 네 마리의 말이 끄는 마차
Henry Alken의 작품 (1785-1851)

코칭의 발전

코치의 어원은 헝가리의 도시 코치(Kocs)에서 개발된 네 마리의 말이 끄는 마차에서 유래한다. 이 마차는 '코치'라는 명칭으로 불리며 전 유럽으로 확산되었다. 영국에서는 지금도 택시를 코치라고도 부른다. 반대로 집체교육은 Training이라고 한다. 다수를 싣고 한 목적지로 가는 기차인 train에서 유래됐다고 할 때 코칭과 집체교육의 차이를 구분할 수 있다. 택시 기사와는 어디로 갈지 목적지를 정하면 함께 대화하며 길을 찾아가는데 바로 그 과정을 코칭이라고 보면 된다.

코칭을 가장 많이 쓰는 분야 중 하나가 바로 스포츠이다. 스포츠에서 코칭의 개념은 보통 코치가 주체가 되어 선수들에게 운동에 필요한 체력, 기술 등을 지도하면서 인격적인 상호교류를 갖는 가르침의 형태, 혹은 선수가 운동에 참가하는데 관련된 지식이나 체력, 기술, 태도, 철학 등을 효과적으로 습득할 수 있도록 코치가 해야 할 총체적 행위를 말한다. 스포츠 코칭의 내용은 크게 선수와 팀의 경기력 향상과 최대의 경기력 발휘이다. 선수와 팀의 능력

토마스 레너드
Thomas J. Leonard

을 높은 수준으로 향상시키지 않고서는 시합에서 좋은 성적을 기대할 수 없기 때문이다. 자질 있는 선수도 중요하지만 어떤 코치를 만나느냐에 따라 엄청난 성과의 차이를 보이기 때문에 월드컵 시즌이 되면 이번엔 어떤 코치를 영입할지 모두 관심을 갖곤 한다. 1880년대 스포츠에서 일대일 훈련을 담당하는 사람을 코치라고 하는데, 스포츠의 개념이 기업에서 활용되면서 비즈니스에서도 일대일 성장을 지원하는 역할을 하는 사람을 '코치'라고 부르게 된 것이다. 현재의 코칭은 1980년대 토마스 레너드(Thomas J. Leonard)로부터 시작되었다. 그는 재무플래너로 고소득 전문직군들의 재무컨설팅을 하면서 아무것도 부족함이 없어 보이는 사람들에게도 도움이 필요하다는 것을 깨닫게 된다. 어떤 집을 사야 할지, 어떤 차를 구매하면 좋을지, 언제 은퇴하는 지 등 다른 사람과는 이야기 할 수 없었던 주제에 대해 고객들은 레너드와 코칭 대화를 나눔으로 보다 나은 미래를 계획할 수 있었다. 이것이 인기를 끌면서 1980년대 후반에 미국의 기업들이 코칭을 도입했고 전문적인 비즈니스 코칭이 시작되었다.

우리나라에서 '코칭'이라는 용어가 사용되기 시작한 것은 2000년대 초반이다. 최근에는 개인의 삶을 이야기 하는 라이프코칭, 성과 향상과 리더십 역량 개발을 위한 비즈니스 코칭, 경력 개발을 위한 커리어코칭, 교육 방법을 코칭하는 학습코칭, 영업력을 강화시키는 세일즈 코칭 등 전문 분야가 더욱 다양해지고 있는 추세이다.

특히 코칭은 산업사회에서 지식, 정보화 사회로 이동되면서 더 빠르게 발전하고 있다. 산업사회는 수직적 사회(단계가 많다)로서 상사가 권력(힘)을 가지고 있었다. 상사와 부하직원의 관계는 지배 종속적인 관계였기에, 상사는 과거의 경험, 지식을 통해 해답을 저장해 두었다가 상황에 맞는 '기성품 정답'을 부하직원에게 제공할 때가 많았다. 그러나 지식, 정보화 사회에서는 절대적인 정답이 존재하지 않는다. 정보도 급속도로 변하고 있으며 그 정보에 대한 접근성도 보편화 되면서 상사보다는 현장에 있는 부하직원이 더 많은, 상황에 맞는 해답을 가지고 있는 경우가 많아진 것이다. 단 하나만의 정답이 아닌 다양한 해답, 눈으로 확인하기가 힘들 정도로 속도도 빠르게 변하고 있다. 또한 위계질서를 중요시 하던 것이 직급, 부서가 아닌 프로젝트에 따라 구성되는 플랫형(프로젝트형) 조직구조가 효과적이 되었다.

이와 같은 이유로 현대 사회를 '정답'이 없는 시대'라고 말한다. 하나의 정답이 있다기 보다는 다양한 해답들이 있으며 윗사람이 정답을 갖고 아랫사람에게 전달하는 것 보다는 매일 매일 새로운 방식의 해답들이 많은 사람들에 의해 개발되고 있는 시대이기 때문이다. 바람직한 리더는 '구성원이 가진 해답을 이끌어 내기' 위해서 끊임없이 호기심을 가지고 질문하고 경청해야 하는 상황이 되었다. 내부 조직 뿐 아니라 비즈니스에도 코칭은 적용된다. 공급자 위주(공급자만이 정보를 보유)의 구조에서 현재의 소비자 위주의 사회로 변경되면서 공급자 뿐만 아니라 소비자도 정보를 보유, 소비자의 힘이 강해졌기 때문에 그것을 코칭을 통해 소통하게 된 것이다.

최근 코칭은 내부 고객, 즉 부하직원, 동료들을 코칭하는 것 뿐만 아니라 협력사나 고객을 코칭하는 부분으로도 확장되고 있다. 이렇게 코칭은 다양한 분야에서 다양한 대상에게 적용되고 있는데, 기업 뿐 아니라 학습 코칭, 가족 코칭, 교육자 코칭 등 삶에 영향을 미치는 모든 분야에서 효과가 있다는 것이 증명되고 있다.

> **한국의 코칭 2000년대 초반부터 현재 산업화에서 지식, 정보화 사회로 빠르게 발전**
>
> **바람직한 리더는 '구성원이 가진 해답을 이끌어 내기' 위해서 끊임없이 호기심을 가지고 질문하고 경청해야 하는 상황이 되었다**

코칭의 정의
Definition of Coaching

코칭에는 조직별, 국가별, 단체별로 수많은 정의가 있는데 그 정의를 살펴보자.

코칭이란 개인의 변화와 발전을 지원하는 파트너십 과정이다. - (주) 인코칭
코칭은 개인과 조직이 잠재력을 극대화하여 최상의 가치를 실현할 수 있도록 돕는 수평적 파트너십이다. - 한국코치협회
전문적인 코칭이란 인생, 경력, 비즈니스와 조직에서 뛰어난 결과를 달성할 수 있도록 도와주는 지속적이며 전문적인 관계를 말한다.
- 국제코치연맹 (ICF, International Coach Federation)
코칭은 개인의 자아실현을 서포트하는 시스템이다. - 에노모노 히데타케 (마법의 코칭 저자)
코칭은 한 개인이나 그룹을 현재 있는 지점에서 그들이 바라는 더 유능하고 만족스러운 지점까지 나아가도록 인도하는 기술이자 행위이다. - 게리 콜린스 (기독교 심리학자)

코칭의 정의는 조금씩 다르지만 모두 강조하고 있는 부분은 바로 '개인'과 '조직', 그리고 '지원'이라는 것을 알 수 있다.
개인에서 시작하지 않으면 출발 자체가 되지 않기 때문에 코칭은 '개인'을 매우 중요하게 생각한다. 코칭을 통한 고민과 노력, 해결과정을 통해 개인의 역량이 강화될 수 있기 때문이다. 개인 역량 강화는 문제해결력 상승, 인간관계 개선, 조직에 대한 로열티 상승까지 이어진다. 그렇게 향상된 팀웍으로 인해 강력한 조직문화가 구축되면 경영목표를 달성할 수 있는 힘이 생기고 조직 전체가 변화되는 놀라운 효과를 얻을 수 있는 것이다.

코칭의 기대효과 Expected Result of Coaching in Organization

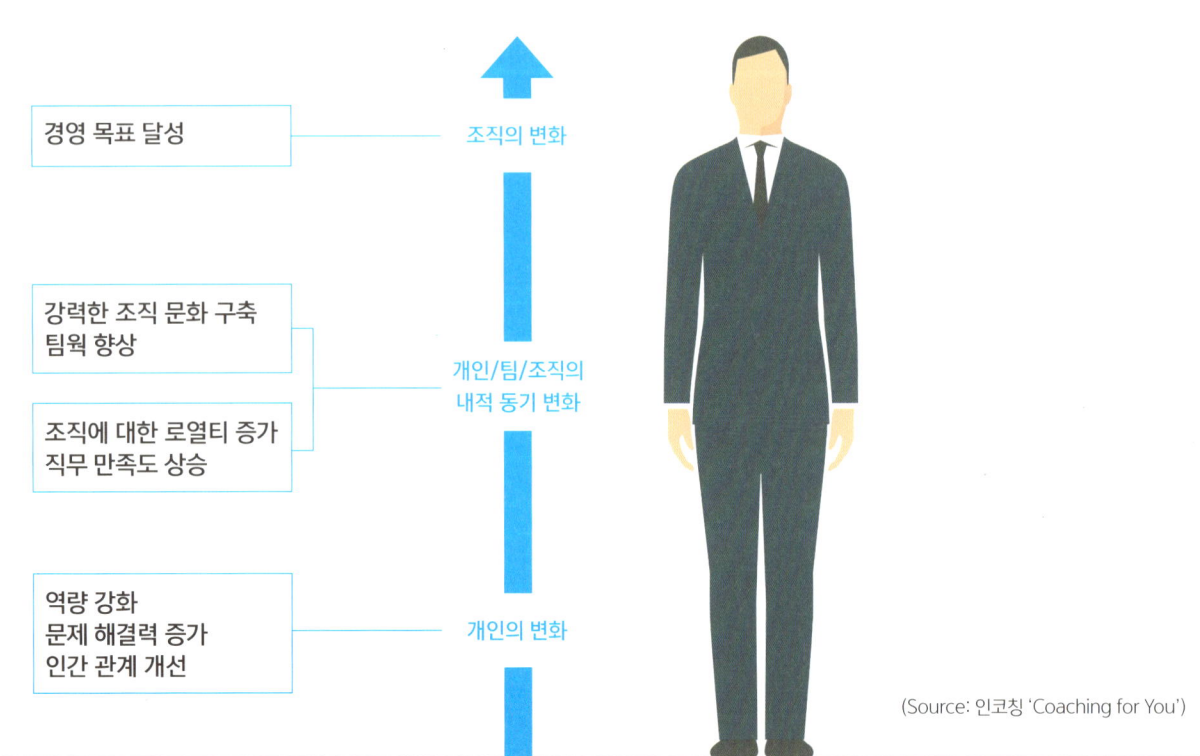

(Source: 인코칭 'Coaching for You')

코칭철학

코칭은 코치와 코칭을 받는 사람간의 관계형성을 토대로 상대방이 원하는 방향으로의 변화를 이끌기 위해 이루어 지는 커뮤니케이션 과정이다. 코칭이 일반적인 커뮤니케이션과 다른 가장 근본적인 차이점은 바로 코칭 패러다임이다. 코칭 패러다임은 코칭 과정에 참여하는 코치와 상대방이 모두 함께 공유해야 하는 일종의 mindset로서 인간관의 근본적인 변화를 요구한다. 코칭은 자아 실현 경향성과 성장 잠재력을 중요시 하는 성장지향적인 인간관을 토대로 한다는 점에서 인본주의와 관점을 공유하고 있다. 이러한 인간관은 개인을 바라보는 관점뿐만 아니라 성장과 변화의 주체와 원천을 개개인의 잠재 능력에 초점을 두는 코칭 철학으로 이어 진다.

〈코칭 철학〉

사람은 무한한 가능성을 가지고 있다.

해답은 그 사람 안에 있다.

코치는 함께 해답을 찾아가는 동반자이다.

코칭은 주어진 환경 속에서 코치와 코칭받는 사람이 신뢰를 바탕으로 목표를 향해 나아가는 과정이다. '신뢰'는 코칭의 철학을 함축하고 있는 핵심 개념이라고 할 수 있는데, 코치는 상대방의 가능성을 신뢰하며, 코칭받는사람은 자신의 가능성에 대한 신뢰는 물론, 코칭을 통해 목표에 이를 수 있다는 믿음을 포함한다. 이러한 철학에 입각하여 코치는 코칭받는 사람의 잠재 능력에 대한 믿음으로 관계 형성을 하고 그의 잠재 능력이 최대한 발휘 될 수 있도록 효과적인 지원을 한다. 코칭은 양방향의 대화로 이루어지며, 이 과정에서 코치는 일방적인 해결책을 제시 해 주는 것이 아니라 피코치자가 새로운 관점을 갖고 이를 토대로 문제에 대한 해답을 이끌어 낼 수 있도록 효과적인 질문을 한다. 따라서 코치의 역할은 상대방이 자신의 가능성을 발견하고 실현할 수 있도록 지원하는 것이다.

TALC One-Minute Lecture about Coaching Philosophy
코칭 철학에 대한 1분 강의

한번의 실수만 해도 우리는 쉽게 그 사람은 안 된다라고 단정 짓곤 합니다. 그렇기 때문에 '**무한한 가능성**'이 코칭의 첫번째 **철학**으로 등장했습니다. 패러다임을 바꿔서 그 사람이 진짜 할 수 있다라고 믿는 것이죠.

믿기 힘든 경우 믿으려고 노력해야 합니다. 그리고 장점을 찾아내서 어떤 부분에는 정말 놀라운 가능성이 숨어 있다는 것을 발견하고 확신해야 합니다.

반대로 생각할 때 누가 날 바라보는 시선이 고정되어 있고 내가 작은 실수를 했다고 해서 다시 기회를 주지 않는다고 생각하면 어떤가요? 솔직히 억울하기도 하고 속상하기도 하잖아요. 이제 마음 넓은 사람이 되는 것입니다. 모든 사람은 무한한 가능성을 가지고 있다라고 정말로 믿기 시작해 보세요.

두번째 코칭 철학은 '해답은 그 사람 안에 있다'입니다. 이렇게 말하면 많은 분들이 "해답이 없는 사람이 더 많습니다." 라고 말하기도 합니다. 그 말이 맞을 수도 있어요. 하지만 모든 이슈에 '내'가 답을 갖고 있는 것도 아닙니다. 문제가 있고 그것을 실행해야 하는 사람이 사실 가장 많이 알고 있고 고민을 해 보았을 것입니다. 앞으로 해결해야 하는 사람도 그 사람이고요. 그러면 정말 그 사람 안에 답이 있다고 생각하고 믿어 줄 때 그 사람이 스스로 답을 찾는 기적이 일어납니다.

전문코치로 활동하고 있는 사람들은 특히 코칭 할 때 '돈'을 받습니다. 그래서 솔직히 말하면 정말 선입견을 안 갖고 더 열심히 코칭합니다.

여러분은 3가지 코칭 철학에 동의 하시나요? 정말 사람이 무한한 가능성을 가지고 있다고 믿으십니까? 자 옆에 앉아 있는 동료, 부하직원, 상사를 한번 생각해 보세요. 그들이 진정 무한한 가능성을 가지고 있다고 믿게 되나요? ^^; 쉽지 않다는 것 알고 있습니다.

그런데 그런 전문코치들은 전자회사, 디자인 회사, IT 회사 등 다양한 곳을 다닙니다. 그들이 전 분야의 전문 지식을 가졌을까요? 아닙니다. 코칭하는 방법을 더 잘 알기 때문에 그 사람들이 자신 안에 있는 답을 잘 찾아 낼 수 있고 우선순위를 정할 수 있도록 돕는 것입니다.

코칭을 직접 받아보면 놀라운 효과에 깜짝 놀라곤 합니다. 세상에서 가장 어려운 것 같았던 사람사이의 갈등, 나의 진로 등 여러 가지 문제가 코칭을 통해 자연스럽게 나만의 방법으로 아주 멋지게 해결되기 때문입니다.

마지막으로 코치는 함께 해답을 찾아가는 '동반자'입니다. 어려울 때 내 옆에 있어주는 친구를 생각하면 됩니다.

정말 힘들 때 누가 손 잡아 주고 같이 눈물 흘려 주고 그냥 묵묵히 옆에 있어주는 것 만으로도 큰 힘이 되는 것 처럼, 코치는 그렇게 함께 하는 사람입니다. 큰 공 굴리기 기억하세요? 큰 공을 함께 굴리는 모습을 상상하면 저절로 웃음이 나오죠? 아주 무거운 공은 아니지만 함께 하는 사람이 있으면 그 발걸음이 즐거운 것처럼 코치는 상대방이 변화할 때 옆에 있으점으로서 함께 어려움은 나누고 기쁨을 배가 되게 하는 존재입니다.

코칭 철학의 앞 단어를 따서 '무해동'으로 코칭 철학을 마음 속에 새겨 두시기 바랍니다.

코치의 필요성

기업들은 일반적으로 직급이 높은 경우 전문 코치를 외부에서 모셔서 직접 코칭을 받도록 한다. 고민과 갈등을 해결하지 못해 괴로워 하는 것을 벗어나 생각을 정리하고 새로운 길을 모색할 수 있도록 돕는 코치를 보상(Incentive)의 측면에서 제공해 주는 것이다. 대표적 사례로 빌 클린턴 대통령을 코칭한 토니 로빈슨을 들 수 있다. 빌 클린턴은 그에 대해 "그는 많은 달란트를 가지고 있습니다. 동기부여를 하는 것 뿐 아니라 매일 매일을 살아가며 가장 중요한 것이 무엇인지 가르쳐 준 것이었습니다. 어떤 상황이 나타나더라도 지혜롭게 반응할 수 있을지 결정해야 하고 또한 새롭게 일이 진행되도록 준비해야 하는 것을 깨달았습니다." 라고 말한다.

기업의 중요한 일을 책임지고 처리해야 하는 담당자는 자신의 고민과 어려움을 털어 놓을 한 사람이 필요하다. 대화를 나누며 자신이 놓치고 있을 수 있는 실수를 확인하기도 하고, 힘든 것을 털어 놓으면서 마음의 평안도 찾고, 스스로 고민하고 있던 부분에 대해 함께 해답을 찾아나가기도 하는 과정이 절실한 것이다. 위와 같은 이유로 수 많은 외국계기업, 대기업, 중소기업 등에서 코치를 필요로 하고 있고 코칭을 통해 놀라운 경험을 하게 되는 경우가 많이 있다.

CEO/임원 코칭의 또다른 장점은 코칭을 받고 난 후에 자신도 내부 직원들에게 코치로서의 역할을 하고 싶은 욕구가 생기는 것이다. 또한 자신이 코칭을 받음으로서 어떻게 하는지에 대한 노하우도 자연스럽게 알게 되는 경험도 할 수 있다.

내부직원들에게도 코치가 필요하다. 훌륭한 리더는 조직원들에게 코칭을 잘 해주는 조직 내 코치가 되야 한다. 전문적으로 훈련 받거나 자격증은 없을지 모르지만 조직 내 코치는 자신의 모든 이해관계자들에게 긍정적인 영향을 미치는 사람이다. 구성원의 관찰 시간이 전문 코치에 비해 상대적으로 많기 때문에 코칭의 효과성을 측정하거나 코칭 받은 구성원을 격려해 줄 수 있는 기회도 많다.

	전문 코치	조직 내 코치
코칭 대상	기업 구성원을 대상으로 코칭 함.	조직 내 리더로서 부하직원과 동료 구성원에게 코칭을 함.
자격증	대부분의 경우 한국코치협회, ICF의 자격증을 보유하고 있음.	자격증이 있는 경우도 있지만 소수만이 취득함.
훈련	KPC 기준, 100시간 이상의 코칭 실습 및 코칭에 대한 교육 훈련을 받음.	코칭 교육 등을 통해 훈련받지만 지속적으로 실력을 점검받지는 않음.
구성원 관찰 시간	코칭 장면에서만 고객을 관찰할 수 있음.	평소 함께 있는 구성원을 관찰할 수 있음.
코칭 시간	일반적으로 1회 60분~90분	상시

구글 관리자의 No. 1 조건, 좋은 코치 되기

Google says Great Manager is a good coach

포춘지에서 선정한 일하기 좋은 기업 중 2012~2014년까지 1위를 차지하고 있는 기업은 바로 구글이다. 구글은 사무실 환경이 매우 쾌적하고 즐겁기로도 유명한데 내부 만족도를 더 높이기 위해 좋은 관리자를 육성시킬 수 있는 프로젝트를 실시했다. 좋은 알고리즘을 만드는 것보다 좋은 관리자를 만드는 것이 더 중요하다고 생각했기 때문에 시작된 Project Oxygen이다. 이 분석은 팀장급 이상에 관한 자료 100종류, 1만건 이상을 수집했고 업무평가, 대면조사, 설문조사, 사례연구 등 전체 데이터를 1년 동안 철저하게 분석한 후 좋은 관리자가 되기 위한 조건 8가지를 발표했다.

1. 좋은 코치가 될 것
2. 팀에 권한위임을 하고 세부적인 부분까지 언급하지 말 것
3. 직원의 행복에 관심이 있음을 태도로 드러낼 것
4. 생산적이고 결과지향적일 것
5. 좋은 커뮤니케이터가 될 것
6. 직원의 경력개발을 지원할 것
7. 비전을 가질 것
8. 조언을 하기 위해 전문 지식을 익힐 것

일하기 좋은 기업 1위인 구글이 선택한 관리자의 조건 1순위도 바로 코칭이다.

구글과 같은 글로벌 기업 뿐 아니라 한국 대부분의 대기업에서는 코칭을 10년 전부터 도입해서 지금까지 적용하고 있다. Survey of Executive Coaching에서는 코칭 수요의 전 세계적인 확산과 관련하여 미국에 기반을 둔 글로벌 1,000대 기업의 93%, 그리고 미국 밖에 있는 글로벌 1,000대 기업의 65%가 임원 코칭(Executive Coaching)을 실시하고 있다는 통계도 있다. 또한 Coaching Industry에서는 영국에서도 664개 조사 대상 조직 중 거의 90%가 코칭을 정규 프로그램으로 활용하고 있으며, 그 중 2/3에 해당하는 조직에서 외부 전문 코치를 초빙하고 있는 것으로 조사됐다. 최근에는 top 포지션에서 많은 고민을 하는 CEO와 임원의 1:1 코칭을 비롯해서 7~12명이 함께 진행하는 그룹 코칭, 관리자들과 사원대리급의 코칭 교육까지 함께 확대되고 있다.

코치의 역할
Role of Coach

- 구성원의 성장에 관심을 갖고 이를 실현시킨다.
- 가능성과 함께 일하며 구성원의 비전과 동기를 자원으로 활용한다.
- 미래로 가는 연결고리를 찾는다.
- 구성원이 리더로서, 팀으로서, 연결망으로서, 관리자로서 더욱 성장할 수 있도록 격려한다.
- 앞으로의 길을 계획한다.
- 양성하고 교육하며 가르친다.
- 현재 상황에 대해 질문하고 창의적이고 변화된 결과를 모색한다.
- 구성원을 뒷받침해주고 지원하지만 힘을 행사하여 조정하지 않는다.
- 구성원이 원하는 방향의 변화로 이행하는 것에 안내자가 되어준다.
- 동기를 부여하고 심층적인 결과를 모색함으로서 새로운 방향을 찾아내어 개혁하고 미래에 투자한다.

주요 코칭 주제

그럼 임원들은 코칭에서 어떤 이야기를 나눌까? 인코칭 조사결과 임원급 리더들의 주요 코칭 이슈는 동기부여, 효과적 피드백, 권한 위임 등이 1위로 나타났다. 2위는 커뮤니케이션 역량, 3위는 관계증진 및 신뢰구축, 4위는 조직관리와 그 외 기타 등으로 나타났다.

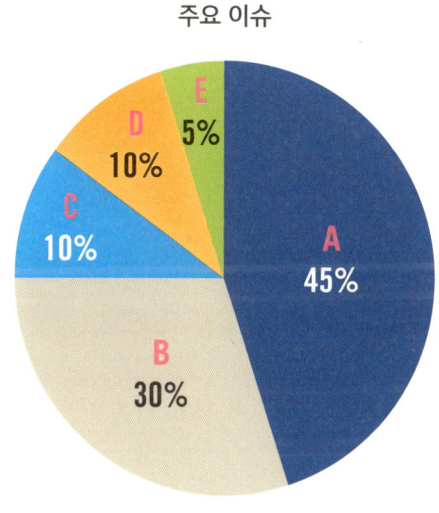

주요 이슈

A 코칭 리더십 역량
(동기 부여, 효과적인 피드백, 권한 위임 등)

B 커뮤니케이션 역량
(공감적 소통, 소통 채널의 다양화, 비전 공유 등)

C 관계 증진 및 신뢰 구축

D 조직관리 역량과 그 외 기타

E 정서지능

(출처: 인코칭 R&D 센터 2015)

코칭 구분하기

코칭 vs. 카운슬링 / 컨설팅 / 멘토링

코칭 이외에도 변화와 발전을 목표로 이루어지는 과정들이 있다. 대표적인 예가 카운슬링, 컨설팅 그리고 멘토링이다. 최근에는 코칭, 카운슬링, 컨설팅이 융합되어 쓰이는 경우가 많이 있고 서로 장점을 활용하기 때문에 명확하게 구분하는 것이 어려워지고 경계가 모호해 지는 경우가 많이 있긴 하지만 혼란을 피하기 위해 중요한 부분을 강조하며 구별해 보고자 한다.

카운슬링과 코칭은 현재 상태에서 보다 나은 상태로 이끌고자 전문가와 일대일 대화를 나눈다는 점에서 유사하다. 카운슬링은 심리적인 고통을 제거하거나 해결을 넘어서서 지속적인 성장을 지향한다는 점이 차이점이며 코칭은 심리적인 측면에 대한 탐색이나 해석보다는 행동적인 변화에 더 많은 비중을 둔다. 기업이나 조직에서 이루어지는 컨설팅과 비교해 볼 때 코칭과 컨설팅은 모두 기업이 현재 가진 문제점들을 해결함으로써 보다 건강한 기업으로 발전해 나아가려는 시도이다.

코칭은 문제 해결과 변화 주체가 전문가가 아닌 코칭 받는 사람 개인이며, 문제 해결의 결과가 아닌 해결 과정에 초점을 두고 문제 해결 능력을 개발 하는 것을 더 중요시 여긴다. 뿐만 아니라 코칭은 조직을 구성하는 조직원 개개인, 즉 구성원 스스로가 자신의 문제를 새로운 시각에서 바라보고 해결책을 발견하여 실행할 수 있도록 돕는 것에 집중하며 컨설팅은 일방향적 관계, 코칭은 양방향적 관계를 각각 기초로 진행이 된다.

마지막으로 멘토링과 코칭은 변화와 진보에 초점을 두는 성장지향적 관계이다. 멘토링이 해당 분야의 경험이 많은 멘토가 본인의 기술과 학습 정보를 멘티와 공유하고 전수해 주는 것에 초점을 두는 반면, 코칭은 구성원이 스스로 자신의 능력을 발견하고 강점을 발휘할 수 있도록 지원해 주는 과정이다. 따라서 코치가 반드시 코칭받는 사람이 원하는 변화 영역에서의 전문가 혹은 경력자가 아니어도 된다. 유능한 선수가 반드시 유능한 코치가 되지는 않듯이 효과적인 코칭을 하기 위해서는 코칭에 필요한 전문적인 역량을 갖추고 기술을 익히는 것이 필요하다.

코칭 스킬

코칭 스킬은 다양한 요소로 구성된다.
적극적 경청스킬, 질문스킬, 피드백 스킬, 태도 스킬 등으로 구성된다.
적극적 경청은 부하직원이 말로 표현한 것 이상의 의도, 감정, 정황까지도 듣는 것으로 부하 직원의 '마음을 여는' 스킬이다.
질문은 부하직원으로 하여금 자신의 문제에 대한 새로운 인식을 하도록 함으로써, 문제 해결력을 높이는 데 도움이 되는 것으로 부하직원의 '생각을 여는' 스킬이다.
피드백은 부하직원의 행동에 대해 긍정적이고 미래지향적인 반응을 함으로써, 구체적인 동기 부여를 하는 것으로 부하직원의 '행동을 여는' 스킬이다.

태도(SET: Support, Expect, Trust)는 상사가 부하직원에게 언어적, 비언어적으로 전달하는 지지, 기대, 신뢰의 표현으로 모든 코칭 스킬이 효과적으로 활용될 수 있는 기반이 된다.

- 적극적 경청은 부하직원이 말로 표현한 것 이상의 의도, 감정, 정황까지도 듣는 것으로 부하 직원의 '마음을 여는' 스킬이다.

- 질문은 부하직원으로 하여금 자신의 문제에 대한 새로운 인식을 하도록 함으로써, 문제 해결력을 높이는 데 도움이 되는 것으로 부하직원의 '생각을 여는' 스킬이다.
- 피드백은 부하직원의 행동에 대해 긍정적이고 미래지향적인 반응을 함으로써, 구체적인 동기 부여를 하는 것으로 부하직원의 '행동을 여는' 스킬이다.

- 태도(SET)는 상사가 부하직원에게 언어적, 비언어적으로 전달하는 지지, 기대, 신뢰의 표현으로 모든 코칭 스킬이 효과적으로 활용될 수 있는 기반이 된다.

(source: 인코칭 'Coaching for You')

코칭의 분야

코칭은 변화와 성장에 관한 것이므로 이를 필요로 하거나 원하는 모든 영역에 코칭이 활용 될 수 있다. 변화는 삶의 다양한 측면과 삶의 구성 요소가 맞물려 있기 때문에 코칭의 활용 분야는 광범위 하지만, 주요 코칭 동향에 따르면, 가장 두드러지는 분야는 라이프 코칭, 커리어 코칭, 비즈니스 코칭이다.

라이프 코칭은 인생의 위기에서 벗어나고 싶거나 이혼, 전직, 은퇴 등의 전환점에 있는 사람, 인생의 중요한 결정을 앞둔 사람, 또 자아실현을 원하는 사람들에게 도움을 제공할 수 있다. 라이프 코칭에서 다루어질 수 있는 이슈는 매우 다양하다. 인생의 균형을 이루는 법, 자신감 확립, 인생의 목표 정하기, 주요 인생의 가치 확인하기, 스트레스 관리 및 영적 성장. 실제로 라이프 코칭은 한 개인의 성장을 위해 가장 필요한 부분에 개입하므로 인생의 모든 분야를 포괄하고 있다고 볼 수 있다. 이에 따라 라이프 코칭은 미국에서 급속히 확산되고 있으며 이를 직업으로 하는 전문 코치도 기하급수적으로 증가하고 있는 추세이다.

커리어 코칭이란 개인의 적성에 맞는 직업을 찾을 수 있게 조언하고 경력 지도(career map)를 갖출 수 있도록 도와주는 것을 목표로 한다. 개인의 가치관에 따른 직업관의 확립, 능력과 강점을 파악하여 가능성을 최고로 실현할 수 있는 직업과 연결시키는 일, 직업 안에서 핵심 인재상을 정하기 위한 전략 등이 커리어 코칭의 주요 주제들이다. 이는 미래를 준비하는 청소년, 대학생에서부터 구직자, 혹은 전직을 고려하거나 은퇴를 앞둔 사람들에게 적용된다. 커리어 코칭에서 다루어지는 이슈들을 좀더 자세히 정리하면 경력 목표의 확립, 개인의 기술, 재능, 명확한 열정, 창의력 개발, 몰입할 수 있는 일의 발견, 성공을 위한 도구의 활용, 삶의 질 향상, 현재의 업무 조건을 개선하기 등이 있다.

비즈니스 코칭은 기업의 성과 향상을 목적으로 한다. 기업의 임원 및 CEO를 대상으로 한 리더십 역량 개발을 목표로 코칭이 이루어 지기도 한다. 또한, 조직원들이 자신의 잠재 능력을 발휘하여 일을 통해 성장할 수 있도록 이끄는 코칭 리더십 발휘를 할 수 있도록 돕는 코칭이 이루어 지기도 한다. 많은 경력과 역량을 갖춘 리더라 할지라도 구성원의 관점에서 자신을 바라보고 보다 효과적인 조직 관리 능력을 발휘 하기 위해서 코칭은 필수적인 요소이다. 기업의 많은 리더들은 코칭을 통해 자신에 대한 깊이 있는 인식은 물론이고 구성원들과의 효과적인 소통 및 동기 부여에 필요한 변화를 경험하고 이를 스스로 지속해 나갈 수 있는 셀프 코칭 역량까지 갖출 수 있다.

Do's and Don'ts in Coaching

	Do's	Don'ts
시간 약속	상대방과 미리 합의해서 약속한다.	한쪽의 의견 혹은 외부의 의견으로만 강요하지 않는다.
정해진 시간 준수	약 60분~90분	너무 짧은 시간은 성의 없게 느껴질 수 있고 긴 시간은 상대방에게 부담을 줄 수 있다.
장소	비밀유지가 될 수 있고 서로에게 집중할 수 있는 장소에서 진행한다. -추천: 미팅룸, 조용한 공간	시끄러워 상대방에 대한 집중력을 잃을 수 있는 공간은 선택하지 않는다. -비추천: 밥집, 술집
비밀 유지	상대방이 한 이야기는 반드시 비밀로 한다.	사석에서 다른 사람에게 코칭한 사람의 이야기를 하지 않는다.
코칭 스킬	코칭 스킬로 배운 경청, 피드백, 질문, 태도 스킬을 종합적으로 코칭에 적용한다.	상대방의 이슈에 답을 주는 것은 지양한다. 행동의 주체인 상대방이 스스로 생각하고 답을 찾을 수 있도록 돕는다.
상대방 중심	코칭 받는 상대방의 발전이 코칭의 목적이다. 내가 아닌 상대방 중심으로 생각한다. 상대방에게 원하는 목표와 대화가 진행되고 있는지 확인한다.	대화의 내용이 '나의 호기심'에 대한 것이 아닌 상대방의 '발전'에 도움이 되는 내용이어야 함을 기억한다.

코칭의 정의

코칭에 대해서는 전세계적으로 수 많은 정의가 있다. 인코칭에서는 "코칭은 개인의 변화와 발전을 지원하는 파트너십 과정"이라고 정의한다. 아래는 인코칭 'Coaching for You' 교육에 참여한 사람들이 자신이 생각하는 코칭을 정의내린 내용이다.

당신이 생각하는
당신만의 코칭의
정의는 무엇인가?

코칭은_____

_____
이다.

사랑이다
감동이다
공감이다
집중이다
끄덕임이다
눈 맞춤이다
이해이다
칭찬이다
길이다(답을 찾는 길)
심리학이다
깨달음이다
바라보는 것이다
따뜻함이다
인정이다
속옷이다 (속옷을 입듯 매 순간 실천해야 하는 것)
마중물이다
교감이다
듣기다
내면의 답을 보게 하는 것이다
기브 앤 테이크다
마음이다
오픈이다
힐링이다
변화다
잠재력이다
긍정이다
리더십이다
경청이다
대화법이다
피드백이다
긍정적 변화이다

Comment

코칭은 미리 최소 1주일 전에 약속을 하고 진행하는 것을 추천드립니다. 서로 준비하는 시간도 필요하기 때문입니다. 센스 있게 서로 1주일 전, 하루 전에 연락해 코칭 약속을 잊지 말아달라고 이야기 하면 서로 더 준비되고 상대에게 고마운 마음을 느낄 수 있을 것입니다.

정해진 코칭 시간을 준수하는 것이 서로를 위해 중요합니다. 약속한 시간보다 너무 짧게 코칭할 경우 성의 없게 느껴질 수 있고 너무 장시간이 될 경우 부담을 줄 수 있습니다. 코칭 대화모델을 활용해 60분 안에 서로 깊이 있는 이야기, 목표, 방법, 계획까지 나눌 수 있는 알찬 대화가 될 수 있도록 합니다.

코칭시간에는 반드시 조용한 장소에서 서로 집중하며 대화를 나누는 연습을 하길 추천드립니다. 상대방에게 100% 집중해야 하는데 나의 상태가 상대방에게 집중할 수 있는 온전한 자세가 돼야 하기 때문입니다.

서로 나눈 이야기는 반드시 비밀보장을 해주시기 바랍니다. 사내에서 나눈 이야기이기 때문에 더 조심하고 비밀을 지켜줘야 신뢰를 기반으로 하는 코칭이 가능합니다.

코칭 스킬 경청, 피드백, 질문, 태도는 상대방의 마음의 문을 여는 열쇠입니다. 잘 듣고 반응하고 질문하고 피드백 하는 것은 코칭의 가장 기본적인 요소인 만큼 배운 것을 모두 다 활용해서 상대방에게 집중해야 합니다.

코칭의 목적은 상대방의 발전입니다. 상대방이 성장할 수 있도록 모든 관심을 갖고 함께 정해진 시간 내에 목표한 것을 이룰 수 있는 방법을 찾을 수 있도록 도와주는 것이 코치의 역할이라는 것을 늘 잊지 않는 것이 중요합니다.

당신 안에 숨은 리더를 발견하는 프로그램
Coaching for You®

코칭포유®

본 과정은 심리학자와 경영학자로 구성된 인코칭의 연구팀이 2003년 자체 개발한 핵심 프로그램인 코칭포유® 의 Fundamental 및 Advanced 과정입니다. Fundamental 과정을 통해 코칭 패러다임과 스킬 등 코칭의 기본기를 확실하게 배우고, Advanced 과정을 통해 코칭 프로세스를 익혀 코칭 조직으로 성장 기반을 마련하여 이를 업무 현장에 즉시 활용할 수 있도록 디자인된 과정으로, 기업의 조직 로드맵을 만드는데 새로운 시각과 방법론을 제시해 줄 것 입니다.

코칭대상

> 조직의 중간 관리자 및 리더
> 전문코치
> HR 담당자
> 코칭포유®FT 희망자

교육특징 및 기대효과

> 코칭 패러다임으로 인식을 전환
> 코칭 스킬 (경청, 질문, 피드백, 마인드 SET)을 습득하여 팀원들의 마음, 생각, 행동을 이해
> In-GPS 코칭 대화모델을 단계별로 적용하여 개인의 코칭 역량을 강화
> ISP (Incoaching Style Profile) 분석을 통하여 팀원 개개인의 특성과 성향 파악을 통해 부하직원 육성 및 팀워크 향상
> 조직 내 코칭의 핵심 성공 요소를 알고, 코칭 전파를 위한 개인의 역할을 인식
> 인코칭 연구팀이 2003년 자체 개발하여 다년간 1,200여 개 기업에서 운영하며 체득한 코칭 노하우 전수
> 중국, 미얀마, 말레이시아 등에 수출되며 한국계 코칭 프로그램의 글로벌화 기여
> 인코칭 Best Seller 프로그램
> (사)한국코치협회 KAC(Korea Associate Coach)인증 프로그램

TALC · 04 리더의 능력, 코칭을 통해 배우고 싶은 것, 미래 준비

COVER STORY

팀장급 리더 300명이 말하는 코칭 리더십의 필요성

리더의 역량, 어려움, 노력에 대한 진솔한 의견을 담았다.

- 조사대상: 팀장급 이상의 리더 (팀장, 임원, CEO 기타) 300명
- 조사기업: 대기업 50%, 공기업 30%, 중소기업 20%
- 조사기간: 2013~2015
- 조사기관: 인코칭
- 분석/글: 허영숙

"지금 이 시대에 어떤 리더십이 요구되는가? 그리고 어떤 노력을 통해 리더로 살아갈 수 있을까?"
열심히 일하는 그 순간에도 문득 찾아오는 속 깊은 질문, 가장 열정적으로 일하는 팀장급 이상의 리더 300명에게 답을 묻는다.

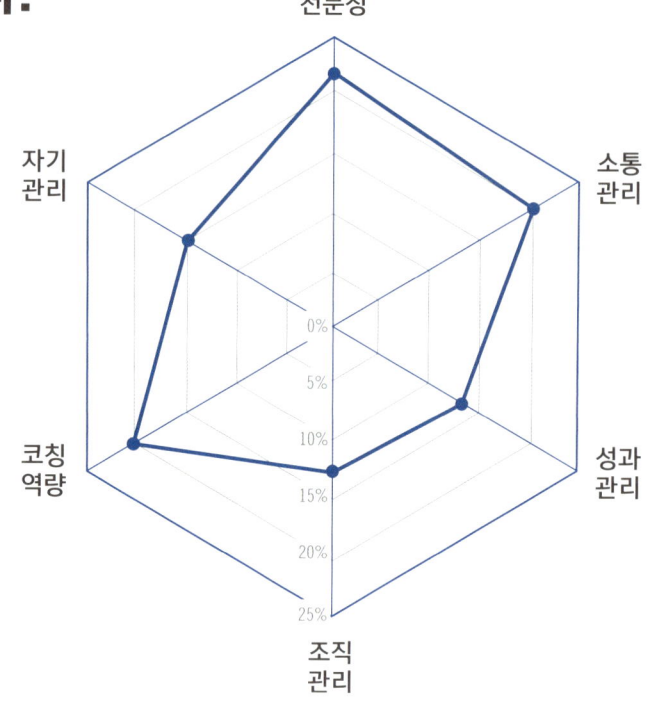

자료: 인코칭 R&D 센터

팀원의 성장을 위해서 리더는 어떤 능력을 지녀야 한다고 생각하는가?

단도직입적으로 물었다. 팀의 성장과 팀원의 역량을 강화하기 위해서는 어떤 역량을 중심으로 리더십을 키워나가야 한다고 생각하는가 하고.

전문성 그리고 코칭 역량이 가장 중요한 능력
300명의 팀장급 응답리더들은, 일을 위해 모인 조직이므로 업무전문성이 가장 중요하다고 답했다. 업무를 진행하는 과정에서 전문성을 기반으로 판단을 내릴 수 있는 역량이 가장 우선시된다고 했고, 수평적, 수직적 소통을 통한 업무관리도 중시되고 있었다.
그와 더불어 근소한 차이를 두고 높은 응답률을 보인 것은, 믿고 함께 일할 수 있는가, 팀원들과 공감대를 형성하는 접근방식으로서의 코칭역량에 대한 것이었다. 제대로 질문하는가, 어떻게 경청하고 있는가, 믿음과 기대, 발전적 피드백을 하면서 키워지는 상호신뢰에 대한 이야기였다.
결국, 설문을 통해 우리가 본 것은 그들이 의지하는 코칭파워였다. 팀장은 임원과 직원을 연결하는 브릿지로서 팀장이 되기 전부터 꾸준히 해온 자기관리를 잠시 내려놓고 그동안 축적된 업무전문성을 바탕으로 이제 관리전문성을 키워가려 하고 있었다. 그 변화의 포커스에 코칭이 있었던 것이다.
팀장들은 팀원들로부터의 신뢰를 구축해서 그들을 자기 조직으로, 팀의 가족으로 끌어안는 데 가장 신경을 쓰는 시기라고 볼 수 있다. 팀이 하나의 공동체로서의 기반을 갖춰야 그 다음 단계로서 회사 전체와의 관계, 성과구축의 발걸음을 제대로 내딛을 수 있기 때문이다. 사실, 팀장들은 팀원들을 채근하고, 타부서와의 협업을 촉진시키고, 회사가 원하는 목표를 향해 확실하게 이끌어 나가는 모습을 강하게 보여주고 싶었을 것이다.

코칭을 통해 배우고 싶은 것은?

최근 코칭이 좋다고 말하고 있고 너도나도 코칭이라는 단어를 다양하게 사용하고 있다. 그렇다면, 코칭이 왜 팀장리더십의 수면 위로 떠오르게 되었을까? 계층구조에 우뚝 선 팀장들은 팀의 리더로서 어떤 역량을 강화하고 싶은 걸까?

설문 결과 4가지 영역이 두드러져 보였다. 조직과 조직의 문화를 활성화하기 위한 영역, 성과향상과 목표관리에 도움이 되는 영역, 효과적인 커뮤니케이션, 그리고 리더로서의 역량을 강화하기 위한 영역이다.

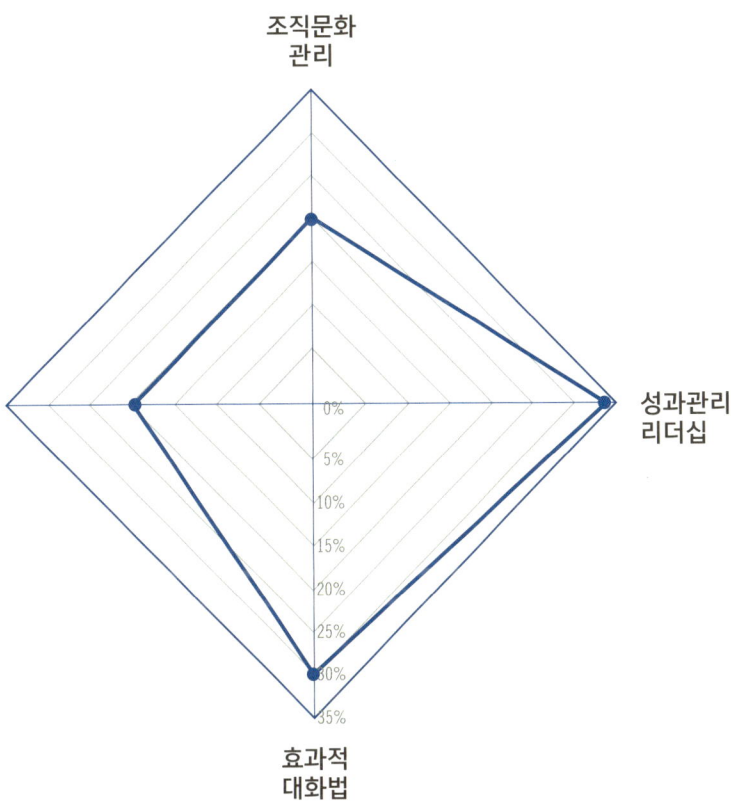

자료: 인코칭 R&D 센터

성과관리 리더십과 효과적 대화법에 큰 관심 가져

우리의 설문에 응답한 리더 300인은 그 중에서도 성과관리 리더십과 효과적 대화법에 많은 관심을 가지고 있었다. 코칭을 통해 육성 및 관리스킬에 대해 연습함으로써 팀원들이 경쟁력이라는 역량마차를 타게 되길 기대했다. 또 팀원들에게 명확한 목표의식을 갖게 하고, 업무에 열정적으로 임할 수 있는 동기를 부여하고 싶어한 것이다. 가능하면 갈등을 조절해줄 수 있는 팀장이 되고 싶다고 이야기 한다.

코칭적 대화법은 팀원들과의 소통에 큰 도움이 되며, 이러한 진솔한 커뮤니케이션을 통한 관계형성을 긍정적인 관계로 해석하고 있었다. 물론 코칭적 대화법은 팀장과 팀원 간 나타날 수 있는 세대차이에서도 효과적 해결방안을 보여줄 것으로 기대하고 있었다.

팀원과의 소통
무엇이 가장 큰 문제인가?

팀장으로서 숨이 턱 막히는 순간이 있다. 말이 안되는 상황인데 팀원하고 마주 싸울 수도 없지만 조곤조곤 따진다고 될 일도 아니다. 인내심도 바닥을 향해 치닫는 이런 어려움에 맞닥뜨렸을 때 우리 팀장급 리더들은 어떻게 대처하는가? 그리고 팀원들과의 커뮤니케이션이 어려운 사례들로는 어떤 것들을 꼽고 있을까? 50명의 리더와의 인터뷰 결과, 대부분 5가지의 공통적인 소통곤란으로 어려워하고 있었다.

세대차이에서 오는 어려움과 소통에 필요한 여건이 조성이 되어 있지 않아서 생기는 조직 시스템 관련 어려움을 분리해내고 나면, 크게 세 가지 이슈로 줄어든다.

① 업무처리 방식의 차이
② 업무를 보는 관점의 차이
③ 개인주의 성향을 보이는 데에서 오는 커뮤니케이션의 차이

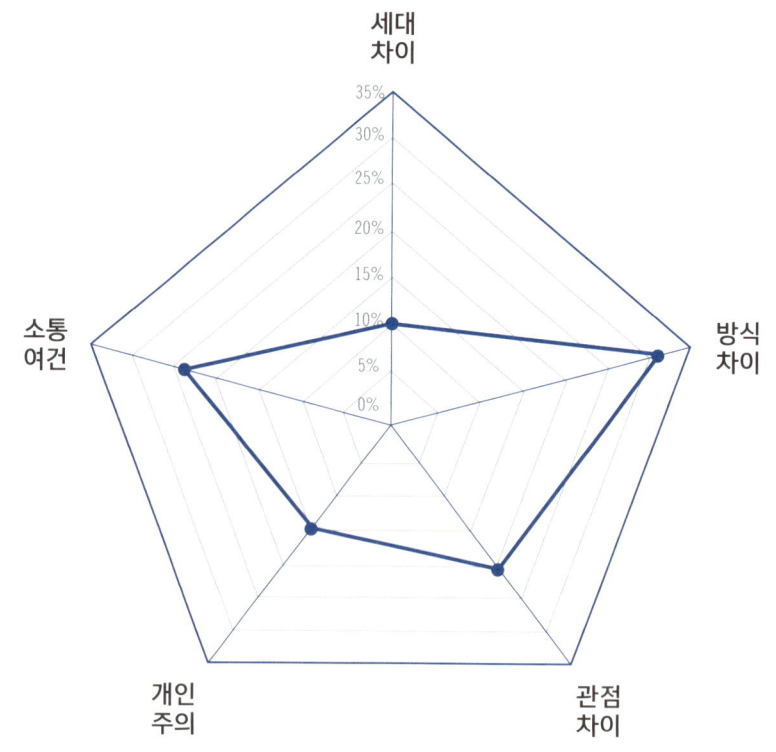

자료: 인코칭 R&D 센터

허영숙
허영숙 코치는 경제학 박사이자
인코칭 전문코치로 활동하고
있으며 (사) Hub-N의 대표이다.
생산성 본부에서 센터장으로 근무했으며
한국코치협회의 인증코치 (KPC)이다.

팀장들은 이러한 어려움을 대화로 풀어보고자 노력한다. 커피를 제공하면서 부드러운 분위기 속에서 대화하고, 사례를 들어서 이견을 좁히는 데 필요한 증거를 제시한다. 대화를 기제로 하는 소통은 스스로를 자각할 수 있게 한다. 평소 보지 못하는 것을 볼 수 있게 하고, 경험하지 못한 것을 느끼게 함으로써 이해의 폭이 넓어지는 것이다. 그리고 자각은 책임을 이끌어낸다. 깨달음에 이어 나오는 행동은 스스로 최선을 다하게 하는 놀라운 힘이 있다.

50인의 사례를 분석한 결과에서 우리는 리더들이 최선을 다해 노력하는 소통의 도구는 '대화'이며, 대화를 통해서 상호 자각이 일어나는 과정을 경험하고 있음을 알 수 있었다. '스스로 깨달음'과, '다양한 생각을 나누는' 방식은 코칭에서 중요하게 생각하는 팁이다. 팀내에서 자연스럽게 좋은 에너지가 활성화되도록 하는 리더십, 소통곤란을 풀어나가는 방식을 코칭스킬을 활용해서 좀더 체계화하고 심화한다면 시간도 절약할 수 있고 시행착오도 줄일 수 있을 것으로 생각된다.

유연하고 빠르게 변화할 수 있는 힘이 지식정보사회를 살아가는 리더십의 근간이다. 코칭 리더십을 발휘하는 것이 성장의 문을 여는 열쇠가 될 수 있다. 테네시대학의 유너스교수의 표현처럼 Unlearn과 Relearn에 대비함으로써 변화하는 업무환경을 리딩해나가는 것이 내일을 적극적으로 맞고자 하는 팀장급 리더의 모습이지 않을까.

| TALC · 05 한영 칼럼 | COVER STORY |

직원이 인정하는 꽤 괜찮은 일터를 만드는 방법

커뮤니케이션의 비밀

두사람 이상 모이는 곳에서 가장 기본적인 것은 바로 '커뮤니케이션'이다. 아무리 혼자 있는 것을 좋아하는 사람이라도 일주일 이상 단 한마디도 하지 않고 지내도록 한다면 정신이상자가 되어버릴 것이니 말이다. 그렇게 중요한 커뮤니케이션은 어떻게 표현되어지느냐에 따라 조직과 사람을 살리기도 하고 죽이기도 한다.

미국의 한 기업에서 조직이 가지고 있는 문제에 대해서 조사를 한 바 있다. 1차 결과 문제점은 총 1,000 개가 넘게 이야기가 되었다. 2차로 그 문제 중 100가지를 고르고, 그 중에서 10가지로 줄이도록 해보았다. 또 마지막으로 10가지를 1가지로 축약을 시키니 남는 한 가지가 '커뮤니케이션'이었다고 한다.
필자는 커뮤니케이션을 우리 몸에 비교한다면 '혈액순환작용'이라고 표현하고 싶다. 우리 몸의 각 부분이 똑같이 중요하긴 하지만, 혈액순환이 안되면 각종 문제가 발생하여 몸을 제대로 지탱할 수 없게 되기 때문이다. 이와 같이 조직 내에서도 커뮤니케이션이 원활하게 되지 않으면 그 회사는 버티어 나갈 힘이 점점 사라지게 된다.

과연 어떻게 하면 커뮤니케이션을 원만히 할 수 있을까.

첫째, 자신과 본인이 속한 조직을 인정해야 한다.
코칭을 하다보니, 자신을 스스로 인정하지 못하는 사람은 아무리 중요한 일이 주어진다 해도 자신에게 돌아온 이상 그 일을 중요한 일로 생각하지 않았다. 그렇게 중요한 일이 자기에게 기회가 올 것이라 믿지 못하기 때문이었다. 이런 사람이 과연 어떤 결과를 가져올 수 있을 것인지 생각해 보아야 한다. 한편 준비가 되어 있는 사람은 자신이 중요

Where there are more than 2 people, there is 'Communication.' No matter how much you like to be alone, you will be mentally deranged if you do not speak a word for more than a week. Communication, so important in human relationship, sometimes enlivens or destroys people and companies depending on how it is expressed.

An American enterprise conducted a research on the problems with enterprise. The preliminary result included more than 1,000 problems. The researchers sorted out them to 100 problems and selected 10 of most critical problems. In the final round of the result, only 1 problem was singled out. It was 'Communication.'
Considering 'Communication' is a kind of the body's metabolism, it can be blood circulation. Every part of the human body has equally important role; however, reduced blood flow will cause the most critical problems to the body. In this sense, lack of communication will not allow the company to function properly.

How can we communicate smoothly?

First, you should take pride in yourself and your company.
Based on my coaching experiences, I figured out that those who have low self-esteem take their jobs less serious. They do not think an important task would never be assigned to them. What would be the result if they are actually involved in a critical project? On the other hand, those who are ready and think highly of themselves perform significant duties without a burden. This implies that a smooth

한 일을 맡는 것을 자연스럽게 받아들인다. 이 이야기는 조직에서 커뮤니케이션을 원만히 하기 위해서는 자신과 직장인, 회사의 비전과 목표가 일치되어야 하는 것이다. 즉 자신과 조직원이 함께 자부심을 느끼는 회사는 확실히 커뮤니케이션이 잘 되었다.

둘째, 언어, 소리, 시각 세가지가 조화를 이루어야 한다.

대부분의 사람들은 언어 즉 메시지 자체를 전달한 것으로 의사표현을 분명하게 했다고 생각한다. 그러나 세가지 요소 중 메시지는 가장 작은 7%의 효과만이 있을 뿐이고 소리 즉 밝은 목소리, 적합한 억양 등이 38% 눈으로 보여지는 말하는 자세, 얼굴 표정, 듣는 태도가 55%의 영향을 준다고 한다. 그러므로 말로 표현한 것만을 가지고 의사전달을 명확히 했다고 생각하지말고 말하면서 보여지는 자세와 목소리에도 많은 신경을 써야 한다.

셋째, 분명하게 서로 피드백을 주고 받아야 한다.

많은 조직원들은 상사가 하는 말에 대해 잘 알아 듣지 못했어도 그 자리에서 '모르겠다'는 이야기를 하기 어려워한다. 또한 밖에서 힘들게 일하며 어렵게 일을 하더라도 상사의 분명한 뜻을 파악하지 못한 상태에서 실행한 탓에 제대로 결과를 내지 못하는 경우가 많다. 이 문제의 해결은 전달자나 피전달자는 즉시 전달 사항에 대해 확인 절차를 밟는 것에서 찾아야 할 것이다.

넷째, 기대의 말을 해주어야 한다.
프로젝트를 주면서 오직 일만 표현하지 말고 일을 맡기는 이유는 '당신이 가장 잘 할 수 있는 사람이기에 요청하는 것이다. 전문가인 당신이 즐겁게 일하면 아주 훌륭한 성과를 가져올 것이다' 라는 말을 해주어야 한

communication can only be achieved when the visions and goals of the leader, employees and company correspond to each other. A company, of which the employees believe in themselves and their company, has no problem with communication.

Second, the 3 factors of communication, word, voice and attitude, should work in harmony. Most of you think that delivering the message, a compound of words, is all about communication. However, the message exerts only 7 percent of influence on the effective communication. The rest 93 percent consists of the pleasant tone of voice and intonation (38%), and the speaking attitude, listening manner and facial expression (55%). In this sense, the message alone cannot clearly deliver what you ought to express. You need to pay the equal attention to your voice and attitude.

Third, you should exchange feedbacks.
Many employees find it difficult to admit "I don't get it" to their leaders even if they do not understand what their leaders say. This may cause things more complicated. Because your employees do not fully grasp your intention, it is unlikely that they bring the result you wanted. To make sure the message has been accurately conveyed, you need to promptly exchange feedback with your employees.

Last but not least, you should let your employees know that you count on them.
When you assign a project to your employees, it is helpful to motivate them with a little encouragement. You may say "I believe you are the most qualified person for this job. If

다. 왜냐하면 우리는 기대하는 것을 얻기 때문이다.

결론적으로 커뮤니케이션의 비밀은 먼저 자신감이 있는 상태에서 대화를 시작하는 것이다. 전달자는 본인이 전하고자 하는 내용에 대해 확신해야 한다. 매우 중요한 것을 전달한다고 말은 하면서 본인의 모습은 가볍게 하면 의미전달이 제대로 이루어지지 않는다. 전달한 사항에 대해 피드백을 서로 주고 받으며 맡겨진 일에 대해 걸고 있는 기대감을 표현하므로 실제로 일을 진행하는 사람은 매우 기쁜 마음으로 일을 할 수 있을 것이다.

you pleasantly do your best, I am convinced that you will produce the best result." Remember, we always get what we hope for.

In a nut shell, the secret of communication is to start a conversation with full of confidence. When you deliver a message, you must be certain in every ways. Your voice and attitude must be consistent with your message. If you are saying this project is important but your voice and attitude are frivolous, the significance of the project is then badly translated. Your employees can gladly work for you if they are able to freely exchange feedbacks and know exactly what their leader is looking for.

홍의숙

홍의숙은 경영학박사로 기업코칭전문회사인 인코칭의 대표이사이다.
코칭 관련 저서로 <초심>, <경영천재가 된 CEO> 외 다수가 있으며
코칭산업의 성장과 지식사업수출을 위해 노력하고 있다.

TALC · 06 한국 코칭 역사의 산 증인 5명이 이야기하는 대한민국 코칭 발전사 | 한국 코칭 발전사

한국 코칭 10년(2004~2014)의 발자취

INTERVIEWEES

김명주
SK텔레콤 인재개발원 Values 교육팀
한국코치협회 인증코치(KPC)

구자호
코칭경영원 전문코치
한국코치협회 인증코치(KPC)

류호택
(주)CMOE 부사장
상담학 박사

서복선
(사) 한국코치협회 부회장
한국코치협회 인증코치 (KSC)

홍의숙
(주)인코칭 대표이사
경영학 박사
<초심> 외 다수 저자

INTERVIEWER

TALC

한국코칭은 어떻게 성장해왔나?

10년 국내 코칭 산업에 대한 이야기

TALC: TALC 는 한국 코칭 인더스트리를 재정리하고 코칭 산업에 대한 이해도를 높이기 위해 인코칭에서 특집으로 출간하는 단행본입니다.
'한국코칭은 어떻게 성장해왔나?'라는 첫번째 섹션은 한국 코칭의 지난 10년의 성장에 대해 코치협회, 코칭펌 그리고 기업의 HR 전문가의 관점에서 함께 조명하며, 지나 온 성장과정의 의미와 앞으로의 발전 방향에 대한 내용을 더 많은 독자들에게 공유하려고 합니다.

류호택: 최근 몇 년간 해외는 물론 국내에서도 코칭이 매우 활성화되고 있습니다. 최근 5년동안 개최된 ASTD (American Society for Training and Development, 최근 ATD로 명칭을 변경함) 국제학술대회에서 발표된 주제의 비중 증가에서도 간접적으로 확인할 수 있고, 코칭에 대한 관심은 국내 석.박사 학위 논문 증가에서도 볼 수 있습니다. 이러한 코칭은 기업에서 처음 도입하였지만 지금은 학습 분야 및 삶을 다루는 라이프 코칭분야 등으로 확산되고 있으나 아직 주된 코칭고객은 기업이나 조직의 관리자들이라고 합니다.

TALC: 이렇게 코칭산업의 발전과 의미를 함께 돌아보고 나눌 수 있는 자리에 함께 해주심을 진심으로 감사드립니다. 먼저 한국 코칭 도입시기 그 당시의 상황에 대한 이야기를 들려주시겠습니까?

2003년 한국코치협회 발족과 국내 최초 코칭펌의 시작

서복선: 협회에 대해서 소개하자면, 초기에 한 30명 정도로 시작을 했습니다. 처음에는 '월례회'라는 이름으로 모였어요. 그렇게 모임을 갖다가 한국리더십센터 김경섭 박사님께서 ICF(International Coaching Federation: 국제코칭연맹) 의 국제코치인증자격처럼 한국에서도 전문코치 인증 자격의 필요성을 느끼게 되셨어요. 그래서 2003년도에 한국코치협회가 만들어져서 정식으로 시작하게 되었습니다. 또한 초창기에는 인코칭, 한국코칭센터, 아시아코칭센터, CMOE 이렇게 4개의 코칭펌들이 생기면서 산업이 크기 시작했습니다.

우리나라 코칭의 발전

우리나라에서는 1998년 '코칭에 대한 연구: 권력의 관점에서(손민철, 고려대학교 경영학과)' 라는 학위논문에서 컨설팅과 리더십 관련 기관을 통해 코칭이 도입된 것으로 알려졌으며 초창기 코치들은 미국 리젠트 대학 교수인 조셉 유미디가 개발한 TLC(Transformational Leadership Coaching)프로그램을 통해서 이루어 졌다.

하지만 한국에서는 코칭 발전을 위한 본격적인 첫 출발은 2003년 6월 7일 ICF Korea Chapter 결성이라고 볼 수 있다. 한국의 코치와 코칭 운동을 대표하는 주체로서 한국코치협회가 12월 발족했다. 협회는 2006년 노동부 산하 사단법인으로 인가되어 2015년 현재 3천여명의 인증코치가 사회 각 분야에서 활발한 활동을 전개하고 있다.

한국코치협회 연혁		
2003	12	한국코치협회 발족
	12	제1대 김경섭 회장 취임
2004	03	한국코치협회 KAC 인증자격시험 실시
	11	제1회 대한민국코치대회 개최
	12	디지털 조선과 '사랑의 코칭' 1차 캠페인 실시
2005	01	제2대 안주섭 회장 취임
	03	디지털 조선과 '사랑의 코칭' 2차 캠페인 실시
	11	제2회 대한민국코치대회 개최
2006	01	고용노동부로 부터 사단법인 인가 받음
	10	한국코치협회 KPC 인증자격시험 실시
	11	제3회 대한민국코치대회 및 제1회 코칭학술대회 개최
	12	(사)한국코치협회 대전충청지부 창립

〈출처: 한국코치협회 초창기 연혁 2003-2006〉

홍의숙: 협회가 커졌다는 것은, 협회의 가입자, 전문코치자격증을 획득하신 분들이 많아졌다는 거죠?

서복선: 네. 자격증은 3,000명, 현재 그 중에서 활동하는 코치들은 대략 2,000명 가까이 된다고 볼 수 있습니다.

구자호: 처음 초창기에 한국에서 쉽게 코칭을 접할 수 있도록 돕는 취지에서 한국코치협회가 창립했다는 것이 의미가 있다고 봅니다.

서복선: 당시 일본 코치협회는 경제적으로 여유가 많았기 때문에 우리나라보다 10년 앞서서 발전했습니다. 구조조정에서 가장 필요한 본인 역량 발휘가 더 필요했고 그래서 미국을 벤치마킹했던 거고 자발적으로 미국으로 건너가 코칭을 배워옵니다. 그렇게 10년 전에 시작돼서 일본은 어느 기간이 지나고 나서 ICF 인증코치 100명 정도가 자생적으로 만들어 진 후 지금까지는 친목 수준이에요. 일본 내에서의 인증 제도는 없죠. 모임에서 교육을 하는 것이 아니라 친목 개념으로 참석하고 시간을 인정해주는 정도만 하고 있죠. 우리나라 같은 경우 일본보다 경제적으로도 열악하기 때문에 일본처럼 미국으로 건너가서 국제자격까지는 따기가 어려웠습니다.

홍의숙: 코칭이 말씀하신 대로, 미국은 1980년대 경영자 코칭으로 시작한거고 그로부터 10년후 1994년도에 일본에서 시작이 되었고 또 그로부터 10년 뒤 한국에서

2003~2004부터 도입이 된 겁니다. 한국에 정식으로 소개한 것은 2002년 머니투데이에 '홍의숙의 CEO 코칭칼럼'을 기고하면서 국내기업에 코칭을 알리면서 확산이 되었어요. 칼럼을 보고 출판사에서 책 제의가 들어왔는데 많은 사람들이 코칭을 잘 모르니까 코칭이라는 제목을 붙일 수가 없었던 시기였습니다. 그래서 '사장이 직원을 먹여살릴까 직원이 사장을 먹여살릴까'라는 제목을 붙이고 출판을 했는데 베스트 셀러가 되었어요. 대한민국 최초의 코칭 책이었는데 정말 감격스러웠어요. 더욱이 그 책의 인세로 인코칭이라는 코칭기업이 만들어졌으니 감사하지요.

김명주: '사장이 직원을 먹여살릴까 직원이 사장을 먹여살릴까' 라는 그 책 제목을 정말 잘 지은 거 같습니다.

홍의숙: 네, 얼마전에 한 중소기업 사장님이 그 당시에 그 책을 사 보신 후 이후에 제가 쓴 책을 다 읽으셨다고 하시면서 '이제는 코칭을 받을 타이밍인 거 같습니다.' 라고 하시더라고요. 어떻게 보면 책이라는 것이 코칭에 대한 인식을 널리 확장 시킬 수 있는 매체라고 생각이 듭니다.

김명주: 10년 전 초창기를 돌아보면 코칭을 자신 있게 자유자제로 하시는 분은 이 자리에 계신 한두 분을 제외하고는 정말 드물었죠. 코치 대회를 했던 게 2004년 이었던가요? 그 때 기억이 나는 게 25명하고 최초의 코칭 클래스를 했죠. 벌써 그로부터 11년이란 시간이 지났네요.

TALC: 네, 대한민국코치대회는 지금도 매년 개최되고 있습니다. 국내 코칭 산업이 지난 10년 동안 어떻게 성장해왔는지 코칭펌과 기업 그리고 코치협회의 관점에서 듣고 싶습니다.

코칭프로그램 자체 컨텐츠 개발과 수출

홍의숙: 초창기에는 비즈니스 코칭으로. 대부분의 코칭펌이 해외 프로그램을 가져와서 진행하였죠. 저는 반대로 한국인의 감성적인 면을 외국인에게 전달하고 싶은 생각이 많아서 직접 프로그램을 만들게 되었습니다. 물론 외국의 유명 프로그램을 가지고 와서 전달하는 것이 비즈니스를 하는 면에서는 훨씬 유익할 수 있었지만, 저희가 직접 컨텐츠를 만들면 또한 각기 다른 니즈를 갖고 있는 기업과 고객에게 맞출 수 있는 서비스를 제공할 수 있기 때문에 자체 컨텐츠 개발을 하며 회사를 키워 나갔습니다.

구자호: 실제 협회에도 지금 현재는 해외 프로그램 보다 국내의 우리가 자체 프로그램이 훨씬 많아졌죠?

서복선: 네, 맞아요. 실제로 협회에서 인증되도록 등록된 프로그램 중에는 초창기에 들어온 외국 프로그램 제외하고는 국내 자체 프로그램이 훨씬 많아졌습니다.

홍의숙: 그래서 저도 저희 회사가 개발한 프로그램이 해외수출이 되고 있다는 점에 정말 큰 보람을 느끼고 있습니다. 이번에 뉴욕 UN Headquarters에서 코트라가 지원하는 행사로 UN 기관들과 한국조달업체의 미팅이 있어요. 국내의 20개의 조달업체에 선정되어서 저희 프로그램을 소개하게 되었어요. UN조달시장에서 코칭 및 리더십 트레이닝이 필요하면 우리 인코칭이 입찰에 참여할 수 있도록 등록이 되어 있어요.
미국의 여러 유명한 프로그램을 기업과 연결하는 에이전시와도 최근에 미팅을 했는데 협업을 하자고 얘기하더라고요. 우리 것을 세계시장에 내놓을 수 있는 걸 하고 싶다고 하는데 굉장히 기뻤죠. 그게 보람인 것 같아요.

구자호: 해외 것이 아니라 이제는 우리 것을 지식산업으로 수출하다니 정말 놀라운 성장입니다.

서복선: 그만큼 우리 협회가 생긴지 공식적으로 12년이란 시간이 지나면서 국내의 지식산업이 성장한 만큼 세계에서 우리나라에 대한 관심이 달라지고 지식 산업에서도 신뢰를 받게 되는 거군요.

홍의숙: 네. 예를 들면 말레이시아에서 저희 교육을 받은 기업의 리더들의 이야기가 인코칭의 프로그램은 먼저 마음을 깊이 터치한다고 했어요. ASTD에 가서도 코칭관련 세션을 다 들어가 보아도 저희 나라가 상당히 우수하다는 걸 알수 있었어요. 대한민국 산업의 빠른 발전과 함께 Face to Face 코칭 경험도 굉장히 많아 졌으니까요. 정부, 공기업, 대기업, 외국계 기업, 벤처기업 등 다양한 규모의 조직과 제조업, IT, 서비스 업등 다양한 곳을 경험한 것이 가장 큰 강점인 것 같습니다. 어떤 부분에서는 지역이 넓은 미국보다 더 폭넓은 경험을 할 수 있었던 것 같기도 합니다. ICF(International Coaching Federation) 에서 주최하는 회의에 가서 저희의 경험과 생각을 나누니 한 마스터 코치(MCC)가 코칭해 달라고 하더라고요.

외국의 많은 프로그램들이 스킬 중심적으로 더 강조하다 보니 동양적인 정서와 문화를 반영하여 상대에 대한 오픈 마인드 그리고 사람에 대한 이해를 리더십의 가장 중요한 첫 번째 단계로 강조하는 저희 프로그램과 차이를 많이 느낀다고 하더라고요. 작은 차이가 아니고 큰 차이라고 인정합니다. 제 경험으로는 질문만 해서는 사람이 변화될 수 없다고 생각해서 처음에 코칭과 티칭이 결합된 방법을 대상에 따라 적용했습니다.

김명주: 처음부터 코칭의 본질에 어프로치를 하셨던 거라고 생각합니다.

서복선: 아마 홍대표님이 감각적으로 그 본질적인 부분을 가장 중요하게 여기셨다는 생각이 드네요. 그것의 가치를 알았기 때문에 사람의 성장을 돕고 변화시키는 것이 가능했죠. 코칭은 그 본질로부터의 시작이 가장 중요합니다. 저희 것이 지식산업으로 해외에 수출되는 성장의 얘기들을 들으니 앞으로의 발전들이 더욱 기대가 됩니다.

기업에서의 인식의 변화

홍의숙: 필드에서 기업들과의 첫 스타트가 1:1 코칭이었는데 지금은 그룹코칭이 많잖아요. 코칭 변천사에 대해 말씀해주시면 좋겠습니다.

김명주: 제가 모든 기업의 상황을 다 알지는 않지만 저희 기업 CEO께서는 코칭이 기업문화와 코드가 잘 맞고 좋은 툴이라고 생각하세요. 교육형태로 보면 팀장들의 원데이 트레이닝, 그룹코칭, 신입팀장 코칭도 했었지만 마케팅, 영업부분 구성원들 대상으로 해서 대리점에 있는 사람들과 커뮤니케이션을 위해 코칭 트레이닝을 내부적으로 하기도 했고 다양한 방식으로 했고요. 지금은 신임 임원의 역할에 대한 기대가 크기 때문에 1:1 코칭이 들어가고요 나머지 임원들에 대해서는 선택의 자율권을 주고 있습니다.

회사에서 임원의 리더십 향상이 전략적으로 필요할 경우 실시하기도 하고, 그룹 차원에서 고위급 계열사로 보면은 CEO 후보들을 대상으로 해서 진행합니다. 그게 회사에서 보기에 비용이 큰 부분일 수 있으나 나중에 CEO가 되어서 보니까 크게 인식하는 것은 이거는 반드시 해야 한다는 소리가 나오고 있는 상황이에요. 코칭의 ROI 에 대한 확실한 증거를 들이대지 않아도 코칭을 받아온 분들의 증언이 있고 잘해왔기 때문에 그런 부분에서는 코칭에 대한 인식수준은 기업에서 긍정적으로 많이 확산되었다고 생각합니다. 이제는 코칭이 무엇인지 잘 모른다고 얘기할 수 없고 정확하게는 아니더라도 HR 담당자들이 알고 있어야 할 수준의 인식으로 발전 했다고 봅니다.

홍의숙: 네 맞아요. 초창기에는 코칭을 왜 받아야 하냐고, 저한테 물어보시는 분들도 많았어요. 그런데 처음에 할 때는 코칭 세션이 10~12번 이렇게 자리가 잡혔었는데 어느 순간부턴가 기업에서 점점 횟수를 줄이더라고요.

김명주: 네, 맞습니다. 왜냐하면 HR 담당자들이 코칭 받는 횟수 차이가 뭐냐고 물어보면 "이런 이런 성과와 증거들이 있습니다"라고 하는 것이 어려운 것이죠. 모든 경영과 HR분야가 ROI를 measurement하기 힘든데 경영자들의 생각은 코칭 횟수당 비용이 매우 높다고 인식하는 것에 비해 변화에 대한 지속 성과는 작다고 느낄 수 있어요.
사실 코칭을 제대로 받으려면 10회 가까이 하면서 깊은 이야기도 나누고 해야 더 신뢰도 쌓여 우정 같은 것도 생기고, 코칭 받은 사람들은 나중에는 개인 비용을 들여서라도 코칭 받고 싶다고 하시기도 하거든요. 개인과 업무에서 성과가 생기고 코칭 기회에 고마워 하는 이런 욕구가 있어야 하는데 이렇게 단계별로 진행하기가 쉽지 않을 때가 많은 것이 사실입니다.

홍의숙: HR쪽에서 보면 코칭의 근본적인 것을 알고 의뢰를 해야 합니다. 어떤 식으로 의뢰 오는가에 따라 코칭을 받은 성과가 달라지죠. 어떤 회사들은 진단을 미리 해놓고 그 부분만 의뢰를 해버리는데, 그것이 근본적인 패러다임을 즉 프레임의 변화를 가져올 수 없습니다. 내가 왜 존경 받는 리더가 돼야 하는지 이런 큰 그림과 장기적인 면을 보기 위해서는 당장의 성과 위주 보다는 장기적인 시각으로 보는 것이 필요합니다.

김명주: 중소기업과 대기업 접근을 할 때 달라질 수가 있겠다는 생각이 듭니다. 중소기업 같은 경우에는 몰라도 대기업은 워낙 규모가 커서 빠르게 진행되지 않아요. 그 기업이 가지고 있는 이슈를 잘 알고 같이 매칭되어야 하는 것이 중요할 거 같아요. 그것이 바로 고객이 생각하는 가치가 아닐까요? 고객들은 간지러운 부분이 있는데 이 부분을 코칭으로 긁든 컨설팅으로 긁든 상관이 없거든요. 혁신과 변화, 팀빌딩, 세일즈든 각각의 조직이 필요하는 그 간지러운 부분 즉 명확한 니즈를 코칭이 어떻게 서포트할 수 있는지 그 만나는 지점을 잘 파악하면 매칭될 수 있는 작은 수로들이 잘 놓일 수 있을 것 같습니다.

구자호: 네, 맞아요. 다르게 말하면 코치펌에서도 역량을 높여야 되고 코치들도 역량을 높여야 되고 거기에 더해서 HR 담당자와 고객의 역량도 들어가겠지만 니즈 파악을 코칭펌과 코치들도 더 잘해야 할 거 같습니다. 고객의 눈높이에 맞춰야지요.

김명주: 네. 코치들이 과거에 임원, 대표시절에 있었을 때 뭐가 필요했는지에 대해서 생각해보면 경영자의 입장에서 생각할 수 있고 그 부분에서 출발하면 되지 않을까요?

구자호: 최근 2~3년전부터 그룹코칭이 늘어나고 있습니다. 예산을 세이브해야겠다 하는 생각도 크게 한 몫 했지요. 물론 실제로 그룹코칭의 효과는 매우 큽니다. 현재 국내에서는 코칭 형태를 다양하게 하고 있고 특히 최근에 그룹 코칭에 있어서의 수준도 다양하게 발달하고 빨리 접근하고 있다고 생각합니다.

서복선: 코칭의 형태는 국가별, 문화별로도 다른 것 같습니다. 일본의 경우는 전화로 하는 텔레코칭이 아주 잘 되어 있어요. 일본사람들은 시간도 절약되고 좋아해서 한 기업이 한국에 도입했지만 실패했습니다. 한국사람들은 전화보다는 직접 얼굴을 보고 코칭하는 걸 좋아한 것이죠. 아마 그룹코칭을 진행할 때도 무조건 그룹코칭 만이 아니라 1:1 코칭도 함께 넣어 진행하는 것을 더 좋아할 것 같아요.

구자호: 맞습니다.

사회 각 영역에서의 코칭의 중요성에 대한 인식

홍의숙: 국내 코칭이 1:1 코칭으로 시작해서 그룹코칭으로 왔는데, 이제는 1:1 코칭과 그룹코칭을 함께 하는 하이브리드의 형태로 변천이 되어 온 거 같습니다.

TALC: 한국코칭에 있어서 *코칭영역에 따른 분류로 보자면 코치협회에서 가장 많이 등록된 전문 코치 분야가 무엇입니까?

코칭분야와 활용

전문코칭이란 역량을 갖춘 전문 코치가 계약에 의거하여 제공하는 일련의 코칭스킬과 프로세스를 포함하는 코칭서비스이다.
이 과정은 특별한 경우를 제외하고는 유료로 이루어진다.
전문코칭에는 코칭이슈와 영역에 따라, 그리고 코칭비용을 지불하는 주체에 따라 아래와 같이 분류된다.

코칭영역에 따른 분류
비즈니스코칭(Business Coaching)
회사운영, 리더십, 퍼포먼스 향상, 수익율 개선 등 비즈니스 이슈에 주요 초점을 맞추는 코칭

라이프코칭(Life Coaching)
삶에 있어서 일어나는 여러 가지 이슈들, 예를 들면 삶의 균형, 만족감향상, 인간관계개선, 인생의 의미와 목적의 발견 등에 초점을 맞추는 코칭

커리어코칭(Career Coaching)
성격, 경력, 재능 그리고 처해있는 환경등을 고려하여 자신의 직업관에 맞는 진로를 설정하고 목표를 이룰 수 있는 방법을 찾도록 돕는 코칭

그 외에도 더 세부적인 영역으로 구체화되어 다양한 코칭이 존재한다. CEO코칭, 가족코칭, 다문화코칭 등 코칭의 분야는 무궁무진하며 코칭이 발전해감에 따라 보다 세분화될 수 있다.

출처: 한국코치협회

서복선: 라이프 코치에요. 통계상으로는 비즈니스 코치가 조금 더 많은 숫자로 등록되어 있지만 보는 관점에 따라서 비즈니스 코치가 당연히 라이프 코칭을 전제로 깔고 가야 한다고 봐야하지 않을까 싶습니다. 크게는 라이프코치가 크게 전체로 코칭이고 굳이 나누면 비즈니스와 라이프로 나눌 수 있습니다. 미래에 가장 커질 영역은 커리어 코칭 분야라고 생각합니다.

협회입장에서 현재 상황을 보면 국내 모든 조직이나 사람들이 제대로 깊이 있게 상호간에 기다려주지 못하고 횟수가 짧아서 효과가 줄어드는 등 효과성에 대한 만족도가 떨어지고 있습니다. 그래서 지금은 코칭분야 에서도 코칭 하나만 가지고 고객만족을 시키지 못해요. 고객마다의 다양한 문제점과 성향, 가치관이 다 다른데 그 다름에 맞출 수 있어야 한다고 생각해요. 요리에 비유하면 요리사가 요리도구만 사용해야 된다고 하기보다는 필요에 따라 다른 도구들도 사용할 수 있지 않을까라는 생각이 들어요.

예를 들어 요즘 협회가 중요하게 생각하고 만나는 분들이 복지사들입니다. 복지사들이 코칭 공부를 하면 차별화가 엄청나게 될 거라고 생각합니다. 이미 전문적인 마인드와 경험이 있기 때문에 셀프코칭을 통해 스스로와 고객을 회복시키고 성장시킬 힘을 줄 수 있습니다. 결론적으로 코칭이 더 좋다는 것 보다는 전문분야와 함께 융합하여 쓸 수 있는 도구라는 거지요. 커리어 부분에서도 커리어 상담사, 카운슬링 등도 있는데 그 분야에서도 코칭과의 접목이 필요하다고 생각됩니다. 전문분야와 코칭의 융합을 통해 고객의 숨어있는 잠재력, 동기부여, 그리고 중요한 가치를 이끌어낼 수 있습니다.

정말 중요한 건 코칭이 들어가지 않으면 근원적으로 그 사람의 성장을 도울 수 없다고 생각했기 때문에 코칭을 각각의 전문분야와 어떻게 접목시킬 수 있을지를 협회에서도 많이 고민하고 있습니다.

향후 국내코칭의 발전과 성장을 위해

홍의숙: 코칭이 사회전반적으로 봤을 때 기회라고 봅니다. 코칭은 한번 트랜드로 끝날 것이 아니라 100년이상 갈 거라고 생각했고 수많은 영역에 코칭이 들어갈 거라고 확신하면서 필드에 나왔었어요. 지금 이제 서서히 보이네요. 기업에서 볼 때 코칭에 대한 평가와 기대사항은 어떻게 바뀐 것 같나요?

김명주: 다른 기업을 다 알진 않지만 저희의 경우 CEO께서 기업문화와 코드가 잘 맞고 좋은 툴이라 하셨습니다. 형태로 보면 팀장들의 원데이 트레이닝, 그룹코칭, 신입팀장도 했고요 마케팅, 영업부분 구성원들 대상으로 해서 대리점에 있는 사람들과 커뮤니케이션을 위해 코칭 트레이닝을 내부적으로 하며 다양한 방식으로 진행했어요. 현재 지속되고 있는 거는 신임 임원에 대한 역할의식이 크기 때문에 대상을 정해 진행하고 있습니다. 나머지 임원에 대해서는 자율권을 주고 있고요. 회사에서 임원의 리더십 향상이 전략적으로 필요하다고 할 경우 실시하고 그룹 차원에서는 고위급 계열사로 보면은 CEO 후보들을 대상으로 해서 변모 해야 할 부분들을 보완하는 것으로 진행하고 있습니다. 어떤 사람들은 코칭 비용이 크다고 생각하기 때문에 고민 하는 경우도 있지만 나중에 CEO가 돼서 경험해 보니까 코칭의 중요성이 인식되서 반드시 해야 한다는 소리가 나오고 있습니다. 코칭의 주제와 일치도 높은 문항들을 뽑아서 평균점수 향상도를 비교해보기도 하고요. 담당자 입장에서는 평균점수를 비교해보기도 하면서 다양한 코칭을 해보고 있지만 사실 지속적이지 않은 부분

이 있는 것은 사실입니다. 또 코칭 안 받아도 다 안다고 하시는 분들이 있기도 한데 사실 잘 모르시는데 아시는 것처럼 말하는 경우가 더 많긴 합니다. 성과가 나고 입소문이 나니까 받아들이시는 분들이 많아지기도 하고 아직도 본인이 잘 하고 있어서 니즈를 못 느끼시는 분도 계시기도 합니다.

홍의숙: 고객이 정말 필요와 효과를 느끼도록 각자가 전문성을 가지고 코칭을 할 수 있고 고객의 핵심적인 니즈를 맞출 수 있도록 역량을 갖추는 것이 절실히 필요합니다.

구자호: 네, 맞습니다. 어떻게 보면 지금 위기라는 얘기도 있지만 반면에 상당한 기회인 거 같습니다. 컨설팅, 그룹코칭 등 분화된다는 게 추세이고 컨설팅 이후실행에 대한 고민에 코칭이 꼭 필요하다는 것에 대한 인식이 증가하고 있다고 봅니다.

김명주: 저도 융합이 꼭 필요한 시점이라고 생각합니다. 코칭에 있어서의 전략, 변화관리 등 매우 많은 영역이 있는데 현장에서의 경험을 통해 쌓은 전문성과 코칭이라는 분야를 접목해서 가는 거죠. 이 두 가지가 균형 있게 잘 이루어지도록 한 쪽은 코칭의 본질적 역량 그리고 다른 한 쪽은 자신의 전문적인 경험과 지식이 필요하다고 생각합니다. 현재 코칭이 아주 기본적이고 표현적인 부분에서 보면 커뮤니케이션 스킬, 리더십 향상혹은 질문스킬 등으로 표현되고 인식이 되어있습니다. 실질적으로 코칭 파워는 더 깊은 곳으로 내려가서 자신의 멘탈 즉 자신의 사고에 대한 재의심과 회의를 거쳐서 새로 재정의하고 재구성하는 것으로 강력하게 나타납니다. 다시 말해 존재에 대한, 존재가치에 대한 것을 터치 할 수 있다는 겁니다. 또한 리더십의 변화를 어떻게 더 성과와 연관성 있게 표현할 수 있는지가 중요할 것 같습니다.

구자호: 기업에서 코치를 선택할 때 어떤 점을 봐야 하는지도 생각해 볼 필요가 있습니다. 코칭 역량과 코치의 배경이 다 중요하게 보지만 기업에서 코치를 CEO 출신이면 다 좋아하는 경우가 있는데 코칭 역량도 뛰어난지 살펴 봐야 하는 것입니다. 단순히 배경뿐 아니라 코칭 역량이 뛰어난 사람을 필요로 할 때도 있으니 상황에 따라 다르게 접근해야 되는 것이죠.

홍의숙: 사실 코치들의 강점이 무엇인지 묻는다면 저희의 경우 '진정성'이라고 말할 수 있는 것 같습니다. 하지만 고객의 경우 눈에 보이지 않는 진정성을 어떻게 표현할 것인가가 어려운 부분인 것 같습니다. 진정성을 어떻게 보여줘야 하는가가 가장 중요한 것 같습니다.

류호택: 결국 고객을 만족시키려면 표본과 사례를 만드는 것이 가장 필요할 것 같습니다. 코칭을 지속적으로 계속 해서 성과를 내는 기업 사례가 많아지면 더 효과가 있겠죠. 그리고 기업들도 코칭을 잘 하는 사람을 선별하는 능력이 있어야 할 것 같습니다. 코치가 아닌 사람도 다른 배경을 강조하며 코칭을 안다고 하면 교육을 하게 해주는 곳도 꽤 많더라고요. 그럴 경우 부작용이 생길 수 있는 있는 가능성이 높게 되죠.

서복선: 고객에게 코치를 소개할 때 프로필을 주어서 매칭하는 경우가 많은데 잘 되는 경우도 있고 안 맞아서 만족도가 떨어지는 경우도 있습니다. 사실 코치에 대한 평판은 코칭회사에서 정확하게 알고 있겠죠. 처음엔 대기업 출신 코치라고 하면 좋아하는데 1~2년 지나면 활동이 뜸해지는 사람들이 굉장히 많습니다. 협회에서 보다 보니까 정말 코칭을 잘하는 사람은 근본적으로 자신이 성장하도록 노력하고 고객을 성장시키고자 하는 마음이 있는 사람이더라고요. 그래서 협회차원에서 보면 코치들의 검증된 프로필이 더 필요한 것 같습니다.

홍의숙: 맞습니다. 자격증을 취득만 했다고 해서 정말 고객에게 코칭을 잘 할 것인가의 문제는 또 다른 차원입니다. 처음에 잘하다가 못할 수도 있고 부족하지만 노력하다가 잘 하는 사람도 있으니까요. 코치도 끊임없이 자기 발전을 위해 노력하고 코칭회사도 그것을 독려하며 서로 성장하는 것이 어렵지만 가장 필요한 일인 것 같습니다.

TALC: 한국코칭의 시작과 가능성 그리고 고민해야 할 과제들에 대해서 많은 것들을 나눌 수 있는 시간이었습니다. 마지막으로 국내 코칭이 지난 10년간 성장해왔다는 것을 알 수 있는 기준들을 다시 한 번 정리해주시겠습니까?

김명주: 첫 번째로는 인식. 코칭에 대한 인식과 코칭을 접해보고 코칭을 받아본 경험들이 확산 되었다는 것이죠.

서복선: 협회 차원에서 보면 각 분야 전문가들이 코치 자격을 따러 오고 있다는 점이 많이 달라졌다는 것입니다. 특히 상담사 1급과 같이 앞서 나가시는 분들은 와서 KPC까지 다 땄어요. 성폭력 기관에서 피해자를 상담하는 사람인데 아무리 위로하고 치료해도 이 사람을 정상적인 걸로 못 돌리는데 앞으로 미래에 어떤 방향으로 갈 것인지 진로에 대한 것을 상담해 줬을 때 희망을 가지더라는 것 때문에 코칭의 필요성을 느껴서 찾아오신 분도 계세요.

홍의숙: 협회에서는 전문코치자격증으로 활동하는 코치들의 수가 3,000명이라는 인원이 됐다는 것 자체도 참 큰 발전으로 또한 볼 수 있을 거 같습니다.

서복선: 네, 맞습니다. 5년 전에 1,000명도 안 됐죠. 그 때 목표를 5,000명을 잡았는데 작년 한 해 동안 최소한 1,000명이 늘어났습니다. 앞으로 저희가 2020년도 10,000명 목표를 하고 있는데 최근에 정말 많은 문의가 오고 있어요. 예전보다 개인들도 많이 문의를 오고. 여러 기관들에서도 많은 관심을 가지고 있습니다.

구자호: 네, 맞아요. 아카데미 분야에서도 인식과 코칭의 중요성이 대두되고 있어요. 점차 대학교에서 코칭 학과도 많이 생겨나고 있으니까요.

홍의숙: 코칭산업의 성장에 대해 깊이 고민하며 함께 만들어 가는 분들과의 대화 덕분에 더 힘이 나는 시간이었습니다.

TALC: 귀한 시간 내주셔서 정말 감사 드립니다.

UN의 코칭 이야기

United Nations, 국제 연합은 세계 모든 나라를 아우르는 국제기구이다.

193개국의 회원국으로 구성 되어 있으며 설립 목적은 국제법, 국제적 안보 공조, 경제 개발 협력 증진, 인권개선으로 세계 평화를 유지하는데 있다.

유엔 본부는 미국 뉴욕에 있으며 산하기구는 네덜란드 헤이그, 오스트리아 빈, 스위스 제네바, 케냐 나이로비에 있다. 공식 언어는 영어, 스페인어, 프랑스어, 중국어, 아랍어, 러시아어 이다. 유엔의 직원들은 국제 공무원 (International Civil Servants)로 불린다. 현재 44,000여명의 직원이 근무하고 있다.

유엔은 직원의 핵심역량을 아래와 같이 말한다. 193개국의 회원국의 사람들이 다른 국가에서 일하고 출장이 많기 때문에 특히 다양성 존중을 중요하게 생각한다.

유엔의 핵심가치
고결한 자세
전문가 의식
다양성 존중

유엔직원의 핵심역량
의사소통
팀워크
기획 및 조직력
책임감
고객중심
창의성
지속적인 학습
기술활용

유엔직원의 관리능력
통찰력
리더쉽
다른 직원 동기 유발
신뢰구축
판단력 및 결단력
업무관리

직군

	Entry level professionals		Mid-level professionals		Senior level professionals
P-2	minimum 2 years of work experience No experience is required if applying to the young professionals programme	P-4	minimum 7 years of work experience	P-6/D-1	minimum 15 years of work experience
P-3	minimum 5 years of work experience	P-5	minimum 10 years of work experience	P-7/D-2	more than 15 years of work experience

D-2 (Directors) : 국장급, D-1 (Principal Officers) : 부국장급,
P-5 (Senior Officers)~P-4 (First Officers) : 과장급: P-3 (Second Officers) & P-2 (Associate Officers) & P-1 (Assistant Officers): 실무직원

UN의 가치

UN도 높은 고위직급일수록 반드시 코칭을 받도록 한다.
ILO 국제노동기구는 D1과 D2레벨의 경우 임원코칭(executive coaching)을 제공한다. 관리자급 직급 또한 교육을 제공한 후에 Coaching Phase를 갖게 해 현업에서 적용도를 높인다.
UNDP 유엔개발계획의 Career Transition Unit (CTU) 부서는 프로젝트가 마무리 되는 직원, 프로젝트를 기다리는 직원, 본사로 돌아오는 직원 등 쉽지 않은 상황에 놓은 직원들에게 커리어 코칭을 제공하고 있다.
UN의 인사과인 OHRM (Office of Human Resource Management)에서는 D1/D2를 대상으로 Leadership Development Programme (LDP)을 실시하며 360도 진단과 코칭을 실시하도록 한다. P4/P5를 대상으로도 Management Development Program(MDP)를 진행하며 코칭을 반드시 포함한다.
또한 P5이상의 여성들에게는 Women's Leadership Program도 실시하고 있다.
UN Secretariat 사무국은 이런 코칭을 통해 유엔의 고위관계자 개개인이 빠른 변화에 대한 적응력을 강화하고, 지식과 스킬을 빠르게 습득하며 전문성을 높인 이유로 2012년 ICF로부터 International Prism Award를 받기도 했다.

UN의 가장 큰 이슈는 대부분 핵심 가치를 중시하며 다문화의 환경에서 능력을 발휘하는 것이다.
UN은 Field Work로 불리는 분쟁지역 등에서도 현지의 직원들에게 코칭서비스를 제공한다. 남수단의 경우도 코칭과 멘토링 교육을 제공하며 그 목적은 프로젝트의 준비, 계획, 공감적 경청, 긍정적 피드백, 현업에서의 코칭대화능력 향상이다.
UN의 장점인 동시에 단점은 변화가 어렵다는 것에 있다. 작은 것 한 가지라도 바꾸어야 할 경우 수 많은 사람들과 국가와 조율해야 하기 때문에 한 가지를 정해도 신중하게 정하고 변화가 필요할 경우에도 매우 조심스럽게 대응한다.
위와 같은 이유로 관리자급에 대한 코칭은 UN내에서 앞으로도 계속될 것으로 사료된다.
UN의 Vendor 업체로서 방문한 인코칭 담당자는 UN OPS, UNDP, UN Women, UNICEF 담당자와의 미팅을 통해 유엔 내부 직원에 대한 코칭 니즈가 매우 크다는 것을 알 수 있었다고 한다.
UN의 직원들이 코칭을 통해 어떻게 협력을 이끌어 내고 다문화 환경을 이상적으로 이끌어 나갈지 관심을 갖고 지켜 볼 필요가 있을 것 같다. 그들이 만들어 내는 결과가 세계의 흐름을 이끌어 나가게 되기 때문이다.

TALC · 07 10년간 한국에서 발전된 코칭 관련 기업, 조직, 논문, 서적을 분석하다 | 한국 코칭 발전사

Big Data로 보는
한국 코칭 10년의 의미

ICF 는 지난 2012년 발표한 Global Coaching Study에서 전세계 코치의 수는 약 4만 7천명이며 코칭 산업의 규모는 약 20억 달러로 추산된다고 밝혔다. 한국코치협회의 기업코칭 연구회는 한국 코칭이 성장기에 있으며 2015년 약 5천명의 코치가 양성될 것으로 예측했다.

산업 규모					
구분		인원 (명)	매출 (억원)	인당 매출 (억원)	비고
코칭	ICF	50,000	20,000	0.5	'06년
	한국	2,917	1,000	0.4	'14년
컨설팅		26,754	30,341	1.13	'08년

코칭: ICF: '06년 세계코칭산업, PwC / 한국: 추정계산
컨설팅: '08년 경영컨설팅업, 통계청

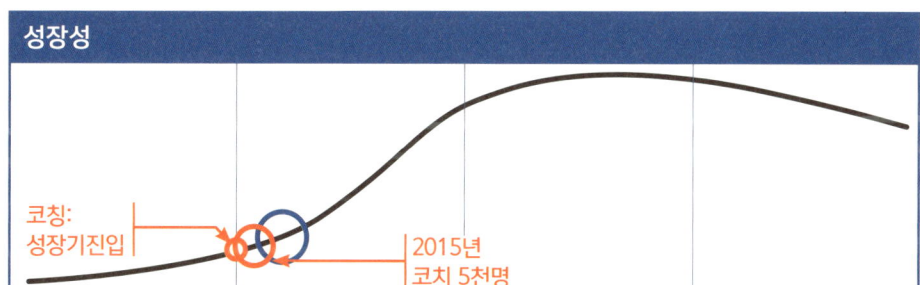

Source: 한국코치협회 기업코칭연구회 2015

한국의 코칭은 어떻게 발전되고 있을까? 한국은 지난 10년간 코칭의 비약적인 발전을 이루었다. 빠른 경제 성장을 경험하며 생산성과 조직의 역량 개발에 대해 큰 관심을 가졌고 그 중심에 코칭이 들어갔기 때문이다. 대기업부터 공기업, 중소기업까지 크고 작게 코칭을 도입하지 않은 곳을 찾기 어려울 정도로 코칭은 보편화 되었다.

현재 한국코치협회 인증프로그램으로 등록된 코칭 업체만 해도 40여개를 육박한다. 10여개의 대학에서도 코칭 관련 학과가 생기고 있으며 교양과목 및 기타 수료 프로그램으로도 코칭 리더십에 대한 관심은 증가하고 있는 추세이다. 학계에서의 관심이 높아짐에 따라 코칭 관련 논문이 발표되기 시작했다.

인코칭은 10년간 출간된 서적과 논문의 데이터를 분석해 '한국 코칭 10년의 의미'를 살펴 보았다.

한국 코칭의 발전 :
학술적 관심 변동 추세로 본
한국 코칭의 성장 방향

한국 코칭의 발전

우리나라에 코칭이 도입된 것은 2003년으로 본다. 2003년 12월 한국코치협회가 정식으로 발족한 것이 그 근거이다. 협회의 설립에는 의미 있는 수의 코치, 코칭 활동, 향후 성장 가능성 등이 전제가 되어야 하기 때문이다. 그러나 코칭 전문기업들의 설립과 코칭 관련 논문의 출현이 2004년 이후여서, 코칭이 본격적으로 시작된 것은 2004년으로 볼 수 있다.

인코칭 R&D 센터의 조사 결과 코칭 논문의 수는 2004년부터 2014년까지 총 548개가 출간되었다. 코칭 관련 도서는 지난 10년간 약 595권이 출간된 것으로 나타났다. 지금까지 한국에서 약 1천여권의 논문과 도서가 코칭과 관련해 출간된 것이다.

주목할 점은 2011년부터 코칭 분야 도서의 수가 급격히 증가한 부분이다. 2011년과 2012년은 애플(스마트폰), 아마존(온라인쇼핑), 페이스북(소셜네트워크) 이 주도하는 새로운 시대의 시작이 된 시점이다. 다양성, 경험, 소통, 공유 등이 코칭 패러다임과 상통하는 점이 많아 코칭이 성장세로 된 것으로 사료된다. 또한 이 시기 국내에서는 다양한 학교에서 코칭 학과를 설립한 시기이다. 학술적인 관심과 더불어 코칭의 발전에 대한 축적된 경험치가 쌓였기에 코칭 관련 서적이 급증한 것으로 보인다.

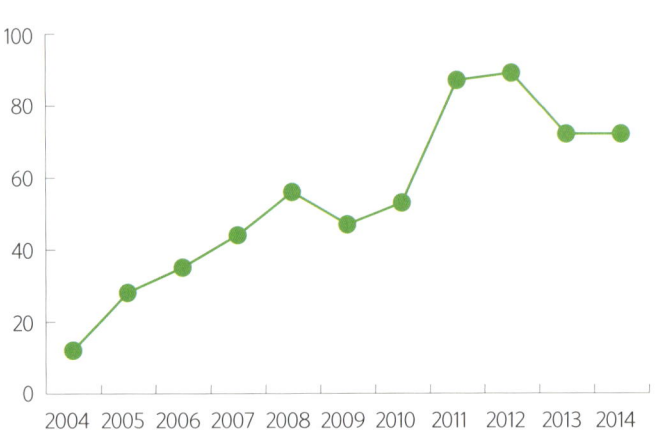

코칭 관련 논문의 출간 추이 (2004-2014)

자료: 인코칭 R&D 센터(2015)

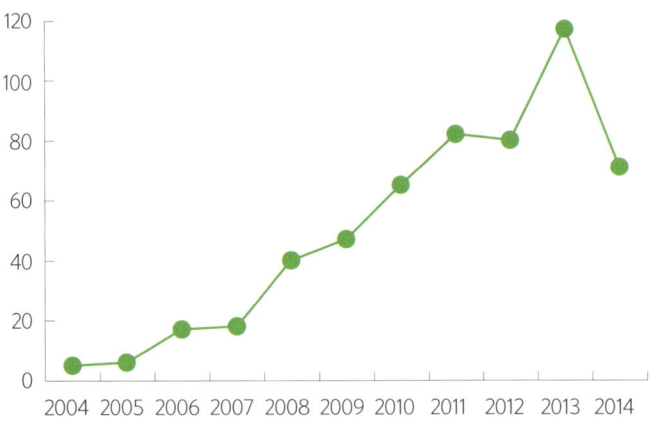

코칭 관련 도서의 출간 추이 (2004-2014)

자료: 인코칭 R&D 센터(2015)

출간된 코칭 관련 출판물의 분야는 어떻게 다른지를 살펴 보자. 분야의 구분은 ICF의 기준으로 기업코칭 (Business organization Coaching), 라이프 코칭 (Life, Vision & Enhancement Coaching), 기타 코칭 분야(Other skilled coaching fields)로 분류하였다.

분야별 논문을 살펴보면 총 548개의 논문 중 기업코칭은 26% (144개), 라이프 코칭은 59% (317개), 기타 내용은 16% (87개)로 조사됐다. 대학별로 심리학과 및 커리어 부분과 관련된 코칭학과가 다양해지면서 논문의 수가 증가하기 시작했고 라이프 코칭과 관련된 내용을 집중적으로 가르치게 되면서 논문이 급증한 것으로 사료된다.

논문과 유사하게 코칭 관련 도서의 수도 595권 중 기업 코칭은 20% (117개), 라이프코칭은 67% (402개), 기타 내용은 (13%) 76개로 나타났다.

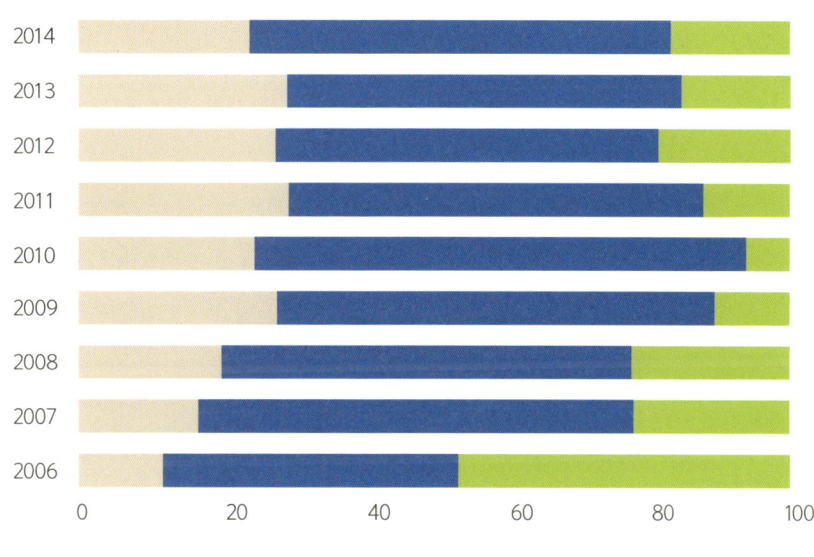

분야별 코칭논문의 분야별 성장 추세 (2006-2014)

■ 기업 및 조직 코칭
■ 라이프 코칭
■ 기타 코칭 분야

자료: 인코칭 R&D 센터(2015)

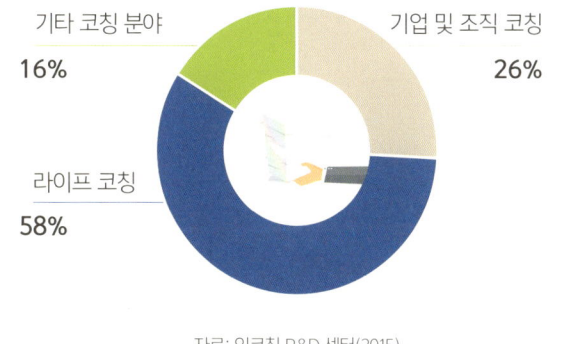

분야별 코칭논문 출간 현황 (2004-2014)

자료: 인코칭 R&D 센터(2015)

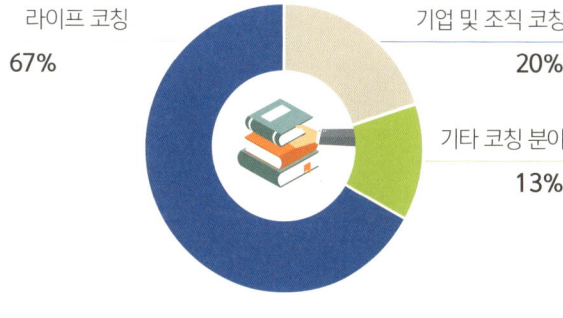

분야별 코칭도서 출간 현황 (2004-2014)

자료: 인코칭 R&D 센터(2015)

양적 성장 추세를 보면, 삶, 비전 및 성장 등 개인의 변화 및 발전에 관한 라이프코칭 관련 출간 논문과 도서의 총수가 기업 및 조직관리에 대한 논문 총수의 대략 2배 정도이다.

코칭 일반 도서가 기업관련 도서보다 많은 이유는 코칭으로 인한 매출 등이 비즈니스 부문에서 주로 발생하기 때문에 코칭 활동이 비지니스를 중심으로 이루어지지만, 코칭의 일차적인 목표가 개인의 변화와 성장이기 때문에, 비즈니스 이외의 부문에서 더 많은 관심과 기대를 모으고 있다는 것을 의미한다. 미국에서 코칭이 라이프 코칭으로 시작되었다는 사실과 같은 맥락이다. 또한 비즈니스 코칭의 경우 대부분의 기업의 상세 코칭 내용을 논문의 내용으로 공개하지 않는 경우가 많기 때문에 논문의 주제가 되기 어려운 점이 있고 코칭의 발전이 개인의 변화에서 시작해서 조직과 기업의 변화로 확대되는 것이기에 삶, 비전, 성장 등이 코칭 주제의 주를 이루게 된 것으로 사료된다.

한가지 흥미로운 점은 우리나라 기업의 경영스타일은 상명하복형 경직된 구조여서 상호대등한 관계를 전제로 진행되는 코칭과 잘 어울리지 않는데도 우리나라에서 코칭이 꾸준히 성장했다는 사실이다. 이는 1980년대에 시작된 정보화시대가 2000년대 지식정보화시대로 이어지면서, 산업화시대에서 효과적이었던 대량생산체제, 일사분란한 조직관리 등의 방법들이 더욱 더 많은 한계를 드러내기 시작한 것과 관련이 있다. 실제 비즈니스 코칭에서 가장 자주 다루어지는 주제는 소통과 관계이다. 횡적, 종적 양방향 소통이 지식정보화시대에서 더욱 필요하게 된 것이다.

기업에서 개인의 역량은 크게 직무 역량과 창의 역량으로 나눌 수 있다. 직무 역량은 반복적 교육훈련과 감독을 통해 강화할 수 있지만, 창의 역량은 자기효능감을 바탕으로 동기부여가 기본이다. 여기서 가장 효과적인 수단이 코칭이다. 코칭을 도입하고 있는 국내 대기업의 대부분이 코칭리더십을 리더의 핵심 역량의 하나로 정하고 관리하고 있는 이유이다.

주요 전환기별 코칭 관심 주제 변화의 원인 및 배경 검토			
	2004~2007	2008~2011	2012~2014
코칭 관련 논문 및 도서의 주요 관심사 변동의 사회적 배경 검토	2000년 닷컴거품 붕괴, 2001년 911테러로 시작된 세계적 경기침체 계속 진행, 기업의 불확실성 증가. 코칭이라는 새로운 패러다임의 도입 시작	회복세를 보이던 세계경제가 리만 브라더스 파산으로 자본시장이 붕괴하면서 더욱 악화됨. 기업의 생존을 위한 변화와 혁신 강조. 코칭의 효과에 대한 기대 높아짐.	애플(스마트폰), 아마존(온라인쇼핑), 페이스북(소셜네트워크) 이 주도하는 새로운 시대의 시작. 다양성, 경험, 소통, 공유 등이 코칭 패러다임과 상통하는 점이 많음.
코칭분야 니즈 변동에 대한 파급효과	조직 변화의 변화에 집중	리더(임원)의 필수 역량으로 코칭리더십, 리더십 부각. 코칭의 자기효능감 강화 효과 인식. 결국 조직의 변화에는 개인적 변화가 선행되어야 한다는 인식의 코칭 도입으로 연결됨	창의 역량이 강조되면서 자기효능감, 코칭리더십이 같은 수준의 중요성을 인정 받게 됨. 창의적 인재의 중요성이 강조되면서, 임직원 개개인의 삶과 기업 목표의 조화가 주목을 받게 됨.

키워드 (논문)
(2004-2014)

자료: 인코칭 R&D 센터(2015)

2004년에서 2014년 논문에서 가장 많이 언급된 내용을 살펴볼 경우 '코칭', '코칭 리더십', '자아효능감' 등으로 나타났다. 리더십을 가장 잘 발휘할 수 있는 방법론으로 코칭이 쓰이기 때문에 관련 키워드가 등장한 것이다.

최근에는 자녀양육에도 코칭에 많이 관심을 갖게 되어 '유아코칭', '위인동화', '감정코칭'의 키워드가 부각되고 있다.

시기별 키워드의 변화를 살펴보면 2004-2007에는 '코칭'에 대한 메타효과와 정성적 효과를 강조하는 트렌드가 보인다.

2008-2011는 리더십의 상관관계에 주목하는 키워드인 코칭, 코칭리더십, 리더십 등이 나타났다. 코칭과 리더십의 상관관계가 주목받기 시작했고 일하기 좋은 직장의 개념이 더 강조되기 시작됐기 때문이다.

2012-2014년의 키워드는 코칭, 자기효능감, 코칭 리더십 등이다. 코칭의 효과성이 자기효능감을 높여 동기부여와 성과로 이어지리라는 기대로 표현된 것으로 보인다. 현재 코칭을 도입한 국내 다수의 대기업에서는 코칭리더십을 리더의 필수 역량으로 정하고 관리하고 있다.

기업코칭 관련 도서의 주요 관심사

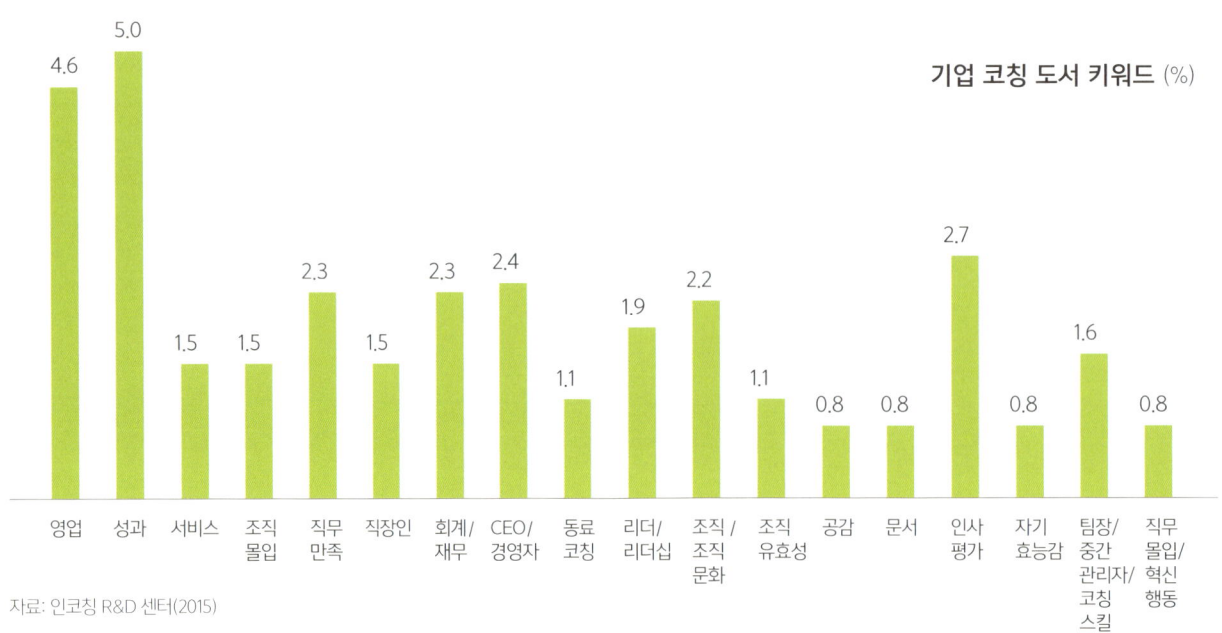

자료: 인코칭 R&D 센터(2015)

기업코칭 관련 도서의 주요 키워드는 영업과 성과로 나타났다.

영업에 가장 큰 관심을 갖는 것은 기업의 존속과 관련된 주제이고, 최근 경기회복의 둔화로 기업을 살리는 '영업'에 집중하는 것에 관심을 갖게 되었기 때문으로 사료된다. 영업코칭 과정이 빠른 속도로 확산되고 있는 것과 일맥상통하는 결과로 보인다.

두번째로 성과가 중요하다고 나타난 것은 한국기업이 '성과'중심으로 성장했고 관심이 크다는 것을 나타내는 증거이다. 성과코칭에 대한 관심은 계속 증대되고 있으며 도서와 논문도 다양하게 나오고 있다.

성과와 연관해서 인사평가가 메인 키워드로 등장한 것은 코칭을 '평가'에 반영하고자 하는 관심이 증가한 것으로 사료된다. 또한 인사평가 전후로 어떻게 부하직원을 코칭해야 할지에 대한 고민이 나타난 것으로 보인다.

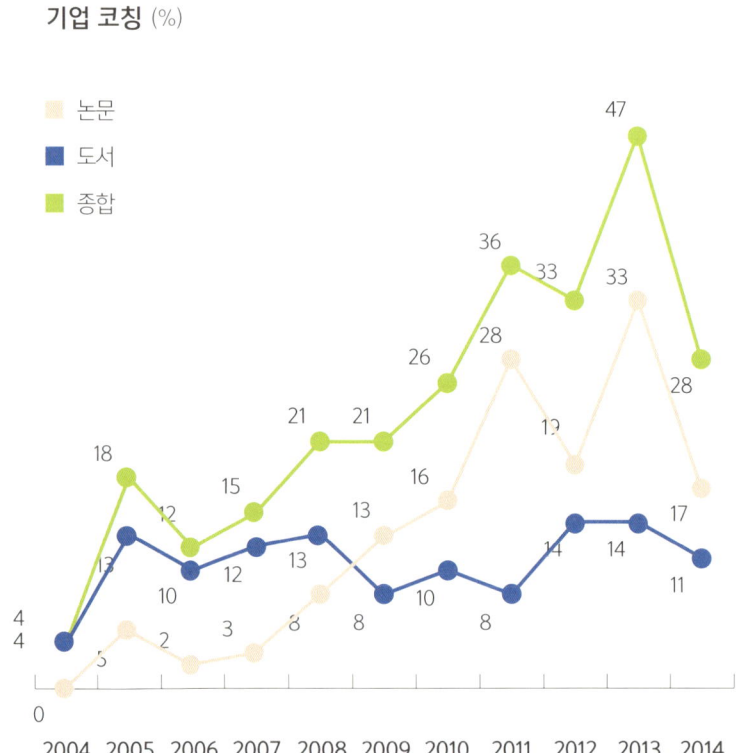

자료: 인코칭 R&D 센터(2015)

한국 코칭이 나아가야 할 방향

10년간의 빅데이터를 통해 코치의 수를 비롯해 코칭에 대한 논문과 서적이 계속적으로 증가하고 있음을 확인할 수 있었다. 빠르게 변화되는 사회에 코칭이 어떻게 적합하게 변화하고 코칭을 필요로 하는 사람들에게 제공되는지에 따라 향후 코칭의 발전 속도가 달려있다.

한국과학기술기획 평가원은 2015년 한국 사회의 핵심 이슈로 격차, 불평등의 증가를 선정하고 유망 기술은 이에 대응하는 기술로 발표했다.

코칭은 KISTEP(한국과학기술기획평가원)이 선정한 메인 이슈는 앞으로도 지속적으로 우리 사회에 영향을 미칠 부분이다. 이를 고려할 때 코칭이 의료, 정보, 에너지, 문화/교육 격차를 해소할 수 있는 방향으로 발전될 필요성이 있다. 한국의 코칭 기업과 코치들이 위의 분야들에 대한 전문성과 관심을 가지고 지속적으로 성장을 위해 노력할 때 코칭의 성장 속도와 영향력이 확대될 것이다. 특히 개인의 성장과 조직의 성장을 함께 연결시킬 수 있는 코칭이 사회의 격차와 불평등의 갭을 줄여 주는 효과적인 도구가 될 것이다.

2015년 KISTEP 격차, 불평등 증가 미래 이슈

격차 분야	미래이슈
의료격차	· 소득계층별로 의료서비스 이용격차 증가 · 의료기관 및 인력의 지역간 불균등 분포 심화 · 건강불평등의 세대간 대물림 현상 발생
정보격차	· 모바일 기반의 새로운 정보격차 (digital divide) 발생 증가 · 장노년층의 '정보소외 현상 (digital exclusion)' 이 증가 · 참여 (participation) 격차, 활용 격차 등의 증가
에너지격차	· 에너지비용으로 인한 에너지빈곤층 발생 · 이상기후로 인한 에너지격차 심화
문화/ 교육 격차	· 소득계층간 문화생활의 격차 발생 · 도시지역과 농촌지역간 문화예술 관람 격차 뚜렷 · 소득계층 간 교육환경의 격차 발생

Source: 2015년 KISTEP 10대 미래유망기술 선정에 관한 연구 2015

코칭과 관련된 분야별 논문 및 도서 출간 추이 (2004-2014)

자료: 인코칭 R&D 센터(2015)

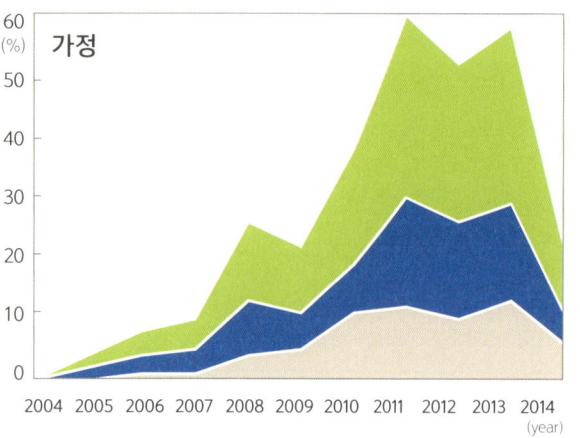
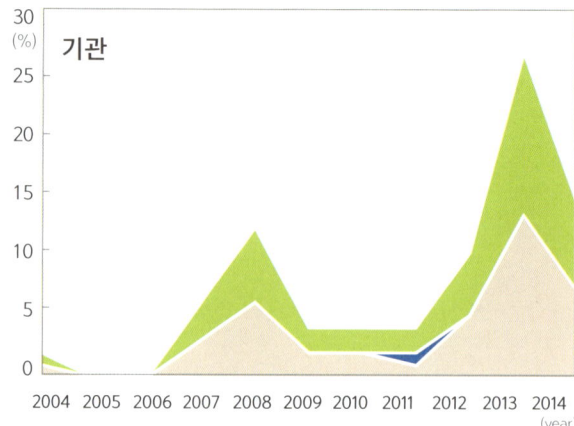
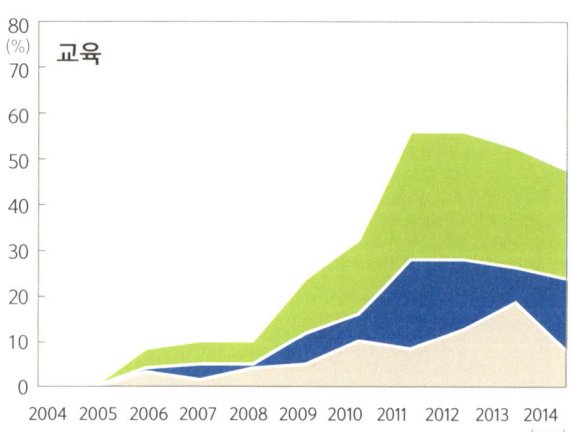
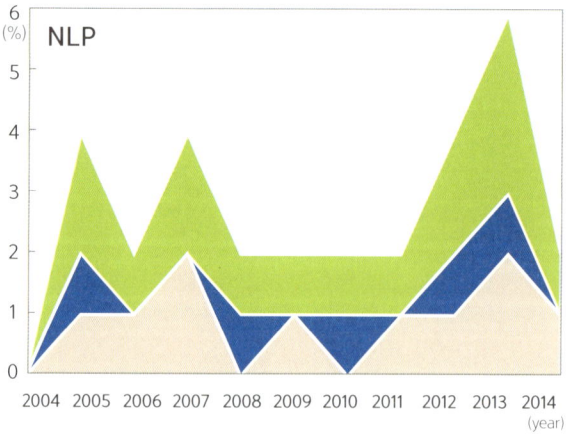
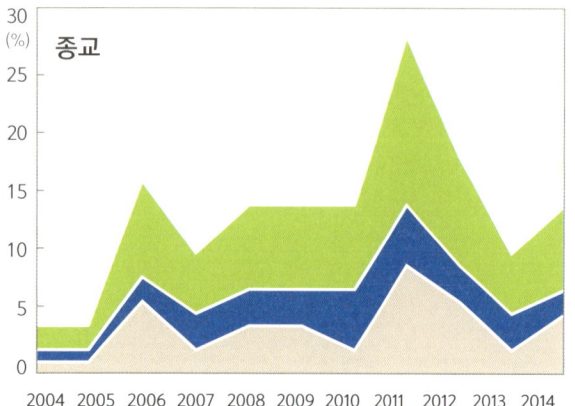
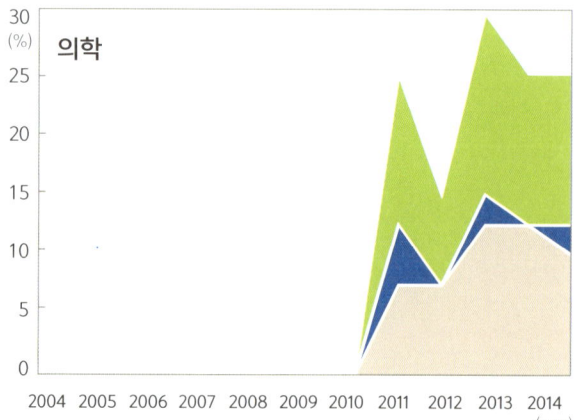

■ 논문 ■ 도서 ■ 종합

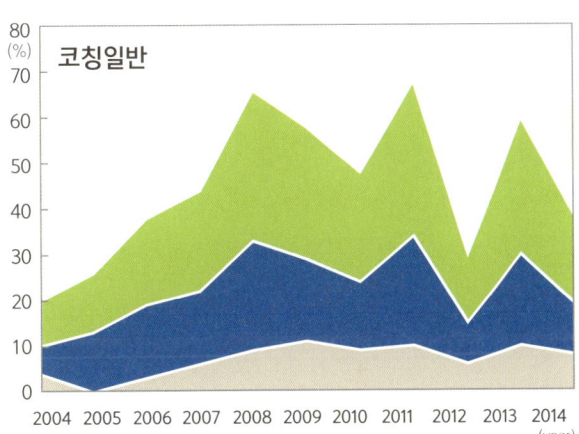

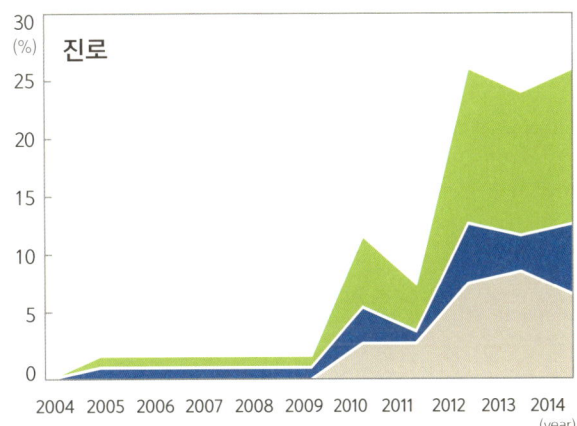

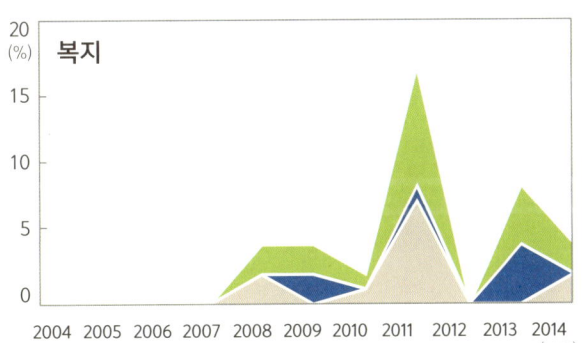

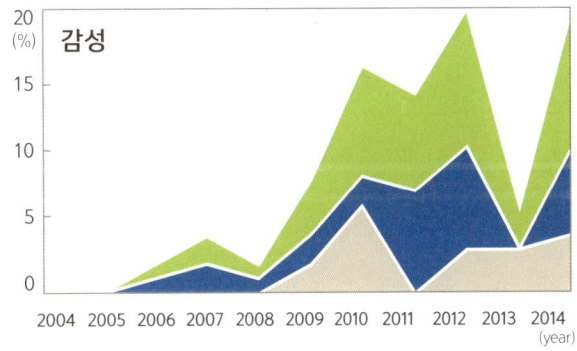

조사의 한계

· 서적과 논문 조사시 '코칭'이 제목 또는 메인 키워드에 존재하지 않을 경우 조사 대상에 포함되지 않을 수 있는 한계가 있다.
· '한국 기업의 코칭 도입 여부'와 '기업별 코칭 프로그램의 증가' 추이 등에 대한 자료의 부재로 빅데이터의 조사 범위를 '서적'과 '논문'으로 한정 지어 진행했음을 알린다.
· 논문과 서적의 양적 연구 뿐 아니라 질적 연구도 함께 진행될 경우 더 실질적이고 효과적인 분석이 가능할 것으로 사료된다.

참여 연구원

정용환 코치
인코칭 전문 코치,
(현)사단법인한국소프트웨어 세계화연구원 원장
(전)인텔코리아 대표, (전)외국기업협회 회장

김재은 팀장
인코칭 TALC 편집장, 글로벌 리더십팀 팀장
한국코치협회 KPC 전문코치
삐딱한 긍정직원 삐딱한 부정직원 저자

왕영민 연구원
남북하나재단 연구원

배현지
인코칭 인턴 직원

incoaching

우리조직안에 조직문화없다!?

조직문화 구축 설계과정

조직문화가 경쟁력이다.
검증된 프로세스를 바탕으로 개인과 조직이
의사소통과 혁신을 통해 함께 성장하는
기업문화를 만들자!

교육과정 소개
- 교육 및 인사담당자에게는,
  구성원 개인의 가치와 비전을 조직의 가치와 비전과 한 방향 정렬을 통해 동기부여 및 몰입도 증가를 높일 수 있으며, 구성원의 의사소통을 원활히 하여 조직의 협동심을 높일 수 있다.
- 조직 구성원에게는,
  드러나지 않았지만 불편했던 조직의 이슈를 들어내고 이를 해결하기 위한 실천방안을 현업에 실질적으로 적용할 수 있다.

교육대상

- 조직문화 개선의 필요성을 느끼는 분
- 조직의 혁신을 불러일으키고 성과를 높이기 위해 힘쓸 준비가 된 분

교육목표 및 기대효과
- 조직문화 현황을 분석하고 중·장기 비전에 따른 조직문화 실행 방안을 수립하고 실행할 수 있다.
- 핵심가치 전파와 커뮤니케이션 활성화 활동을 통해 조직 내 구성원들이 한 방향으로 나아갈 수 있도록 한다.
- 조직의 효율적 업무 방식을 통해 일과 삶의 균형을 잡을 수 있다.
- 구성원들 간 상호작용을 통해 긍정적인 Win-Win 효과를 만든다.

교육문의
T. 02-780-6636
H. www.incoaching.com   F. facebook.com/incoachingKR
Coaching Log. report.coachtown.org
A. 서울특별시 종로구 사직로 67

TALC · 08 코칭 기업, 코칭 관련 협회, 코칭 관련 학교 및 학회, 협회 인증 프로그램 | 한국 코칭

한국 코칭 관련 조직 정보

1. 기업 〈한국코치협회 인증프로그램 등록 업체〉

*2015년 6월 현재 한국코치협회에 인증프로그램으로 등록된 기업 (프로그램 인증이 만료된 기업은 포함되지 않음) http://www.kcoach.or.kr/03certi/certi0205.html

회사명	프로그램명	홈페이지	영역
㈜인코칭	코칭포유	www.incoaching.com	비즈니스 코칭
한국코칭센터	코칭클리닉	www.koreacoach.com	비즈니스 코칭
CMOE Korea	CMOE 5-STEPS	www.cmoe.co.kr	비즈니스 코칭
㈜아시아코치센터	파워체인지	http://www.asiacoach.co.kr/	CPCP국제인증코치과정
룩스 컨설팅	NLP코칭	http://www.luxc.com/luxc	룩스컨설팅
리더십코칭센터	NLPia Coaching	http://www.lccenter.co.kr/	NLP/ 임파워링 코칭
한국아동심리코칭센터	부모성공지능 코칭프로그램	http://www.theracoaching.com/	아동/ 부모 심리코칭
㈜하우코칭	AAA Coaching	http://www.howcoach.com/	비즈니스코칭 전문
아하코칭센터	아하 패밀리 코칭	http://www.ahafamily.org/	아하가족성장연구소
㈜PMA 코칭센터	코칭워크샵	http://www.pma-coaching.kr/home/	PMA 코칭센터, 서울상담심리연구소, 서울상담심리평생교육원/ 일반인 및 기업 교육
㈜씨아이티코칭연구소	3Cs	http://www.citkorea.co.kr	전문코치, 기업, 그룹 코칭
코칭블루	관계리더십 코칭	http://www.coachingblue.com	프로코치 양성 전문/ 교육코칭
씨앤씨글로벌	코칭에센스	http://cafe.naver.com/icancoaching/880	
한국세일즈코치협회	세일즈 코칭		
웰*코칭센터	웰*코칭리더십	http://coaches.kr/	NLP/ 라이프 코칭- 선문대학교 코칭센터
한국부부행복코칭센터	TRAIN		
KBC파트너스	KBC 비즈니스전문코치 양성과정 패키지 I	http://bizcoaching.kr/	라이프/비즈니스
코칭엔진	HARMONY	www.coachingengine.com	
사회적코칭개발원	TOGETHER (소통전문가 양성과정)	http://www.socialcoach.kr/	사회적코치 양성
㈜아이비에스컨설팅리더십센터	Coaching Step	http://www.eglc.co.kr	HR 전문회사 GL리더십코칭센터
더 코칭그룹	6 step(6C)	http://www.the-coaching.com	에릭스코리아 더 코칭그룹
밸런스행복코칭센터	밸런스행복코칭	http://www.bcoach.co.kr/	가정, 교육 코칭
Active Coaching 연구소	Art-Expression Coaching	http://cafe.naver.com/activecoaching/4	의사소통, art-expression coaching
한국멘토링코칭센터㈜	멘토십코칭	http://www.mentorcoach.co.kr/	미국 MMHA 공식라이선스 프로그램
㈜소통과 치유	심신통합코칭	http://cafe.daum.net/mitraclinic	미트라 한의원/ 심신통합치유 과정
㈜동화세상에듀코	EDUCO COACHING 프로그램	http://www.educo.co.kr/common/selectMain.edu	기업교육/ 학습코칭
㈜글로벌비즈니스코칭연구소	경영자 전문 코칭 프로그램 (Executive Professional Coaching Program)	http://www.gbci.or.kr/sub_kor/index.php	비즈니스 코칭
㈜HRK (휴먼리소스코리아)	STRONGER	http://ihrk.co.kr/main/main.jsp	기업 코칭 (비즈니스 코칭)/ 컨설팅
㈜한국코칭앤아이	CCT (코칭코어트랙)	http://www.icoach.kr/	비즈니스/ 커리어/ 라이프 코칭 & 교육
Willtopia 평생교육원	WILL Coaching Skill	http://www.willtopia.co.kr/	HRD 컨설팅/ 기업교육
㈜TNT인재발원	GPA 미라클코칭과정	http://www.tnthrd.com/	커리어, 이미지, 라이프 컨설팅, 교육, 상담 및 코칭
조직리더십코칭원	조직리더십 코칭		
블루밍경영연구소	Internal Coach 육성 프로그램	http://blog.naver.com/kimsangim55/220195690350	코치육성 교육 및 코칭리더십
힐링코칭센터	New Life Coaching	http://cirano33.cafe24.com/	NLP/ 힐링코칭 프로그램
㈜아이파경영아카데미	뉴 라이프 비즈 코칭	http://www.aifabiz.co.kr/	경영실무 기업 교육, 기업 컨설팅 및 코칭
㈜아들러코리아	Career - Life Coach 기본과정	http://www.adlerkorea.com/web/home.php	아들러 코리아/ 근로자힐링프로그램, 코칭, 심리상담
BH성과관리센터	피드백 코칭 스쿨	http://www.bhcenter.kr/	크리스천 컨설팅/ 기업교육
한국생산성본부	A-Coaching 프로그램	http://www.kpc.or.kr	산업교육 컨설팅 전문/ 교육
㈜한국영리더십센터	매일멋진사람들	http://www.youngleadership.co.kr/	부모, 아동 교사 교육
비전에니어그램	비전에니어그램 베이직	http://www.visionenneagram.co.kr/index.php	

2. 협회 <코칭 프로그램 및 연구 관련>

회사명	프로그램명	홈페이지
(사)한국코치협회	ROKMC Leadership Coaching Program	http://www.kcoach.or.kr
(사)주니어사회지원단체	에코 l Coaching&Enneagram	http://uccast.net/302/
(사)새롭고하나된조국을위한모임	북한이탈주민을 위한 코칭	http://www.saejowi.org/
(사)한국청소년육성회	HMDG의식에너지코칭프로그램	http://www.kays.or.kr/
(주)피플앤프로보노	사회경제전문코치양성과정	http://www.pnprobono.com/
한국카운슬러협회	상담,청소년지도연구학회, 코칭과 상담에 대한 연구	www.hanka.or.kr

3. 학교 (코칭학 관련 전공)

연세대학교 연합신학대학원	상담코칭학 석.박사	http://ysugst.yonsei.ac.kr/
광운대 교육대학원	코칭심리학 박사	http://gedu.kw.ac.kr/
개신대학교대학원	코칭학석사	
국민대 경영대학원	리더십&코칭 MBA	http://mba.kookmin.ac.kr/biz_on?says=M1385379458760
남서울대학교 복지경영대학원	코칭학과	http://gr.nsu.ac.kr/?m=03&s=02&s2=010#url
디지털서울문화예술대	상담코칭심리학	http://class.scau.ac.kr/cnc/
숭실사이버대	청소년코칭상담학과	http://www.kcu.ac/
중앙대 서비스심리대학원	코칭심리학	http://gsps.cau.ac.kr
아주대학교	경영대학원 MBA과정- 코칭전공 (국제공인인증자격증 가능)	http://www.ajoumba.ac.kr/Mba/OperateManagementMBA
국제문화대학원대학교, 청양군	학습코칭, 영어학습코칭 석사	http://www.kicu.ac.kr/?c=4/22/48

4. 학교 (코칭 아카데미 수료 프로그램 관련)

연세대학교 연합신학대학원	코칭아카데미	http://www.yonseicoaching.com/
이화여자대학교 리더십개발원	이화코칭리더십프로그램	http://home.ewha.ac.kr/~leader/
동국대학교 MBA	코칭의 이론과 실제	http://mba.dongguk.edu/bbs/board.php?bo_table=mba2_5
숭실대학교	중소기업대학원 중소벤처코칭리더십	http://small.ssu.ac.kr/subpage.php?p=m31
선문대학교	웰*코칭센터	
중부대학교	진로설계와 코칭리더십 프로그램	
서강대학교 국제대학원	MCTP (Master Coach Training Program) 국제공인인증자격증 가능	http://hs081801.hompynara.com/

5. 학회 및 학교 (코칭논문연구 및 출판 관련)

한국코칭학회	코칭학문연구, 워크샵 및 학술대회 실시	www.koreacoaching.kr
한국코칭능력개발원	스포츠코칭연구단체, 코칭에대한 학문적접근, 비즈니스코칭논문도 보유	www.ikcdc.net
한국심리학회	조선 심리학회 결성, 심리학 연구 학회, 코칭연구 활발, 한국코칭심리학회	www.koreanpsychology.or.kr
한국뇌과학연구원	두뇌코칭연구논문자료보유	www.kibs.re.kr
한국가정관리학회	가정관리연구학회, 부모, 가정분야 코칭연구	society.kisti.re.kr/khma
한국가족복지학회	부모, 가정분야 코칭연구	www.familywelfare.net
한국인력개발학회	HR연구학회, 비즈니스코칭연구	www.koreahrd.or.kr
한국카운슬러협회	상담,청소년지도연구학회, 코칭과 상담에 대한 연구	www.hanka.or.kr
숙명여자대학교 대학원	코칭학과x 라이프코칭, 유아코칭 연구 활발	
고려대학교 교육대학원	코칭학과X, 상담심리전공O, 비즈니스 논문 다수 보유	
한양대학교 교육대학원	코칭학과X, 상담심리전공O, 비즈니스 논문 다수 보유	
한국코칭심리학회		www.coachingpsychology.or.kr

협회 인증 프로그램

프로그램명	회사명	인증시간
코칭포유	(주)인코칭	16시간
코칭포유 B/L 과정	(주)인코칭	16시간
A Balanced Coach	(주)인코칭	24시간
코칭포유®플러스	(주)인코칭	20시간
세일즈 매니저 코칭	(주)인코칭	20시간
코칭클리닉	한국코칭센터	19시간
		20시간
		20시간
CMOE 5-STEPS	CMOE	20시간
Coaching Process		
-(구)코칭스킬		
BCE(Business Coaching Essentials)	한국코칭센터	55시간
GPS 코칭리더십	한국코칭센터	16시간
NLP코칭	룩스코칭	16시간
NLPia Coaching	한국부모코칭센터	27시간
NLPia Coaching	리더십코칭센터	27시간
다이나믹 코칭리더십	HRKorea	16시간
CEP(Core Essential Program)	한국코칭센터	67시간
NLPia-F	한국부모코칭센터	16시간
IAC 15가지 코칭기술	(주)아시아코치센터	20시간
변화 주도자 양성을 위한 코칭 (Change Agent Coaching)	(주)모그 에듀케이션	20시간
코칭 클래식	(주)이코칭	20시간
ILCT(국제 코치자격증 1단계)	(주)아시아코치센터	60시간
교육자를 위한 교육코칭 워크숍	한국코칭센터	20시간
부모성공지능 코칭프로그램	한국아동심리코칭센터	20시간
5R 코칭 스킬	(주)아시아코치센터	20시간
매니저 코칭™	(주)통통	20시간
STAR Coaching	(주)에듀플렉스에듀케이션	24시간
1 Change coaching	(주)모그 에듀케이션	20시간
AAA Coaching	(주)하우코칭	20시간
Fast Track Coaching	(주)CMOE	60시간
아하 패밀리 코칭	아하코칭센터	20시간
GREAT Coaching	라이프코칭코리아	20시간
코칭워크샵(기초)	(주)PMA 코칭센터	20시간
3Cs I Basic	(주)씨아이티코칭연구소	20시간
임파워링코칭	(주)리더십코칭센터	20시간
관계리더십 코칭	코칭블루	80시간
코칭에센스	씨앤씨글로벌	20시간
코칭의 핵심기술	(주)PMA 코칭센터	20시간
코엑티브코칭(Ⅰ~Ⅴ단계)	한국코칭센터	104시간
세일즈 코칭	한국세일즈코칭협회	21시간
웰*코칭리더십	웰*코칭센터	21시간
TRAIN	한국부부행복코칭센터	40시간
KBC 비즈니스전문코치 양성과정 패키지 I	KBC파트너스	40시간
연세대학교 코칭아카데미 코칭스킬프로그램	연세대학교 연합신학대학원	40시간
HARMONY	코칭엔진	21시간
TOGETHER	사회적코칭개발원	20시간
Rainbow Coaching	(주)아이비에스컨설팅리더십센터	44시간
비즈니스 그룹코칭 전문가과정	(주)하우코칭	50시간
e-Group Coaching	리더십코칭센터	20시간
6 step(6C)	더 코칭그룹	20시간
자기주도학습코칭 I	(주)PMA 코칭센터	20시간
Coaching STEP	(주)아이비에스컨설팅리더십센터	20시간
밸런스행복코칭	밸런스행복코칭센터	20시간
ARTS	KBC파트너스	20시간
Art-Expression Coaching	Active Coaching 연구소	20시간
CPCP(Certified Professional Coach Training Program)	(주)아시아코치센터	125시간
에코 I Coaching&Enneagram	(사)주니어사회지원단체	20시간
온자신감 Coaching	(주)리더십코칭센터	20시간
Magic9 부모 Coaching	한국부모코칭센터	20시간
Mosaic9 교사 Coaching	한국창의인성코칭센터	20시간
코엑티브 코칭 1단계	한국코칭센터	18.75시간
		20시간
멘토십코칭	한국멘토링코칭센터(주)	20시간
심신통합코칭	(주)소통과 치유	20시간
5R 코칭리더십	(주)아시아코치센터	20시간
북한이탈주민을 위한 코칭	(사)새롭고하나된조국을위한모임	20시간
경영자 전문 코칭 프로그램 (Executive Professional Coaching Program)	(주)글로벌비즈니스코칭연구소	40시간
STRONGER	(주)HRK	20시간
사회경제전문코치양성과정	(주)피플앤프로보노	20시간
CCT(코칭코어트랙)	(주)한국코칭앤아이	40시간
학습 진로 코치 양성과정	(주)CMOE	40시간
3Cs Ⅲ 그룹코칭	SPC	24시간
코칭베이직(Coaching Basics)	엘코칭연구소	20시간
Sales Coaching	주식회사 케이티	21시간
WILL Coaching Skill	(주)윌토피아	20시간
GPA 미라클코칭과정	(주)TNT인재개발원	20시간
조직리더십 코칭	조직리더십코칭원	20시간
아가페-에포케 비즈니스·라이프코칭	연세대학교 연합신학대학원	40시간
ROKMC Leadership Coaching Program	(사)한국코치협회	20시간
Internal Coach 육성 프로그램	블루밍경영연구소	20시간
이화코칭리더십프로그램	이화여자대학교 리더십개발원	20시간
New life Coaching(Basic Course)	힐링코칭센터	20시간
뉴 라이프 비즈 코칭 (New Life Biz Coaching 과정)	(주)아이파경영아카데미	20시간
HMDG의식에너지코칭프로그램	(사)한국청소년육성회	20시간
Career – Life Coach 기본과정	(주)아들러코리아	20시간
피드백 코칭 스쿨	BH성과관리센터	20시간
A-Coaching 프로그램	한국생산성본부	20시간
코칭 파운데이션	주식회사 에이치알컨설팅	21시간

TALC · 09 코칭이 평가 기준, 인재육성의 기본이 되야 하는 이유와 지켜야 할 Rule

조직 내 코칭

TALC Interview
조직 내 코칭에 대하여

INTERVIEWEE

유승삼

유승삼 대표는 한국마이크로소프트 사장과 삼성휴렛팩커드 상무이사를 역임했고 현재는 ICTK 부회장으로 활동하고 있다. 외국계 기업, 한국 대기업, 중소기업을 30년간 모두 경험한 비즈니스맨이자 임원대상 비즈니스 코치로도 활동하고 있는 그에게 코칭이 정말 효과가 있는지, 어떻게 해야 코칭이 조직에서의 성과를 낼 수 있는지에 대한 이야기를 들어보기로 했다. 특히 유대표는 유쾌하고 천재적인 아이디어를 잘 떠올리고 직설적인 이야기를 하는 인물로 유명해 인터뷰가 더욱 기대됐다.

TALC: 다양한 기업을 경험하신 경영자이자 비즈니스 코치로 코칭의 효과성에 대해 솔직한 이야기를 해 주셨으면 합니다.

유승삼: 부정적인 얘기 많이 나올 수도 있을 텐데요? (웃음)

TALC: 괜찮습니다. 애정 어린 비판은 환영합니다. 부정을 위한 부정이 아니라 발전적인 얘기를 해주시면 많은 사람들이 공감할 수 있고 저희도 발전할 수 있으니까요. 저희 회사도 수 많은 기업 코칭을 했지만 매번 성공하는 건 아니거든요. 효과를 보는 데도 있으면, 못 보는 데도 있고. 제일 고민입니다. 어떻게 코칭 효과를 잘 보게 할 수 있을 런지요?

코치는 기업 경험이 많아야

유승삼: 코칭은 심리학적으로 접근한 사람들이 다소 많아서 시작할 때는 괜찮았지만 조직에 적용하며 한계가 왔던 것 같아요. 너무 심리학적으로만 접근할 경우 조직의 생리를 놓치게 되고 적용포인트도 몰라 엉뚱한 답을 내 놓을 수 있죠.
그래서 전 코칭을 하는 사람들이 기업 경험이 많아야 신뢰가 더 생기고 효과가 커질거라 생각해요. 더불어 코치는 넓은 관점과 필드 경험을 바탕으로 코칭 받는 사람의 현재 상태를 통찰력있게 파악해야하죠. 그러면 피코치자가 뭐가 문제인지 잘 모를 때 딱 하나만 거들어 주어도, 막힌 체증이 풀리듯 문제가 해결될 수 있어요. 이후에 작은 변화들을 유지하면서 좋은 문화가 기업에 정착되는 거고요. 그게 일을 해 본 사람과 안 해본 사람의 관점 차이에요. 중요 시점 말 한마디가 큰 긍정적 변화에 도움이 되는 것, 그게 코치역할이라고 생각해요. 사실 지금 코치들을 보면 기업에서 일을 해본 사람이 별로 없는 것 같아요. 그래서 코칭회사들이 유경험자를 코치로 육성하고 기업에 정말 필요한 프로젝트에 공급하는 역할을 해 줘야 합니다.

양적인 코치의 양산 보다는 질적인 업그레이드가 중요

코치들을 너무나 양산한 것도 문제에요. 의사도 인턴십, 레지던트십 등의 교육과정을 거치잖아요. 기관차, 비행기 조수로 몇 번씩이나 타면서 사수한테 배우잖아요? 코칭은 그런 과정이 없이 자격증을 남발한 게 아닌가 싶어요.

TALC: 공감합니다. 다소 쉽게 코치 자격증을 취득할 수 있죠. 또 너무 코칭 방법론이라는 틀에 가둬놓고 그것을 따르라고만 했는데, 기업에 더 잘 맞게 개발되어야죠. 코치 자격증에서 요구하는 대화법도 고정되어 있는 부분이 있는데 실생활에서 늘 그렇게 말하는 것이 어색하기는 해요. 최근 미국 ICF가 더 성장하지 못하는 부분도 자신들이 정한 자격증의 틀에 너무 가둬 놔서라는 지적이 많다고 해요. 더 수준 높은 분들도 그 안에만 가둬 놓으려고 해 흥미를 잃게 만들었다는 이야기였죠. 저희가 최근 컨설팅과 코칭이 조합된 프로젝트를 많이 하고 있어요. 단위 조직의 혁신부터 시작해서 전체진단이 필요하다고 생각해서 코칭을 하게 됐는데 단순히 코칭만 한다고 해서 그 사람들의 DNA가 바뀌지도 않는 부분이 있더라고요. 유승삼 대표님은 경험이 많으셨으니까 컨설팅을 겸한 다양한 형태로 코칭이 가능하지만 기업 경험이 없는 분들은 사실 힘들어요.

유승삼: 그렇죠. 직급이 높은 사람들은 본인도 내공이 있기 때문에 자기가 인정하지 않는 사람한테는 마음을 안 열어요. 마음을 연다고 말만 하지 그 사람들은 지적인 수준이 깊지 않고 자극을 줄 수 없으면 안 하죠. 그런데 그런 그들에게 코칭은 정말 필요해요. 어느 직급이 되었을 때 필요한 순간이 오는 거에요. 코칭회사에서 그런 직급 단계별로 제공할 수 있는 코칭 서비스를 평가체계와 함께 잘 갖춰 놓는 것이 필요할 것 같아요. 그리고 니즈파악, 성과측정, 개발플랜에 더 중점을 두고 제품을 만들고 제공해야 고객에게 진정한 도움을 줄 수 있을 것이라고 생각합니다.

코칭에 대한 평가가 기업의 개발 계획에 포함되어야

유승삼: 조직의 경우 코칭을 통해 성공을 하려면 회사의 철학이 아주 중요합니다. 방향성을 결정하기때문입니다. 코칭 회사의 경우 코칭 프로젝트를 기업의 규모에 따라 다르게 접근해야 합니다. 중소기업의 경우 CEO만 제대로 바뀌어도 정말 놀라운 결과가 나타납니다. 회사가 완전히 바뀌고 살아날 수 있죠. 왜? 작은 곳은 한 사람만 바뀌면 다 바뀌는 게 가능하니까요. 그런데 대기업은 하나가 바뀐다고 다 바뀌지 않아요. 그래서 변화를 위해 코칭이 더 필요해요. HP의 경우 코칭이 자기발전(self-development)과 개발계획(development plan)에 포함되고 평가됩니다. 이 정도는 해야 비로소 효과가 있죠. 문제 부분만 딱 떼어내서 코칭하는 게 필요한 모든 곳에 스며들도록 하죠. 근데 한국은 코칭을 특정 이슈에서만 하는 것이라는 인식, 문제가 있는 사람만이 하는 것이라고 부정적으로 자리매김이 되어있어요.

TALC: 안 그래도 거의 관계가 악화된 막다른 골목에 처한 후에 코칭을 찾는 곳이 많습니다. 문제가 있는 사람만 보내는 곳도 많고요.

유승삼: 그렇게 될 경우 기업은 우리는 할 일은 다했는데 특정인만 못 했다고 탓할 수가 있는 거죠. 코칭을 도구로서 개발을 위한 성과평가를 할 때, 자기발전계획(self-development plan)을 세우기 위한 부분이 되어야 합니다.
'되먹임'이라는 것으로 표현하고 싶은데요, 평가, 칭찬, 피드백이 모두 되먹임이라고 생각합니다. 지속적이고 같은 기준으로 진행되어야 하는 것이죠. 우리나라의 기업들은

생각보다 평가제도가 제대로 구성되어 있지 않은 것 같아요. HR 시스템에서 그런 것을 명확하게 하는 능력을 가진 사람이 많지 않다고 생각합니다.

TALC: 네. 고객사를 만나보면 평가기준이 바뀔 때도 많고, 그럴 때 마다 본인들도 혼란을 겪고, 평가를 해야 하는 관리자들도 어려움을 겪는다고 이야기 하곤 해요.

유승삼: 평가는 HP에서 괜찮게 한 것 같아요. 같은 기준으로 10년을 적용시켰으니까요. 그 정도는 지속성이 있어야 사람들의 생각에 뿌리내릴 수 있죠.

코칭이 제대로 되려면 위에서부터 모범을 보여야

유승삼: 코칭을 하라고 하지만 용어와 개념을 이해하지 못해요. 단계별로 평가에 들어가야 하는데 제대로 된 교육이나 개념적립 없이 적용되면 부작용이 일어날 수 있어요. 그런 상태로 코칭을 하면서 성과를 하라고 하는데 그럴 경우 고통스러울 수 밖에 없죠. 개념도 없는데 코칭을 받아 본 적이 없는 사람들이 대부분이고, 또 3일 정도 강의만 받고 어떻게 다 할 수 있겠어요. 코칭을 활용해서 상대방의 이야기를 경청하고 요점정리 할 수 있는 능력을 키우려면 상당한 시간이 필요한데 그걸 전혀 할 줄 모르는 사람들에게 하라고 하는 게 문제라는 것이죠.
관리자 역할에 대해서도 한 말씀 드리자면 인사정책에서 위에 있는 사람이 자기 부하직원들에게 관심을 두고 이 사람을 키우겠다, 하는 마음이 먼저 생기고 모범을 보여야 합니다. 자기가 안 하면서 다른 사람한테 하라는 건 정말 말도 안되는 이야기에요. 애들 키울 때도 관심을 두면 신발을 사줄지, 외투를 사줄지 보면서 알게 되잖아요. 근데 사실 자기 애 기르듯이 하는 게 아주 어렵죠. (웃음) 애한테도 잘못된 건 하지 말라고 혼내야 하듯 부하직원에게 항상 좋은 말만 하는 거 아니잖아요.

TALC: 그렇죠. 잘못한 건 잘못했다고 말해야죠.

유승삼: 그 당시에는 지적 받은 사람이 기분이 나쁘겠지만, 신뢰가 있을 경우 저 분의 본심이 저거는 아니고, 나중에는 대화로 풀어야겠다는 생각을 하겠죠. 이게 바로 관심인데, 그 관심을 어떻게 심어줘야 하는가에 대한 방법을 잘 모르는 것 같아요.

코칭이 평가에 적용되는 것이 핵심

TALC: 외국계 기업에서는 평가시스템에 코칭이 어떤 식으로 반영 되나요? 평가에도 여러 항목 중 비중이 다르게 적용되잖아요.

유승삼: 중요한 항목들이 나열되죠. 항목을 기준으로 Improve needed, Acceptable, Good, Very good, Excellent, Exceptional 등으로 평가돼요. Improve needed이면 critical 이슈가 있다는 것이고 Acceptable이면 minor 이슈가 있다는 거고.

TALC: 그렇게 신기하게 코칭이 인사평가에 잘 반영되어 있는 외국계 회사는 오히려 코칭회사를 신뢰하고 당사자에 대한 평가도 공개하고 결과보고서의 내용도 신뢰하며 긴밀하게 서로 소통하죠. 하지만 한국의 경우 전체 설계에 대한 것은 구두로 이야기 하고 자세히 설명되지 않은 채 코칭이 특정 부분에서만 들어갈 때도 있어요. 인사평가를 공개하기 꺼려하면서 진행해 달라고 하는데도 있고요.

유승삼: 유행 타는 철새 기업들 이야기 같은데요? 코칭이 막 떴을 때 한번 슬쩍 해보는 거죠.

TALC: 동의합니다. 트렌드란 이름으로 철새들이 가려지는 것 같아요. 이것저것 하기만 하고 하나를 제대로, 깊이 있게 안하고요. 한 곳은 강의를 자꾸 트렌디한 유명 강사들을 초청해 달라고 한 사례가 있었어요. 왜 그런지 살펴 봤더니 인사팀의 평가 기준이 교육생의 만족도 평가만 중시됐던 거죠. 그러다 보니 어려운 이야기들은 피한 채 말은 단기적으로 재미있고 그 당시에는 좋지만 장기적 적용은 할 수 없는 내용으로만 설계되도록 만든 거죠.

유승삼: 기업 회장이 깨어있는 것도 중요해요. 코칭도 회장부터 시작해 전 직원이 모두 해야지 효과를 볼 수 있어요.

평가에 대한 것을 더 이야기 해 볼까요? 평가 기준에 따라서 구성원이 어떻게 행동할 것인지 예측할 수 있어요. KPI만 잘 세워 놓으면 회사가 잘 될까요? 아니라고 생각해요. 인사항목에서 평점이 좋은 사람들만 데려다 놓으면 회사가 좋아질까요? 그것도 아니거든요.

평가 기준을 잘 세워야 해요. 삼성은 HP와 합작하며 그런 평가 기준을 잘 배웠어요. 여기서 그런 중요한 부분을 회장이 직접 챙기면 최고죠. 인사시스템을 챙기다가 직무교육도 하라고 이야기가 나오고, 또 성과급에 대한 평가에 대한 이야기도 나오며 확인하면 변화가 되죠. 그런 시스템이 안 된 상황에서 코칭의 개념과 철학을 안 갖고 하면 어렵죠.

다시 말해서 코칭의 철학과 개념과 용어와 방법론이 같이 없는 상황에서 코칭이 들어간다고 해서 바뀔까요? 안 바뀌어요. 그러니까 change management에 근간을 놓고, 되먹임의 방법, 관찰과 코칭이 들어가야 효과가 있지요.

코칭에 대한 관리는 지속성이 필요

유승삼: 관리 방법 하나 소개해 드리겠습니다. Connect, Courage, Continuity, Consistent Communicate and Check인데요, 계속해서 이것을 반복하다 보면 자연스럽게 변화하게 되죠.

지금 중소기업에서 일하면서 그런 것을 하며 큰 즐거움을 느끼고 있어요. 12명에서 40명으로 조직이 커졌는데 그 과정에서 '정말 하고싶은게 무엇인가요? 말로 하는 건가요? 정말로 하는 건가요? 말로는 하는데 실질적으로는 다르게 하는 부분이 있나요? 그럴 경우 무엇을 해야 할까요?' 등의 질문을 단계별로 하며 관찰을 하고 변화하고 하는 것을 보는 거에요. '잘했어요, 그건 아닌 것 같아요, 그것을 왜 그렇게 했나요?' 등의 프로세스를 계속해서 하다 보니까 조끔씩 바뀌는 거죠.

예를 들어 이런 거에요. '당신들 조직에서 필요한게 뭔가요? 회식은 왜 가는거죠? 술만 먹고, 다음 날 힘들고. 회식문화는 옛날에 힘들 때 막걸리 한 잔 하면서 우리 노력하자 할 때 하는 그거지 요즘 누가 못 먹는 사람이 어디 있어요. 윗사람이 베푸는 그런 의미도 아니고. 그러니까 이제는 그런 이 회식문화는 갔고, 그 사람들이 필요로 하는 것들을 정말 주자는 거죠. 예를 들어 저는 회식 비용으로 한 분야의 최고의 전문가를 모셔다가 직원들이 정말 잘 일할 수 있도록 도움을 줄 수 있는 방법을 가르쳐 주자고 제안해요. 그러면 문제를 푸는 방법이라던가 퍼실리테이션이라던가 등에 대해 제대로 알게 되는 거죠. 문화가 바뀌면서 실질적으로 회사 문제를 풀어나가는 거에요.

유승삼: 코치들의 구성도 다양해야 하지만 코칭의 스킬셋은 지속적인 훈련이 필요해

요. 이 스킬셋을 유지할 수 있는 것을 코칭회사가 더 도와줘야 한다고 생각합니다. 코칭이라는 유용한 도구를 어떻게 되먹임할 수 있는지, 좋은 코치로 육성하고 그 코칭 능력을 유지하고 향상할 수 있도록 중간 중간 봐줘야 하는 거죠.

무엇보다 코칭을 어떻게 자기계발과 성과평가로 적용할 수 있도록 안내하느냐에 따라서 코칭의 성패가 달려 있다고 생각합니다.

경청은 '인정'을 위해 필요

유승삼: 왜 경청이 사람의 마음을 여는 줄 알아요?

TALC: 그 사람의 니즈를 파악할 수 있어서요?

유승삼: 제가 요즘 발견한 경청의 근본적인 이유는 인정인 것 같아요. 당신은 내가 시간을 투자해 이야기를 들을 만큼 가치 있는 사람입니다 라는 거죠. 끊지 않고 듣거나 성의 있게 듣는 거에요. 그래서 그 사람이랑 대화가 되는 것 같아요. 그게 근본에 깔려있더라고요. 그 과정이 없으면 코칭, 더 해야해요.

TALC: 그걸 하기 위해서 어떻게 보면 큰 비용을 지불하며 코칭을 받는 것 같아요. M사의 임원분을 코칭할 때 코치가 인정하는 한 마디를 했을 때 임원분이 눈물을 쏟으시며 평생 조직에서 다른 사람들에게 그런 이야기를 들어 본 적이 없다며 1시간을 울었다는 이야기를 들은 적이 있었어요.

유승삼: 그게 깨달음이죠. 코치가 그걸 해주니까요. 경청에

서 제일 도처에 깔린 건 사랑이 아니라 인정받기 위한 욕구가 깔려있다는 거에요. 당신은 사랑 받기 위해 태어난 사람이라는 게 있잖아요. 제 생각에는 당신은 인정받기 위해 태어난 사람이라고 가사를 바꿔야 할 것 같아요. 현대 사회의 사람들에게는 그 결핍이 있는 것 같아요. 그 부분을 충족시켜주기만 해도 돈을 낼 가치가 있는 거죠.

TALC: 근데 코칭을 간절히 받고 싶은 사람이 있는가 하면 어떤 CEO들은 본인은 문제가 없다고 생각하고 다른 아래 직원 분들만 받으라고 하시는 분도 많아요.

유승삼: 사실 기업문화라는 건 보이지 않게 얘기해도 '아!' 하고 아는 거에요. 말하지 않고 보이지 않아도 아는 거를 명문화하진 않았지만 실질적으로 한 방향으로 움직여주는 것이 기업문화거든요. 기업의 철학과 가치가 institutionalize, 즉 제도화, 정착화가 된 거죠. 그렇게 까지 되려 밑에서부터 올라가고 이래야 해요.
지금 D사가 미국의 최고 기업과 경쟁한다고 하는데 제가 보기에는 사실상 어려워 보이는 게 인력배치 때문이에요. 싸고 좋고 빨리 만드는 일에만 익숙한 사람을 전략 부서에 앉혀 놓는다던가 제품개발만 하던 사람을 전체 R&D 수장으로 앉히는 것 자체가 잘못된 것이죠. 더 잘 할 수 있는 최고의 전문가를 최적의 부서에 배치하는 것이 가장 중요한 이슈인데 그것을 잘못해 놓고 코칭이나 다른 것으로 바꾸려고 하거나 탓하는 것은 말도 안되는 일이죠. 그런 상황에서 프로젝트 하나로 단숨에 바꾸려고 생각하는 심보는 도둑놈 심보 아니겠어요?

코칭과 같은 인성교육과 평가는 사실 어릴 적부터 훈련되어야

TALC: 요즘에 고민하는 것 중 하나인데요, 우리 사회에서는 말만 인성교육이 중요하다고 이야기 하는 것 같아요. 학교의 성적평가나 수능, 대학의 평가에 인성평가가 들어가지 않은 채 다 머리가 굳어 진 후에 관리자가 되고 그 사람들에게 뒤늦게야 '코칭'을 하라며 강조하는 것 자체가 어불성설이 아닌가 싶어요. 가끔 어머니들이 의뢰하는 경우도 있어요. 유명한 대학에 아들이 진학하기는 했지만 자신이 잘못 키워서 공부만 잘 하라고 했더니 성품이 영 엉망이라고요. 정부 고위공직자들도 행시나 외시 같은 것만 엄청 빨리 통과했지만 그 기준에 사람을 품고 다스리는 항목은 없었던 것 같아요. 자신의 기준으로 판단하고 무시하는 경우가 많거든요. 3년마다 보직이동을 하니까 서로에 대한 관심도 없고 조금만 지나면 안보면 된다라는 생각으로 조직생활을 하니 행복할 수도 없고 성과도 안 나는 거죠.

유승삼: 맞아요. 제가 쓴 소리를 하는 걸로도 유명한데 사실 그런 이야기를 해주는 건 투자에요. 그 사람을 오래 보고 싶거든요. 안 볼 사이면 안 해주죠. 관심이 없는데 왜 얘기를 하겠어요. 애정 없으면 화도 안 내요.
사이먼&가펑클의 The Sound of Silence 라는 노래에 이런 가사가 나와요. "People talking without speaking, people hearing without listening." 명가사죠. 인성 교육이 필요하다고 말하지만 그게 무엇인지 어떻게 해야 하는지 모르는 것이죠.
특히 요즘 친구들은 형제가 많이 없고 혼자 크잖아요. 그러니까 누가 혼나거나 눈치 볼 일이 많이 없다 보니 사회성이 떨어지는 거죠. 또 많은 부분 부모들이 다 해주고요. 위에서부터 저소득층까지 행태는 다 비슷한 것 같아요.

TALC: 그런 체제가 정말 큰 문제가 있어요. 유명한 기업의 사장 아들, 제 2경영자와 만나 보면 아버지는 다 잘나가는데 자녀들이 그 수준을 못 따라갈 경우가 많거든요. 아버지 눈치만 보거나 본인의 비전과 생각이 없고요. 말씀하신 것처럼 남 부럽지않게 자랐는데 성찰하려는 의욕도 없었고, 전략도 없고 생각도 없고… 매력이 있을 수도 없죠. 그 사람이 물려받을 회사도 걱정이고요.

유승삼: 결론적으로는 코칭과 같은 인성교육은 어릴 적부터 훈련이 되어야 하고 그것을 학교에서 훈련이 되고 사회성이 길러지면 우리나라와 기업이 훨씬 더 잘 발전해야 한다고 생각해요.

TALC: 네, 오늘 정말 많은 이야기를 나누었네요. 코치의 자질부터 시작해 기업에서 코칭을 평가시스템에 적용해야 하는 부분, 인성교육까지 넓은 부분을 아우르는 대화를 나눈 것 같아요. 대표님께서 말씀하신 애정 가득한 조언들 기억하도록 하겠습니다. 오늘 시간 내주셔서 진심으로 감사 드립니다.

유승삼: 네. 청하지 않은 조언은 안 하기로 했는데, 마음이 있는 곳에서 이렇게 도움을 청하니 즐겁게 지적질 했습니다. (웃음)

TALC: 대표님은 '지적질'이라고 표현하시지만 그 안에 애정이 가득 담겨 있다는 것이 느껴져서 뵐 때마다 반갑고 따뜻함을 느낍니다. 정말 감사드립니다.

유승삼 대표가 말하는 '조직내 코칭이 잘 될 수 있는 10가지 팁'

1. 비즈니스 코칭에서의 코치는 기업 경험 있는 전문가가 필요하다.
2. 코치의 수준도 높여야 하고 코칭회사의 제품도 업그레이드 되야 한다.
3. 코칭에 대한 평가가 자기 개발과 개발 계획에 포함되어야 한다.
4. 코칭은 지속적 훈련과 리더의 솔선수범, 그리고 관심에서 시작된다.
5. 트렌드란 이름의 '철새'와 같은 근시안적 접근방법은 효과를 내기 어렵다.
6. Connect, Courage, Continuity, Consistent Communicate and Check 로 관리
7. 코칭의 스킬셋은 지속적이고 장기적으로 훈련 되어야 한다.
8. 코칭의 기본인 경청은 인정에 대한 결핍에서 비롯되었다.
9. 적재적소에 인력 구성을 하는 것이 가장 중요하다..
10. 코칭과 같은 인성교육은 어릴 적부터 훈련되어야 사회가 건강해 진다.

TALC · 10 갈등 관리 코칭을 통한 문제 해결 방법

조직 내 코칭

'힘'을 빼면 조직내 갈등이 해결된다

많은 리더십 프로그램에서 빠지지 않고 나오는 단어가 있는데 바로 '소통'이다. 정치지도자부터 종교, 회사 CEO와 대학교수 등 사회의 모든 리더들이 강조하는 말이다. 이렇게 소통을 강조하지만 '우리 조직은 실제로 소통이 잘 된다'고 생각하는 사람들은 그리 많지 않다.

소통이 될 때와 되지 않을 때 조직에 미치는 영향은 설명하지 않더라도 다 알고 있다. 최근 사회에 영향을 미치고 있는 대부분의 사건들을 들여다보면 소통의 부재에서 원인을 찾을 수 있다. 이처럼 소통을 강조하고 교육에 많은 시간과 비용을 투자하는데도 불구하고 제대로 된 소통이 되지 못하는 이유는 무엇일까? 그 원인은 '힘의 사용'에 있다. 여기서 말하는 힘이란 폭력과 같은 '물리적 힘'뿐만 아니라 자신의 주장을 관철하기 위해 사용하는 '심리적 힘'도 포함된다.

부하 직원이 흔히 뒷담화할 때의 대화 내용은 다음과 같다.
"정말 우리 부장 때문에 미칠 것 같아."
"저러고도 어떻게 부장을 달았는지 몰라. 누구 라인이라는 게 정말인 모양이야."
상사 또한 자신의 부하나 상사에 대해 동료들에게 뒷담화하기는 마찬가지이다.
"노 대리는 도대체 대학 졸업은 어떻게 했는지 몰라."
"김 상무는 하는 짓이 왜 대리보다도 못하지?"
이런 대화가 일어나는 원인 중 하나는 자기 마음대로 상대방이 행동하지 않기 때문이다. '우리 부장 때문에 미칠 것 같다'는 노 대리의 하소연 속에는 '자신이 원하는 대로 부장이 행동하지 않아 당황스럽다'는 마음이 담겨 있다. 이런 당황함을 해소하고 자신의 예측대로 상대방을 움직이게 만들기 위해 사용하는 도구가 바로 '힘'이다.
"노 대리, 계속 이런 식으로 일을 망치면 자네 연봉은 대폭 삭감될 거야."
"내가 시키는 대로 하지 않고 왜 자네 마음대로 해."
직장에서 상사로부터 흔히 듣는 말이다. 상사는 부하를 자신의 의도대로 움직이도록 하기위해 큰 소리와 위협을 사용하고 있다. 상사로부터 이런 말을 들은 부하는 어떻게 행동할까?
'아, 부장님이 나를 위해 이렇게 애를 쓰고 계시는구나.'라는 생각보다는 '또 시작이네. 꼴에 자기가 상사라고…….'와 같은 생각을 하게 된다. 부하의 이런 생각은 상사와 마찬가지로 자신의 생각대로 행동하지 않는 상사에게 하는 저항이다.

이런 방식으로 서로가 서로에게 더 큰 영향을 미치도록 애를 쓰고 있는데, 이런 행동이 반복될수록 상대방에게 미치는 압력은 점점 커지게 된다. 결국 힘과 힘의 대결이 시작된다. 이런 설명을 하면 대부분의 사람은 부하가 상사로부터 일방적으로 당하기만 하지 어떻게 상사와 힘겨루기를 할 수 있느냐고 묻는다. 부하가 상사에게 저항하는 방법은 크게 적극적인 저항과 소극적인 저항으로 나눌 수 있다. 소극적인 저항의 대표적인 행동은 상사의 커피나 차에 침을 뱉는 것이다. 아마도 이런 경험은 생각보다 많은 사람들이 하고 있다. 이것뿐만 아니라 상사가 시키는 대로만 하는 것과 상사가 잘못된 정보를 가지고 의사결정을 하더라도 알려주지 않는 행동도 일종의 저항이다. 적극적 저항은 몇 년 전 여의도 지하철역 근처에서 발생한 '묻지 마 살인'처럼 직접적으로 상대방에게 해코지를 하는 것이다. 신체적 위협 말고도 비리를 외부 기관에 고발한다거나 음해를 목적으로 투서를 하기도 한다. 부하도 자신의 방식대로 상사에 맞서는 것이다.

자신의 의사를 관철시키기 위해 상대방에게 힘을 쓸 경우 남는 것은 승자가 없는 '패자'뿐이다. 간단한 예로 친구와 가볍게 팔씨름을 하는 경우를 보자. 처음에는 재미로 시작했지만 상대방의 팔을 잡는 순간 '지면 안 된다.' '이겨야 한다.'는 생각이 머릿속에 가득차면서 자신의 온갖 힘을 팔에 집중하면서 모든 수단과 방법을 동원하게 된다. 그러나 상대방과 경쟁을 해 이기더라도 몇 가지 후유증은 남게 된다.

첫 번째 후유증은 에너지 낭비이다. 친구를 이기기 위해 자신의 모든 에너지를 사용했기 때문에 온 몸의 힘은 다 빠진 상태라서 회복에 필요한 일정 시간 동안은 아무것도 할 수 없게 된다. 두 번째 후유증은 상대방과의 관계가 나빠질 가능성이 높다. 친구를 이겼다고 하더라도 아주 잠깐 느낀 성취감 이외에는 일상에서의 변화는 아무것도 없다. 하지만 팔씨름에서 진 사람은 어떤 생각을 하게 될까? 마음이 불편해지면서 '언젠가는 이겨야겠다.'는 생각을 하게 될 가능성이 높다. 재미로 시작한 팔씨름이 이긴 사람에게는 특별한 긍정적인 영향을 미치지 않을 수 있어도 진 사람에게는 부정적인 영향을 미쳐 서로의 관계에 상처가 될 수 있다.

상사와 부하의 관계도 팔씨름을 하는 것과 같은 일이 발생할 수 있다. 상사와 부하가 자신의 주장을 관철시키기 위해 나름대로 논리를 가지고 상대방을 설득하기 시작한다. 여기까지는 그래도 관계가 괜찮다. 시간이 흐를수록 서로가 자신의 주장을 관철시키기 위해 노력하기 시작한다. 마치 팔씨름에서 이기기 위해 힘을 주기 시작하는 것과 같다. 이런 상태가 되면 상대방은 더 이상 '같은 편'이 아니라 '물리쳐야 할 적'으로 간주된다. 자신이 살아남기 위해 반드시 물리쳐야 하는, 결코 함께 할 수 없는 사이가 된다. 이런 대결 상태가 계속되면 상대방을 물리치기 위해 더 큰 힘을 사용하게 되는데 이는 두 사람 모두에게 스트레스 상황이 된다.

직장인들이 과도한 스트레스에 시달리는 이유는 이런 불필요한 힘이 서로에게 부정적인 영향을 미치기 때문이다. 생산적이지 못한 압력을 동료에게 보내면 동료 또한 그 압력에 저항하게 되어 힘의 대결이 벌어지는데 이것이 바로 갈등과 스트레스의 원인이 된다.

이런 대결에서는 상사가 이길 가능성이 높다. 상사에게는 회사에서 부여한 '권한'이라는 막강한 힘이 있기 때문이다. 상사가 자신의 권한을 권력으로 생각해 부하에게 마구 휘두르기 시작하면 부하의 마음에는 상처가 생기게 된다. **회사가 상사에게 권한을 부여한 이유는 부하의 마음에 상처를 남기는 것이 아니라 부하의 능력을 극대화해 회사 경쟁력을 높이는 데 있다. 이 목적을 달성하기 위해서는 상사와 부하가 대결을 펼치는 것이 아니라 서로가 협력해야만 한다.**

상사와 부하가 서로에게 도움이 되는 파트너가 되기 위해서는 상대방을 움직이기 위해서는 강한 '힘'이 필요하다는 생각을 버려야 한다. 조직의 리더 중에서 조직원들을 자신의 의도대로 행동하도록 만들기 위해 다양한 방법을 사용하는데 그중 '압박'을 가장 빈번하게 사용하고 있다. 압박은 심리적으로 부정적인 영향을 미쳐 상대방의 마음속에 '저 사람은 나를 괴롭히는 사람이다'라는 인식을 주게 되면서 심리적인 거리는 점점 멀어지게 된다. 심리적인 거리가 멀어지게 되면 자신의 영향력이 상대방에게 미칠 수 없게 되고, 소통이 단절되는 불통상태가 된다. 결국 자신이 쓴 힘이 상대방과의 관계를 단절시키는 주요 원인이다. 그러므로 상대방과 소통을 하기 위해 가장 먼저 해야 할 일은 '힘'을 빼는 것이다.

상대방과 경쟁할 때 경험할 수 있는 두 번째 후유증은 관계의 질이 나빠지는 것이다. 두 사람이 서로 적대적인 관계가 되면 상대방은 자신의 '적'으로 인식해 공격하게 되면서 함께 할 수 없는 사이가 된다. 하지만 상대방에게 가하는 압박을 줄이게 되면 상대방은 마음이 편안해지면서 상대방의 공격을 방어하기 위한 경계심을 내려놓게 되고 심리적 거리는 가까워지게 된다. 이런 상태가 되면 서로가 자신의 속에 있는 생각들을 솔직하게 털어놓게 되고 상대방에 대한 이해의 정도가 깊어지게 된다. 이때 비로소 '아, 저 사람이 그때 왜 그런 주장을 그렇게 강하게 했는지 이제 이해가 되네.'와 같은 깨달음을 얻게 된다. 즉, 상대방에 대한 이해의 정도가 깊어지게 되며 관계의 질이 좋아지기 시작한다.

조직원들이 관계의 질을 지속적으로 높이기 위해서는 **목표의 공유와 지식의 공유 그리고 상호존중이 필요**하다. 조직원들이 업무에 대한 목표를 공유할 때 강력한 유대감이 이루어지며, 새로운 정보를 접할 때마다 보다 쉽게 대응하면서 적절한 결론을 이끌어 낼 수 있다. 그러나 같은 업무를 수행하면서도 부서 내 혹은 부서끼리도 목표 공유가 부족한 경우가 있다. 이런 경우 작업 과정에 대한 전체적 목표 기준의 공유가 없는 상태로 자신들의 목표만을 추구할 때 일어나는 부작용은 생각보다 클 수가 있다.

관계의 질을 높이기 위한 또 다른 방법은 지식의 공유이다. 조직원들이 서로의 직무와 관련해 지식을 얼마나 잘 공유하는가에 따라 관계의 질에 영향을 미치게 된다. 자신들이 직무에 대한 지식을 공유하고 서로 맞추어가는 방법을 공유하면 강력한 유대감을 형성하게 되면서 직무와 관련된 사건이 발생할 때 누가 영향을 받는지, 그에 따라 누가 무엇을 알아야 하는지 어떤 위기 속에 처해있는지를 깨달을 수 있는 환경을 조성할 수 있다.

조직원들이 다른 사람들을 존중해주는 정도에 따라 관계의 질에 영향을 미친다. 조직에서 서로 다른 업무를 수행하는 사람들 사이에서는 지위에 따라 차이가 생기기 마련인데 일부 건강하지 못한 사람들은 다른 사람들의 업무수행결과를 의도적으로 무시함으로써 자신들의 존재감을 드러내기도 한다. 반면 조직원들이 서로의 역량을 서로 존중하게 되면 강력한 유대관계를 만들 수 있고 생산적인 결과로 연결시킬 수 있게 된다.

최환규

인코칭 전문코치이자 코칭엔진의 대표이다. 한국코치 협회 인증 코치 (KPC)이며 <좌절하지 않고 쿨하게 일하는 감 정케어> 외 다수의 지자이다.

TALC · 11
제조업 생산직의 변화를 가치관 경영으로 이끄는 방법

조직 내 코칭

가치관 경영으로
생산직 문화를 바꾸다

현 시대에는 사람의 마음을 움직여 자발적으로 행동하도록 초점을 맞춰야 한다

저는 지금까지 사회생활의 전부를 포스코와 그 계열사에서 보낸 포스코 맨입니다. 포스코를 퇴직하고 계열사인 포스코 엠텍에서 6년간 경영관리자로 지냈는데 전무로 있을 때 코칭을 접하면서 제 인생의 전환점을 갖게 되었습니다.

사실 포스코엠텍에서 오랫동안 관련업무를 담당했기에 큰 부담없이 근무를 시작했습니다. 내가 포스코에 있으면서 바랐던 것들을 잘 실행해서 최상의 작업을 할 수 있도록 작업수준을 한 단계 향상시키고 노사안정도 유지하면서 포스코 생산성에 발맞추면 된다고 생각 했습니다.

그러기 위해서 먼저 해야 할 일은 포스코에서 수행했던 혁신업무를 이곳에서 주관하며 전파하는 것이었는데 당시 상황이 별로 좋지 않았습니다. 직원들이 성실하기는 하나 업무에 수동적이고 미래를 그리기 보다는 오늘 이라는 현실에 안주해서 그날그날을 보내고 있었기 때문이었습니다. 문제가 발생한 것에 대해 설명해주어도 똑같은 실수가 반복되다 보니 저도 마음이 불편했습니다. 그러던 중 코칭을 받으면서 제 자신이 무엇을 놓치고 있는지 찾게 되고 발견된 점을 실행에 옮기다 보니 좋은 성과가 나왔습니다.

최근 제가 제조업에 근무하는 임원을 코칭하면서 나눈 것인데 그 분은 일반직원으로 입사해서 임원까지 올라온 분이고 회사가 극심한 어려움을 겪을 때 중요한 역할을 해서 위기를 극복하고 열심히 노력하여 매출액이 10배 증가하는 실적을 쌓았던 분입니다. 정말 회사를 위해서, 직원들을 위해서 나름 애를 많이 쓰고 있는데 직원들이 전과 같지 않고 생각만큼 움직여 주질 않아서 가슴이 답답하고 울화통이 치민다고 했습니다.

저 역시 비슷한 경험을 했기에 깊은 공감을 할 수 있었습니다.

따지고 보면 우리 모두 인간은 각자 자신의 생각을 갖고 움직이는 생명체인데 일은 하다보면 실적이라는 것에 매달리게 되어 인간적인 배려는 멀리하고 보다 빨리 더 나은 성과를 위해 그냥 일로만 밀어붙이는 경우가 대부분이었습니다.

어느 날 진정으로 직원들이 주인의식을 갖고 스스로 즐거운 마음으로 일을 하게 하는 방법이 무엇일까 진지하게 고민하면서 깨닫게 된 것은 리더십의 변화였습니다.

실제로 직원들을 믿고 권한위임을 하며 근무환경을 개선해주는 리더가 되어야 하는데 그러기 위해서 원활한 소통이 필요한 것이고 그들의 말을 잘 들어주는 것이었습니다. 요즘처럼 공급자 위주가 아닌 소비자 중심의 생산이 필요할 때 복잡한 문제를 해결하기 위해서는 자신의 경험이나 지식이 능사가 아니라 직원들과 같이 다각적으로 생각해보고 검토해서 방법을 찾는 것이 회사를 살리는 길이기 때문입니다.

이 일의 시작과 기준을 저는 가치관 경영기법으로 했고 이제부터 그 내용을 소개하고자 합니다.

가치관 평가는 자가 평가를 통해 이루어지며 본인이 추상적으로 점수를 주는 것이 아니라 자가 평가를 한 근거와 사건을 제시해

야 점수가 유효하다고 합니다.

알리바바의 가치관은 사고(思考)의 혁신을 목표로 하는 것으로 사고가 달라지면 행동은 자연스럽게 변하고 일을 대하는 자세도 달라져서 이전과는 확연히 다른 결과를 낳게 되는 것이지요.

가치관이 높은 사람끼리 협업하면 일도 재미있고 보람도 커집니다. 구글 등 유수회사에서 높은 연봉을 받던 사람들이 알리바바로 전직한 이후에 급여의 하락에도 불구하고 만족도가 높았던 이유도 바로 가치관 경영 덕분이었다고 합니다.

포스코엠텍에서는 기존에도 년마다 주기적으로 직원들의 업적 평가 및 능력 평가를 실시하고 있었지만 개인별로 평가해야 하는 항목 수가 너무 많고 복잡해서 많은 인원을 평가하기에는 어려웠습니다. 그래서 형식적으로 평가하는 사례도 종종 있었고 그 평가 내용이 회사의 미션이나 비전과 정확히 일치한다고 할 수도 없었습니다. 그런데 알리바바의 가치관 평가표는 총 30문항 중에 여섯 개만 선정하면 되었기에 매우 효과적이었습니다. 그래서 우리 회사에서도 이것을 활용하기로 했던 것입니다.

가치관 평가표에 있는 문구 중 3등급(60점) 이상이 되면 관리적으로 항상 요구하는 '자발적 참여', '적극적 행동', '주인 의식' 등을 갖는 사람들로서 이루어진 조직이 되리란 판단도 섰습니다. 그리고 가치관 평가표를 만들고 스스로 채점해 보도록 한 이유는 직원들의 내적 동기(internal motive)부여 때문이었습니다.

지금까지의 기업문화는 구성원들이 기업목표를 달성하도록 하기 위해 각종 인센티브나 처벌 제도로 규제해 왔지만, 현 시대에는 사람의 마음을 움직여 자발적으로 행동하게끔 하는 데 초점을 맞춰야 하기 때문입니다.

즉, 일에 대한 내적 동기가 없다면 직원들의 자발적인 충성심을 이끌어낼 수 없다는 것이지요.

한편으로 직원들은 대부분 회사로부터 받고 있는 대우에 대해 많은 불만을 갖고 살아가고 있습니다. 그래서 저는 이런 질문을 던져 보고 싶었습니다.

나는 회사에 꼭 필요한 사람인가?
직장인이라면 프로인데 과연 나는 제대로 된 직장인 인가?
나는 조직에서 요구하는 것을 어느 정도 수행하고 있는가?
나는 동료, 상사와의 관계는 원만한가?
나로 인해 주변 동료나 상사, 회사에 피해를 주고 있는 것은 없는가?

저는 직원들이 이번 활동을 통해 자신을 변화시켜 훌륭한 직장인이라는 자긍심을 갖게 되기를 바랬습니다.

그래서 이 같은 문항을 체크하는 동안 스스로를 돌아보며 각 항목별로 직원 각자가 개개인의 수준을 점검, 인식하고 개선 활동 목표를 스스로 정하고 그것을 활성화 할 수 있도록 관리자들이 도와주게끔 지시했습니다. 그리고 그 결과로 직원 스스로 즐거운 마음으로 자신을 변화시켜가는 것이 목표였습니다.

사람은 자신에 대한 외부에서의 평가나 지적에는 아주 민감하고 반항적이기 때문에 스스로의 평가가 가장 중요하고 정확하다고 봅니다.

그래서 먼저 중식 간담회에 참석 했던 일부 직원과 HR 지원실 직원들에게 각자 스스로 가치관 평가를 하고 개선책을 작성 해 보도록 요청했습니다. 주어진 표 대로 채점한 결과, 처음에는 90점이 나왔습니다.

그래서 저는 "점수가 너무 높은데요. 다시 한 번 생각해서 작성하는 것은 어떨까요?"라고 제안을 해서 다시 평가가 시작됐고 이번에는 42점이라는 상대적으로 낮은 점수가 나왔습니다. 그런데 그 다음이 재미있었습니다. 부분별 수준 평가 결과 각자가 부족하다고 느끼는 점이 모두 다르고 개선 방향도 전부 달랐으며, 이제까지 피상적으로 교육 했던 내용과는 달리 상당히 실제적인 내용들이 도출된 것입니다.

그 동안 직원들에게 여러가지 방법을 통해 많은 시간을 투자하여 교육을 시행했지만 부족했던 것이 있었습니다.

각자가 무엇이 부족한지, 무엇을 할 것인지에 대해 질문하지 않은 것입니다.

여러 가지 문제들을 나열하고 대책들을 교육하지만 직원 각자, 각자에게는 맞지 않는다고 생각하니 개선 활동의 필요성을 못 느끼고 있었던 것입니다.

그래서 다음과 같은 질문을 했습니다.

고객지향과 관련해서

1. 나는 고객의 중요성을 인식하고 긍정적으로 고객의 소리를 경청하는가?
2. 나는 고객의 요구가 있을 때 무조건 옳다는 사고로 감사하는 마음을 갖고 있는가?
3. 나는 고객의 요구를 달성하기 위해 적극적이고 신속하게 대응하여 신뢰를 확보하고 있는가?
4. 나는 사전에 고객의 잠재적 요구를 파악하고 해결하여 감동을 주고 있는가?
5. 나는 고객성공을 위하고 동반성장을 도모하기 위해 노력하고 있는가?

이렇게 질문하자 직원들의 반응은 각양각색이었습니다.

'고객만족 부문에서 '나는 전화 받는 태도가 나빠서 지적 받은 일이 많다', '나는 지시받고 대응하는 시간이 늦어 불만을 사고 있다', '나는 고객의 입장보다는 내 편의에 따라 행동하고 있다' 등의 발언이 나왔고 그 이후 600명 전원에게 실시한 결과도 44점 수준이었습니다.

이러한 일들을 통해 제가 느낀 것은 직원들 교육 방법이 달라야 한다는 것이었습니다.

평가표의 척도대로 자신을 스스로 돌아 본 결과 직원들 각자는 자신의 부족함을 발견할 수 있었고, 어떻게 개선해야 할지는 그 누구보다도 스스로가 더 잘 알고 있었습니다.

이런 결과를 얻기 위해서는 직원들이 자가 평가를 할 때 스스로 솔직한 평가를 하도록 하는 것이 중요하고, 평가 결과에 연연하지 않도록 분위기를 조성하는 것도 중요했습니다.

지금 낮게 평가되는 모습을 숨기지 말고 지금부터 노력해서 6개월 후에 얼마나 달라질지를 상상 해 보는 것으로 강조하며 직원들의 의욕을 더 고취시키려고 무던히 응원을 하러 다녔습니다.

"직원 여러분, 각자의 가치관을 향상시키면 조직 전체의 시너지를 만들 수 있습니다. 그로 인해 부서의 가치관 수준도 올라가고 회사 전체의 변화도 만들 수 있습니다. 그러면 결국 최고의 수혜자는 각자 본인들이 아닐까요? 그리고 가치관 향상을 통해 우리가 꼭 해야 할 것이 있습니다.

하고 싶은 일이 있는 회사, 오고 싶은 회사, 만나고 싶은 동료와 상사가 있는 회사("하오만")를 만들어서 정말 신들린 듯이 일해 봅시다."

가치관 향상 활동을 하면서 저를 비롯한 관리자들이 현장을 방문해서 직원들과 대

화를 나눌 때는 이처럼 적극적이고 의욕적인 분위기에서 개선 대책에 대한 칭찬과 격려를 했습니다.

담당자들에게 과거에 부족했던 부분에 대해서는 절대로 비난과 질책을 하지 않도록 요청하며 특히 개선을 너무 빨리 달성하도록 요구하는 것은 자제해야 하고 기다려 주는 미덕이 필요하다는 점을 강조하며 어떤 도움을 주면 문제해결이 잘 될 것인가에 대해 묻도록 했습니다.

결국 이것은 자신의 문제를 깨달아 스스로 문제 해결 방안을 찾아서 해결하도록 도와주는 코칭(coaching)의 기법이었습니다.

시간이 지나고 관리자들이 한 말입니다. "작업장에 가보니 확실히 달라졌더군요. 가치관 향상 활동을 하는 동안 직원들이 많이 바뀌고 있고 주어진 현실을 개선하고자 하는 분위기도 생겼고요. 예전에는 힘들어 했던 부분도 이제는 당연한 마음으로 수용하고, 직원 상호 간의 관계에서도 서로 개선되고 있습니다."

그 동안에는 변화의 필요성을 깨닫지 못했을 뿐이고, 느끼면 누구나 변할 수 있다는 것, 한 사람이 아니고 여러 사람이 같이 노력하면 그 효과가 더 클 것이란 것, 그것이 직원들 마음속에 요동치기 시작한 것입니다. 약 1년간 가치관 개선 활동을 하고 난 후에 평가를 한 결과는 52점 수준이었습니다. 활동 시작 전에 비해 10점 정도로 큰 폭의 성장이 있었던 만큼 현장 분위기도 좋아졌습니다.

무조건 반대만 하던 사람, 고객과 충돌이 많았던 사람, 변화에 적응하지 못하고 뒤쳐져 있던 사람 등 수많은 불합리한 상황들이 수많은 교육을 통해서가 아니라 직원들 스스로의 노력에 의해 변해 갔습니다. 그것은 고객사들도 깜짝 놀라게 할 일이어서 예전에 그렇지 않았는데 요사이는 같이 일하기가 정말 편하다고 평가 해 주기도 하고, 힘든 작업을 하고 있던 포스코 직원을 전혀 관계도 없는 우리 직원이 자발적으로 도와주어 고맙다는 전달도 받았습니다.

사실 더 좋아진 것은 경영층과 관리자와 직원들과의 관계였습니다.

종전에는 업무 수행을 효율적으로 하기 위해 지시일변도와 지적, 질책이 주로 행해 졌다면 가치관 활동 이후에는 개선방안을 질문하고 잘 할 수 있도록 격려 해 주었으며,

변화된 모습을 보이면 칭찬과 인정을 해주면서 관계가 크게 개선되었습니다.

우리나라 제조업 생산성이 낮다는 말이 나올 때마다 저는 마음이 불편했습니다.

그러나 제가 실제로 가치관 경영을 도입하면서 코칭리더십을 발휘하자 예상보다도 훨씬 좋은 결과를 가져왔기에 퇴직 후 코칭에 몰입하기로 한 것입니다.

어디에서 어떤 일을 하든지 그 사람은 존중받을 가치가 있기에 자긍심을 높여주면 모든 일에 정성과 열정이 들어가게 되며 새로운 변화가 시작됩니다.

제조업 현장에 인정과 칭찬, 원활한 소통이 이루어지면 생산성 향상은 물론 세계 최고의 제품을 양산하는 국가가 될 것이라는 기대로 오늘도 활기찬 행보를 합니다.

박기덕
박기덕코치는 하오만 C&C의 대표이사이며 제조현장에 대한 이해도가 높다. 인코칭의 전문코치로 활동중이다. 한국코치협회 KPC이며 <마음이 변해야 행동이 바뀐다>의 저자이다.

지금까지의 그룹코칭은 잊어라! 이젠 기업의 리더들이 구성원들에게 직접 쉽게 활용할 수 있는 팀과 리더, 조직원 모두를 위한 그룹코칭이다

그룹코칭 ABC

인코칭의 그룹코칭ABC 교육 과정은 팀장급 리더의 조직관리 시, 코칭활용도를 높이기 위해 제작된 프로그램입니다. 부하직원과의 성과면담, 회의장면 등, 현업에서 그룹코칭을 활용할 수 있도록 쉽게 구성되었으며 조직의 실제상황과 흡사한 사례실습을 통해 코칭역량을 내재화 시킬 수 있습니다.

교육 대상

› 코칭교육은 받았으나, 팀 구성원들 및 현업에 적용이 어려운 리더
› 팀과 팀원의 변화를 원하는 리더
› 조직 내 코칭을 실제적으로 적용하고자 하는 리더

그룹코칭ABC 특장점

› 팀장급 리더가 수월하게 업무에서 활용할 수 있도록 구성된 코칭 활용 프로그램
› 조직원의 시너지 효과를 통해 성과를 높일 수 있도록 고안된 프로그램
› 모든 조직원이 쉽게 활용할 수 있도록 구성된 프로그램

참가자 피드백

사람과 사람의 관계에서 필요한 것들에 대해 생각해 볼 수 있었습니다.

다른 사람을 통해 나의 커뮤니케이션 스타일을 성찰해 볼 수 있었습니다.

그룹코칭을 통해 배우는 효율적 회의 방법

조직에서 꼭 필요한 과정 스킬!!

교육 목적

› 그룹 코칭의 핵심 요소와 성과 창출 방법을 이해할 수 있다
› 그룹 코칭의 활용을 통해 조직의 성과를 향상하는 방법을 이해할 수 있다
› ABCDE 모델의 이해를 통해 조직의 시너지 효과 방법을 익힐 수 있다
› 조직원의 행동 이해를 통해 성과 향상에 방해가 되는 행동에 대한 예방과 해결 방법을 이해할 수 있다
› 조직원 사이에서 나타나는 상호작용의 필요성과 중요성을 이해할 수 있다
› 사례와 실습 중심을 교육으로 과정 이수 후 업무에 즉시 활용할 수 있도록 한다

교육 문의

T. 02-730-0805   H. www.incoaching.com
F. facebook.com/incoachingKR   Coaching Log: report.coachtown.org
A. 서울특별시 종로구 사직로 67

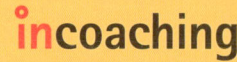

TALC · 12
6개월 간 코칭을 통해 변화된 외국계 기업의 사례 공유

조직 내 코칭

조직 내 코칭 프로세스 한 눈에 살펴보기

코칭이 리더십의 중요한 키워드라는 것은 모두 알고 있는 사실이다. 그러나 코칭의 의미를 제대로 알지 못한 채 자의적으로 해석해 버리면 완전히 다른 방향으로 고정관념을 갖게 되기도 한다.

국내 한 식품회사 HR 팀장인 김상명(가명)씨의 사례를 보자. 김 팀장은 코칭교육을 리더십교육과 커뮤니케이션 교육과는 다르게 생각하고 설계하다가 혼란에 빠졌다. 기본이 부족한 사람들에게 커뮤니케이션 교육을 기획하고, 좀 더 수준 높은 사람들에게 코칭 교육을 시도하고, 더 직급이 높은 사람들에게 리더십 교육을 실시하겠다고 마음 먹었는데, 기획하다 보니 컨텐츠가 거기서 거

코칭을 도입해 성공하는 기업의 공통점	기준
처음 제대로 된 코칭 회사를 1개~2개 선정해 비교한다. 최종 마음에 드는 기업이 있을 경우 1개를 선정, 심도 있는 질문과 개발 능력, 프로젝트 등을 매우 까다롭게 검증한다. 본사와 지사의 담당자들과 돌아가며 소통하고 의사결정을 하기 때문에 오랜 시간이 걸릴 때가 많다.	코칭업체 선정
해외나 먼 곳에 있을 경우 스카이프나 전화를 활용해 코칭회사의 담당자와 기업의 코칭 이해관계자 (HR 담당자, CEO, 임원 등)가 직접 소통한다. 기업과 당사자의 니즈를 직접 들을 수 있는 효과가 있다.	소통의 창구
국내 프로젝트와 코치의 퀄리티 등을 자신들의 필요에 맞는 기준으로 명확히 판단한다.	판단의 기준
코칭의 효과성에 대해 이미 잘 알고 있기에 코칭의 효과성과 필요성의 여부에 대해 신뢰하며 프로젝트를 시작한다.	코칭에 대한 확신
코칭 업체를 선정한 후 향후 프로세스는 코칭업체에 설계를 맡긴다. 자신들 보다 경력 있는 코칭 업체가 설계를 잘 한다고 믿는다. 이 때 제안서가 들어간다.	프로젝트 설계
코칭 비용의 경우 본인들이 생각하기에 크게 문제가 없으면 비용 때문에 시간을 끌지 않고 바로 진행한다. 심지어 코칭 진행 중 추가 인터뷰 등으로 인해 비용이 추가되더라도 코칭의 효과를 높일 수 있다면 적극적으로 수용한다.	추진 프로세스
코칭을 받고자 하는 목적이 명확하다. 코칭을 시작하면 코칭회사와 코치를 전적으로 신뢰하며 임원의 평가자로 참여시킨다.	코칭 목적 및 신뢰
사전 사후에 임원과 이해관계자를 적극적으로 개입시켜 서로 보완적인 관계를 맺도록 HR 담당자가 힘쓴다.	내부 협업
매 세션별로의 점검이 아닌, 중간보고서와 최종보고서에 집중된 관심을 가지고 추가적으로 필요한 부분과 논의되어야 할 진행사항에 대해서 적극적으로 커뮤니케이션한다.	보고서
최종 마무리 될 경우 코칭 받은 고객, 인사담당자, 상사, 코치가 모두 다 같이 미팅을 하며 피드백과 성과를 공유하고 앞으로의 계획에 대해 적극적으로 이야기 나눈다.	공동의 결과
코칭을 마친 후 지속적으로 사내에서 코칭 시간을 갖고, 코칭을 평가에 반영한다.	사내문화
지속적 코칭 교육과 코칭 프로젝트 확대를 통해 1명 만이 아니라 다수의 직원들이 코칭 철학과 개념을 가질 수 있어 다수가 코칭에 대해 열린 자세를 취할 수 있도록 한다.	확산
코칭기업과 코치와 좋은 관계를 유지하며 서로 지속적으로 정보를 공유하고 감사를 표현한다.	유지

기고 무엇이 다른지 모르게 된 것이다. 교육에 참여한 사람들도 제대로 의미를 파악하지 못했으며 다들 바쁘다고 말하는 탓에 더 많은 시간을 배정하지 못해 각각 교육이 4시간으로 기획되었다. 4시간의 교육은 시작할 때 지각하는 사람들, 빨리 끝내달라는 사람들, 중간에 오는 사람들, 쉬는시간을 달라고 하는 사람들 덕분에 실제적으로는 3시간 정도 했다고 할 수 있다. 커뮤니케이션에 대해 설명하다 마치고, 코칭에 대해서도 실습까지 가진 못한 채 개념에서 멈추고, 리더십 교육도 제대로 실행되지 못했다. 그리고 김팀장은 커뮤니케이션 교육, 코칭 교육, 리더십 교육을 다 해봤지만 큰 효과를 보지 못했다고 말한다. 교육에 참여한 사람들도 만족도가 낮긴 마찬가지다. 더 심각한 것은 김팀장처럼 자신은 커뮤니케이션과 코칭, 리더십을 다 들었는데 별로이며 이미 다 알고 있

기준	코칭을 제대로 활용하지 못하는 기업의 공통점
코칭업체 선정	최소 7~8개의 코칭회사, 또는 개인 코치를 Contact해 미팅 하기 전 제안서를 받고 또 받아 비교한다. 미팅 전 제안서를 작성하게 될 경우 보통 코칭회사에서는 기본 제안서만 공유하거나 내용이 부풀려진 제안서를 제시하게 되는 경우가 많아 제안서를 기본으로 선정된 기업이 기대했던 코칭과 다르게 가는 경우도 종종 있어 코칭에 대한 신뢰를 잘 하지 못하게 된다.
소통의 창구	윗 사람을 어려워 하는 경향이 커 임원과 코치를 직접 만나게 하는 것 보다는 배경이 좋은 코치 프로필만으로 코치 매칭을 진행한다. 이 경우 성향을 서로 알지 못해 잘못 매칭되는 때가 꽤 있다.
판단의 기준	자신의 기업에 가장 적합한 기준을 알지 못해 외부의 경험에 의지하고 다양한 의견에 휩쓸려 기준을 잡지 못한다.
코칭에 대한 확신	코칭의 효과성에 대해 확신이 없고 상사를 설득할 자신이 없는 상태에서 프로젝트를 진행하려고 한다.
프로젝트 설계	코칭 회사보다 HR 담당자 자신이 코칭을 더 잘 안다고 생각하고 코칭 회사와 코치를 콘트롤 한다.
추진 프로세스	코칭 비용이 비싸다고 무조건 깎아 달라고 한다. 비용을 낮춰 진행할 경우 코치진과 프로젝트의 quality 가 달라질 수 밖에 없다. 처음 부터 비용에 대해 솔직한 것이 좋다. 그래야 비용에 맞춰 최선으로 설계할 수 있다. 하지만 비용에 맞지 않는 최고의 서비스를 제안해 달라고 하고 눈을 높인 후에 그 내용에 비용을 맞춰 달라고 하는 것은 서로를 고통스럽게 하는 것 뿐이다.
코칭 목적 및 신뢰	코칭의 목적이 명확하지 않다. HR 담당자는 자신의 실적을 위해, 임원은 코칭을 받으라고 하니 수동적으로 받는 경우가 많다. 초반 이렇게 관계가 성립될 경우 명 코치가 와도 변화의지가 없는 고객의 경우 효과를 내기 매우 힘들다.
내부 협업	프로젝트의 소통채널이 명확하지 않아 다수의 이해관계자가 매우 여러 번 같은 내용으로 소통한다.
보고서	세션이 진행될 때마다 코칭 레포트를 요구하며 내용이 마음에 들지 않을 경우 코치와 고객과의 대화에 참견한다.
공동의 결과	초반에 코칭에 대한 성과측정에 대해 합의하지 않은 채 마무리 되었을 때 현재의 문제점과 책임소재를 따진다. 결과를 누구와 공유했는지 명확하게 밝히지 않아 오해가 생기기도 한다.
사내문화	코칭을 제대로 받거나 아는 사람이 없어 조직내 전파가 불가능하다. 향후 방안에 대한 대책이 코칭이 효과가 없다며 코칭을 중단한다.
확산	코칭을 사내에서 시도해 보려고 하나 제대로 배운 적이 없어 성과가 나지 않는다. 코칭을 받은 사람과 코칭을 한 사람에게 어색함을 남기고 기업과 코칭에 대해 잘못된 이미지를 심어준다.
유지	코칭 뿐 아니라 다른 것에 대한 지속성도 마찬가지로 매우 낮다. 미래에 대해 새로운 것만 찾으려고 하나 그 어떤 것도 새로운 것이 없어 괴로워 한다.

다고 말한다는 사실이다. "어설프게 아는것은 모르는것만 못하다"는 말을 기억할 필요가 있다.

국내 다른 전자회사 HR팀의 장성찬(가명)씨의 사례를 보자. 그는 미국 ASTD에서 코칭이 중요하며 매우 효과적이라고 말한 세션에 참여한 이후 코칭에 대해 관심을 갖게 되었다. 개념이 무엇인지도 알고 싶어 책을 모두 구입해 읽기 시작했고 자신이 받아 보지 못하고 다른 사람에게 추천해줄 수 없다고 생각하여 관련 기업과 교육에도 직접 참여하였다. 코칭을 제대로 하려다 보니 심도 있게 가려면 꽤 많은 시간적 투자와 훈련이 필요하다는 것을 깨닫게 되었다. 신기하게 작은 대화 방법을 바꿨을 뿐인데 팀원과 가족 관계가 조금씩 좋아 지는 것을 경험하며 코칭이 자신의 회사 임원들과 부하직원들에게도 효과가 있을 것이라고 확신했다. 자신도 시도해 보니 익숙해 지기까지 꽤 오랜 시간이 걸리고 연습을 제대로 해야 커뮤니케이션 능력도 강화되고 결국엔 리더십이 깊이 있게 육성된다는 사실을 깨닫게 된 것이다.

특히 너무 똑똑하고 가르쳐 줄게 없는 임원들에게 스스로를 발전시킬 수 있고 개인별 특화형으로 리더십을 육성할 수 있는 임원코칭과 교육이 매력적으로 느껴져 3년 과정을 설계하기 시작했다.

오랜 시간이 투자됐지만 믿을만한 기업과 함께 노력한 결과 임원들이 자발적으로 신청해 진행하는 임원코칭 과정을 진행하게 되었고, 팀장급 이상의 리더들도 희망시 진행되는 코칭교육도 단계별로 마련해 놓게 되어 조직의 자발성이 육성되는 기반을 만들어 놓았다.

무엇이 이 차이를 만드는 것일까? 코칭 효과 많이 보는 기업과 코칭하고 효과 못보는 기업을 전격 비교해 보았다.

코칭 프로젝트를 제대로 진행하지 못해 시행착오를 겪었던 외국계 전 HR 임원의 고백

제가 제대로 코칭을 시작한 이후 반성을 많이 했어요. 사실 현업에서 임원 코치를 매칭 해주는 책임자였거든요. 회사에서 말 안듣는 임원이 있어서 코칭을 받게 했죠. 코칭 세션을 몇 번 진행했으나, 변화가 크게 없는 것 같았어요. 그래서 뭐가 바꼈냐고 끊임없이 물어보며 코치를 괴롭혔죠.

코칭을 제대로 배워서 도전하고 코치가 되려고 노력해 보니 그 동안 얼마나 무지했나 싶어요. 코칭에 대해 물건 뒤 짚듯 기대하지 말고, 코칭 자체가 만능 해결책은 아니다라는 것을 코칭을 받는 임원들과 HR담당자에게 얘기하고 싶어요.

저희의 경우 HOW나 WHAT의 문제에 대해 회사에서는 이슈가 있는 사람들을 모아 놓고 나니, 본인들도 문제점을 알고 있으나, 인정하고 싶지 않은 반발 심리가 작용한 거죠. 그러한 심리가 외부 코치에게 드러난 거에요. 그래서 회사에서는 이런 부분에 대해 충분히 사전 작업을 하고 코치 매칭을 하면 좀 더 효과가 좋지 않을까 생각합니다.

부정적 임원일수록 코치에 대해 안 좋은 얘기를 하거든요. 그래서 더 유명한 코치로 바꿨어요. 근데 신기하게도 똑같은 현상이 나타난 거에요. 정말 문제는 HR 부서에서 명확하게 근본적인 문제를 짚지 못한데서 나타난 거죠.

최근에는 잘 하는 미래 임원을 육성하기 위해 코칭을 하지만 예전만해도 문제가 있는 사람들을 코칭받게 했던 경우가 더러 있었어요.

만약 코칭에 억지로 떠밀려 온 경우, 분노, 좌절, 기타 등등에 대한 감정을 갖고 코치를 만나게 되요.

이런 상황에 있는 HR 담당자에게 하고 싶은 말이 있어요. 그럴 경우 임원을 먼저 설득해야 합니다. '지금 당신이 갖고 있는 행동, 다면평가 결과는, 당신이 인정하건 말건 이건 사실이다. 바꿀 수 있다는 생각은 하지 마라. 당신에 대해 지지하지만, 나는 중립이다. 코치 이분은 당신에게 유일한 우군이 될 것이다. 당신이 끌어낼 수 있는 능력, 소스를 유일하게 끌어내 줄 사람이다. 당신의 문제를 같이 끌어갈 든든한 파트너를 붙여주는 거다. 그리고, 고가다. 회사가 당신에 대한 기대를 계속 하기 때문에 비용이 당신한테 집중 투자 되는거다.'라고 말하며 HR담당자가 코치의 포지셔닝을 세워주는 것입니다. '당신의 우군(코치)를 맘껏 활용해보라!' 이렇게 HR 담당자가 말하면 임원의 반응이 엄청 달라지게 됩니다.

코칭 첫 세션 시작 전에 회사, HR담당자, 참여자가 함께 사전 작업을 한다면 효과는 더욱 극대화 될 것 같아요.

HR 쪽에서도 다른 부분보다도 임원 코칭에 집중되는 경우가 많습니다. 한 사람한테 많은 금액이 집중되기 때문이죠. 특히 외국계의 경우 상위 3%의 말 한마디가 전체에 미치는 영향이 엄청나죠. HR헤드가 말하지 못하는 회사라면 그 회사는 분명 문제가 있어요. 코치가 함께 HR담당자를 독려하는 것이 필요하지 않을까 싶어요. 그것에 대한 사전 오리엔테이션도 할 수 있어야 하고요. HR실무진부터 HR헤드까지 만나 코칭 전 사전 디자인을 하는 게 필수적이라고 생각합니다.

특히 HR 담당자가 고려할 부분은 만나는 고객(CEO/임원)의 90% 이상은 비자발적이라는 것을 기억해야 하는 것입니다. 하지만 '코치가 유일한 우군일 것이다. 당신이 잘되길 바란다.'라고 코칭 프로젝트를 받는데 앞서 설득할 수 있어야 합니다. 진정성이 가장 중요한 것 같습니다.

임원코칭 프로세스
한 눈에 살펴보기기

상황〉 현재 미국에 본사를 두고 있는 C사는 급성장을 거듭하고 있고 특히 한국 지사 성장이 매우 빠르게 진행되고 있다. 매출도 높아지고 외부적으로 볼 때는 매우 상황이 좋아 보이지만 내부에서는 최근 2년간 3배 늘어난 인원이 관리되지 않아 어려움을 겪고 있다. 특히 기존 직원과 신입, 경력사원의 조화가 어려운 부분이 있는 상황이다. 임원으로 승진된 5명의 리더의 경우 각자 새로 부임한 자리에서 방향성을 잘 잡고 역할을 감당해야 하는 임무를 맡게 되었다. 부임한 지 2달 만에 신임 임원들 중에는 벌써 부하직원과의 관계에 문제가 생긴 사람도 있고 업무의 어려움을 호소하는 사람도 생겼으며 회사에 큰 불만을 가진 사람도 생겼다. 이 문제를 해결하기 위해 C사 미국 본사는 코칭이 최선이라고 생각하고 코칭의 도입을 국내 HR 담당자에게 Task로 주었다. 본사 HR 담당과 국내 HR 담당자는 좋은 코칭기업을 찾기 위해 코칭 기업을 물색하기 시작했는데…

C 사의 사례를 살펴 보며 방법을 배워 보자. C사는 **UDTS 변화 모델**을 통해 이해, 발전, 강화, 유지의 단계로 프로젝트를 진행했다.

〈인코칭 UDTS 모델〉

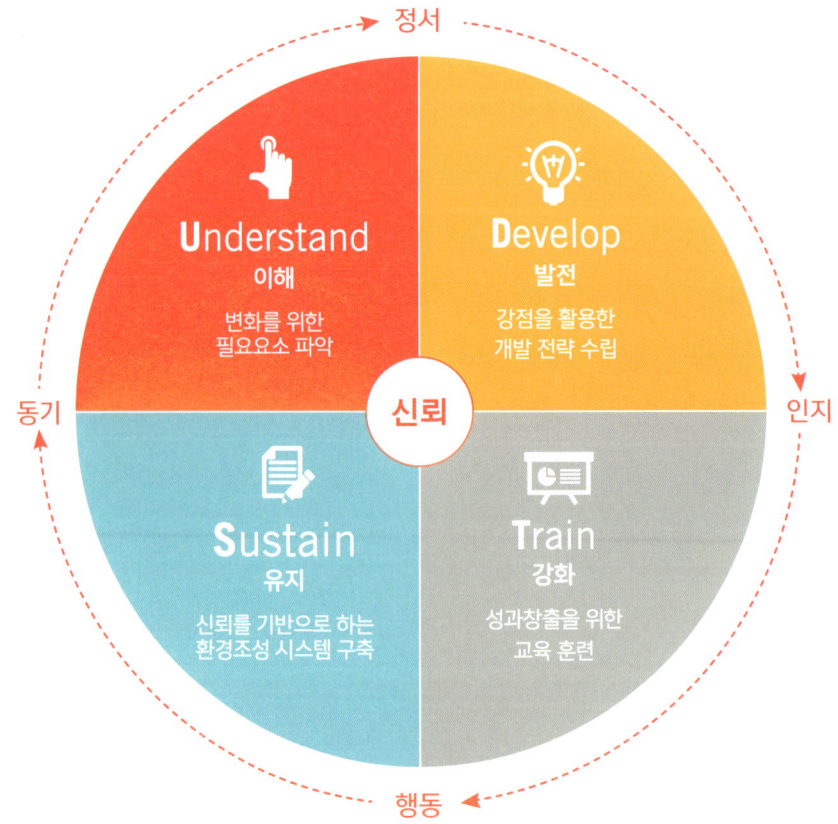

Understand
이해

변화를 위한
필요요소를 파악한다.

코칭 프로젝트의 성공을 위해서는 개인의 변화를 위해 현재 상황과 목표하는 바를 정확하게 진단하는 단계가 필요하다. U에서는 목표를 이루기 위해 필요한 요소를 구조화하고 진단과 인터뷰를 통해 명확히 파악 한다.

	1			2	
상황	코칭 니즈 발생		상황	코칭 업체 물색	
세부 내용	· 신규임원 취임 · 현 임원 역량강화 · 직원과 관계문제 해결		세부 내용	· 다양한 프로젝트 수주 경험 기업 · R&D 능력 보유 · 최근 프로젝트 레퍼런스 확인 · 역량 있는 코치 보유 · 영어로 소통 원활한 코치 및 직원 보유 · 코칭 프로세스 및 철학 공유 · 글로벌 경험 확인 (많은 경우 비용부터 확인 하는 경우가 종종 있음. 비용도 중요 하지만 예상 범위 내에 있을 경우 변경 없이 받아 들이고 시작함)	
			방법	· 웹서핑 & HR 업계 동료 추천 · 역량 관련 Q&A · 이메일 · Skype 미팅 · 면대면 미팅	
주체	C사 인사담당자		주체	· 인코칭 담당자 · C사 HR 담당자	
	3			4	
상황	코칭 업체 선정 및 과정 확정		상황	주요 이해관계자 만남	
세부 내용	· 선정 여부 공유 (선정 이유 및 기준 투명히 함) · 코칭 목표 확인 · 코칭 만족도 평가 방법 합의 · 기간 및 계약서 작성 · 코칭 과정은 경험이 풍부하고 인적자원이 많은 코칭업체에 전적으로 맡겨서 설계하는 것이 좋음. · 1:1 코칭은 일반적으로 10회~12회로 구성되며 4개월~6개월간 진행됨.		세부 내용	· 임원과 인코칭 담당자/대표이사가 임원 코칭 받을 대상자와 1:1 만남을 갖고 코칭 프로젝트 설명 및 상대방의 니즈와 성향을 파악함 · 코칭 받을 임원과 밀접한 관계가 있는 3명 인터뷰 (부하직원, 동료, 상사. 해외에 있을 경우 전화로라도 인터뷰 함)	
주체	· 인코칭 담당자 · C사 HR 담당자		주체	· 인코칭 담당자 · C사 HR 담당자 · C사 임원	

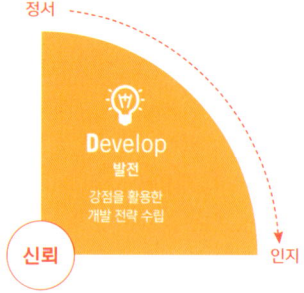

Develop
발전

강점을 활용한
개발 전략을 수립한다.

개인의 변화를 위해 현재 상황과 목표하는 바를 정확하게 파악하고 Gap을 좁히기 위한 전략을 세우는 단계이다. D 단계에서는 목표를 이룰 수 있도록 잠재요소와 자원을 매뉴얼화 한다. 가장 중요한 부분은 코칭을 본격적으로 진행하며 세션과 세션 사이 발전을 점검하는 것이다.

	1		2
상황	코치 선정	상황	임원의 리더십 능력 평가 및 목표 설정
세부 내용	· 5명의 임원별로 가장 적합한 코치를 매칭. · 코치매칭은 이해관계자 만남에서 가진 인코칭 담당자가 진행함. · 매칭을 코치의 배경과 프로필로만 선정하려는 기업이 있는데 그럴 경우 실패사례가 꽤 많이 생김. 임원과 코치의 성향을 파악할 수 없기 때문. 반드시 면대면 인터뷰가 필요함. · 개인코치를 각각 매칭하는 경우 잘 하면 좋을 수도 있지만 문제가 발생할 경우 코치교체가 어렵고 HR 담당자의 업무가 과다하며 설계를 기존 코칭업체만큼 할 수 없기 때문에 업체에 맡기는 것이 훨씬 효율적임	세부 내용	· 임원의 리더십 역량 현황 파악을 위해 리더십 진단을 실시함. · 리더십 진단을 이미 했을 경우 결과 보고서를 코치와 공유함. · 이해관계자 3명의 인터뷰 내용과 리더십 능력 평가 결과를 종합해 임원 개개인의 현재 상황을 분석하고 니즈를 파악함. · 질적/양적 평가와 기업의 니즈를 토대로 C사 CEO, 임원, HR 담당자가 코칭의 목적에 대해 합의함. Big Goal 이라고도 말하는데 코칭 시작시 C사 내부에서 정한 코칭의 목표를 명확히 함. 내부 이해관계자 간 목표가 상이하거나 공유되지 않았을 경우 문제될 수 있어 반드시 기업 내부에서 하나 된 목소리를 내는 것이 중요.
		방법	· 온라인 진단
주체	인코칭 담당자	주체	· 인코칭 담당자 & 코치 · C사 임원 & HR 담당자
	3		4
상황	1번째 코칭 세션~6번째 코칭세션	상황	중간 점검
세부 내용	· Big Goal을 다시 확인함. · Big Goal을 이루기 위한 Small Goal을 생각하며 세션별 주제로 정함. · 예를 들어 '직원들과의 효과적 커뮤니케이션'이 Big Goal 이라면 Small Goal은 '나의 소통 방법 점검하기', '조직에서 소통을 잘 하고 있는 사람을 통해 배우기', '미팅에서 발언 줄이고 부하직원의 이야기 경청하기' 등으로 진행될 수 있음. · 코칭은 일반적으로 매주 혹은 격주로 진행됨. · 중요한 부분은 1번째 코칭과 2번째 코칭 사이 임원이 스스로 정한 코칭 목표를 달성하기 위해 실행을 하는 것이 필요함. 코치는 Follow up을 통해 임원의 변화를 도와야 하는 책임이 있음. · 6회의 코칭이 진행되는 동안 인코칭 담당자와 C사 HR 담당자는 진행 상황만 점검하고 모든 프로젝트의 진행은 전적으로 C사 임원과 코치에게 맡긴다.	세부 내용	· C사 본사의 HR 담당자가 미국에서 한국으로 옴. 코칭에 큰 중요성을 두고 있는 것임을 나타냄. · C사 본사 HR 담당자, 인코칭의 코치, 임원, 인코칭 담당자 4자가 함께 만나 코칭의 과정과 만족도, 추가로 필요한 것들에 대해 이야기 함. · 서로 함께 다 같이 이야기를 나눌 경우 노력한 부분, 보완해야 할 부분에 대해서도 명확히 공유할 수 있다는 장점이 있음. · 코칭과 관련된 사람들이 함께 참석하지 않을 경우 서로 전달하는 과정에서 내용이 비약 되거나 오해가 생길 수 있어 다 같이 이야기 나누는 것을 선호함. · 향후 6개월간의 계획을 미리 계획하고 서로 힘써야 하는 부분이 무엇인지 공유하는데 의미를 둠.
주체	· 인코칭 코치 · C사 임원	주체	· 인코칭 담당자 & 코치 · C사 임원 & HR 담당자

Train
강화

성과창출을 위한
교육 훈련을 실시한다.

Train 강화 단계는 각각의 상황에 적합한 다양한 교육과 피드백을 통해 실제적인 훈련이 만들어지는 단계이다. 세션과 세션 사이 코칭 교육, 그리고 점검을 통해 서로 목표한 것과 변화를 확인한다.

	1		2
상황	6번째 코칭 세션~9번째 코칭세션	상황	코칭 교육
세부 내용	· 지금까지 Big Goal을 이루기 위해 노력한 부분을 점검함. · 필요시 추가 인터뷰를 진행하거나 미팅에 코치가 참여하는 등 임원이 이야기 한 변화가 얼마나 진전되고 있는지를 측정할 수 있는 계기를 마련함. · 임원이 본인이 실제로 실행하고 있다고 해도 주위 체감과 다를 수 있기 때문에 진행하는 것도 의미 있음. 현재의 상태를 명확히 알 경우 앞으로 코칭 세션의 Small Goal이 구체화 됨. · Big Goal을 이루기 위한 Small Goal을 상기하며 세션별 주제를 정하고 Action Plan을 정해 실천함. · 임원의 경우 긴박하게 변화가 많은 조직에 적응을 하고 긍정적인 영향력을 직원들에게 미쳐야 하기 때문에 코치와 신뢰가 생기면 굉장히 적극적으로 노력하며 변화를 추구함. · 마지막 6회의 코칭이 진행되는 동안 인코칭 담당자와 C사 HR 담당자는 진행 상황을 점검하지만 모든 프로젝트의 진행은 전적으로 C사 임원과 코치를 신뢰하고 맡김.	세부 내용	· 임원이 조직 내 코치로서 리더십을 잘 발휘할 수 있도록 '코칭포유' 교육에 참여함. · 16시간 동안 코칭 패러다임, 코칭 스킬, 코칭 대화모델, 조직내 코칭, 성격유형별 코칭 등을 배우며 코치로서의 역량을 높임. · 코치에게 받았던 코칭이 어떻게 진행된 것인지 학습하며 자신도 조직내 코치로서 설 수 있도록 훈련함.
주체	· 인코칭 코치 · C사 임원	주체	· C사 임원 & 인코칭 코치
	3		4
상황	10번째 코칭 세션~12번째 코칭세션	상황	마지막 점검
세부 내용	· 마무리 단계에서는 임원이 스스로 셀프코칭을 할 수 있도록 함. · 코치가 없어도 상황별로 지혜로운 판단을 내릴 수 있고 자신감을 회복했는지 점검함. · 초반 인터뷰 했던 3인 (부하직원, 동료, 상사)와 인터뷰를 진행해 임원의 변화정도를 파악함. · 임원은 자신의 모든 이야기를 온전히 자신만을 위해 들어준 코치에 대해, 그리고 이런 계기를 만들어 준 자신의 기업에 대해 고마운 마음과 로열티가 생김.	세부 내용	· C사 본사의 HR 담당자가 미국에서 한국으로 옴. · 임원이 제대로 코칭을 진행하며 변화했는지 솔직하게 물어봄. · 코치의 의견이 임원의 실적에 반영됨. · C사 본사 HR 담당자, 인코칭의 코치, 임원, 인코칭 담당자 4자가 함께 만나 코칭의 과정과 만족도와 향후 필요한 것들에 대해 이야기 함. · 임원이 코치가 없어도 셀프코칭을 할 수 있을 만큼 성장했는지 확인함. · 만약 임원이 코칭을 연장해야 할 상황인 경우 상호 의견을 공유함. · 5명 중 2명의 임원은 추가 코칭이 필요하다고 생각되어 6개월 간 코칭을 추가로 진행하게 됨.
주체	· C사 임원 & 인코칭 코치	주체	· 인코칭 담당자 & 코치 · C사 임원 & HR 담당자

Sustain
유지

신뢰를 기반으로 하는 환경을 조성하고 시스템을 구축한다.

Sustain 유지 단계는 지속적인 성과를 유지하기 위해 개발과 교육에서 만들어진 능력을 체계적으로 향상시키는 단계이다. 특히 개인과 조직이 최대한 역량을 발휘할 수 있도록 환경적인 지원을 시스템화 하는 것이 중요하다.

	1
상황	Follow up 코칭 및 특강
세부 내용	• 코칭의 효과가 지속될 수 있도록 장치를 마련함. • 월 1회 코칭 특강, 혹은 기타 임원들의 코칭 및 팀장 교육 등을 진행해 한 사람만이 아니라 조직 내 다수의 사람들이 코칭에 대한 이해도를 높이고 서로 코칭해 줄 수 있는 문화를 만듦.
주체	• 인코칭 담당자 & 코치 • C사 임원 & HR 담당자

	2
상황	지속적 관계 유지
세부 내용	• CEO와 코치, HR 담당자와 인코칭 담당자는 긴밀하게 서로 관계를 유지하며 향후 필요성에 대해서도 솔직하게 소통한다. • 코칭의 결과가 지속적으로 좋게 나타났을 경우 공유하며 서로 감사함을 표현한다.
주체	• 인코칭 담당자 & 코치 • C사 임원 & HR 담당자

TALC · 13 코칭 프로젝트를 성공적으로 하기 위한 준비사항 및 전략 10가지 | 조직 내 코칭

코칭 프로젝트
성공 전략

INTERVIEWEES
김상범
박상국

INTERVIEWER
TALC

TALC: 두 분다 코칭과 컨설팅을 함께하고 계시는데요, 속해계신 인코칭의 경우 국내 1천여개가 넘는 기업들이 코칭 프로젝트를 진행했지만 사실 살펴보면 굉장히 그 프로젝트의 모습이 다양합니다. 3~4시간만 하는 교육부터 시작해서 1년에 16시간만 하거나 3년~5년 전사 프로젝트 등 그 규모도 차이가 있고요.

솔직히 말씀드리면 많은 기업에서 코칭을 상당히 짧은 기간동안 소수인원만을 대상으로 코칭을 진행한 후에 코칭을 해 보았고 알고 있다고 주장하는 것 같아요. 새로운 아이디어를 찾다가 어려울 때 코칭을 해볼까 고민을 하거나 아니면 아주 큰 문제라서 해결할 수 없는 과제가 있을 때 코칭회사를 찾기도 하고요. 지금까지 두 분이 코칭 프로젝트를 진행하시면서 어떤 부분이 가장 좋았는지, 또한 효과적인 코칭이란 무엇이라고 생각하시는지 말씀해 주실 수 있을까요?

전문성이 있는 코치가 고객에게 도움 줄 수 있어

김상범: 우선 코칭업체의 사람들이 전문코치여야 하고 HR담당자들을 코칭해야 한다고 생각해요. 정확한 니즈파악을 위해서죠. 정말 코칭이 필요한건지, 아니면 강의해줄 강사가 필요한건지, 컨설팅할 컨설턴트가 필요한지 대화를 통해 서로 명확히해야 하거든요. 그런 이유로 인코칭의 직원들도 대부분 KPC를 취득하며 전문코치로 기본 능력을 갖추고 있는 것이고요. 그 덕분에 니즈 파악과 판단을 상대적으로 잘하고 있는 것 같다고 생각합니다.

좋은 프로젝트를 진행하는 방법으로 코치의 전문성에 대해 이야기 하고 싶습니다. **코치는 그 분야의 전문가여야 합니다. 코치가 그 분야의 전문가가 아니라도 된다는 생각은 맞지 않다고 생각합니다.** 많은 분들이 기업 고객에게 전형적인 코칭기법으로만 질문하고 누에고치 이야기하면서 스스로 날개를 펴야한다고 얘기하는데요, 기업들은 당장 솔루션과 성과가 필요한데 코치가 가서 그런 질문만 하고 있으면 고통이죠.

대상의 역량과 수준에 따라 티칭을 해야 할지 코칭을 해야 할지 맞춰서 다 바꾸어야 하죠. 왜 코치들은 코칭만 강조하느냐는 말입니다. 고객이 코칭이 아니라 방법론과 솔루션을 달라고 하면 줘야한다고 생각해요. 다시 말해서 코칭의 결과가 컨설팅이 필요하다로 나올 수 있잖아요, 그럴 경우 필요한 것을 해줘야 합니다. 모든것을 코칭으로 해결한다는 것은 아닌 것 같습니다.

상사가 전문성이 없으면 이야기가 안 되듯 고객은 기본적으로 코치의 전문성에 대한 신뢰가 없으면 얘기를 안합니다. 내가 CEO로서 경영 전반이나 비즈니스 모델, 사업 전략에 대해 코칭을 받고 싶은데 CEO 경험이 없으면, 그러한 아카데믹이나 현장 경험, 컨설팅 경험이 없는 사람한테 믿음이 갈까요? 실제로 코치가 되는 과정에서 많이 느꼈는데 되게 심도 깊은 코칭과정 중 연습을 하는데 한 사람이 코치가 자기 분야가 아니니까 한 마디도 얘기를 하지 않더라고요. 그 분은 여성학을 전공했는데, 필드에 대해 모를 거라고 생각해서 이야기를 안 했다고 해요. 코칭을 연습하는 교육 장면에서도 그러는데 현장에서 전문성 없는 코치에게는 더더욱 말하려하지 않을 것이라고 생각해요.

제일 최악은 코칭에 대한 전문성도 없고 해당 코칭 이슈에 대한 전문성도 없는 거에요. 더 이상 앞으로 코치가 되고 싶다는 사람들에게 '누구나 코치가 될 수 있다'. 이런 말은 안했으면 좋겠어요. 차라리 코치가 되고 싶다는 사람에게 본인 분야의 전문성을 살리는 방향을 안내해주는 것이 진정으로 위하는 일이라고 생각합니다.

TALC: 맞는 얘긴데, 위험한 얘기라는 생각도 들어요. 많은 코칭회사에서 누구든 코칭을 잘 할 수 있다고 이야기 하니까요. 코칭을 하면 할수록 전문성이 필요하다고 느껴지는게 시작 부분에서는 개괄적인 코칭만으로도 좋지만 정말 변화가 필요할 때는 그 분야의 전문성을 가진 사람을 소개하는 게 더 낫다는 생각이 들더라고요.

박상국: 코칭주제가 본인이 경험했었거나 전문성 있는 분야일 경우 코치는 상황에 대한 포인트를 잘 간파하고 적절한 질문과 대화를 할 수 있어 고객에게 신뢰도 주고 코칭을 매끄럽게 진행할 수 있습니다. 특히 단회차가 아닌 다회차 코칭의 경우에 더욱 그 효과가 크게 나타나죠. 코칭에서 대단히 중요한 요소 중의 하나는 고객과 코치와의 우호적인 관계 형성과 고객의 코치에 대한 신뢰라고 생각하는데, 신뢰관계가 형성되기 위해서는 코치의 존재감이 있어야 하고 그렇게 되려면 코치가 그 분야에 전문성이 있을 때 더욱 효과적이라고 생각합니다.

요즘에는 모든 분야가 전문화 세분화가 되어있지 않나요? 병원에 가는 경우에도 중증의 경우에는 동네 의원 보다는 종합병원에 가서 진료를 받게되는데, 이는 바로 종합병원이 전문분야별로 세분화 되어있기 때문이지요. 어느누구도 그 많은 유형의 병을 고칠 수 없듯이 한 사람의 코치가 모든 주제에 대한 탁월한 코칭을 할 수는 없지요. 코칭도 앞으로는 비즈니스 코칭, 커리어코칭, 학습코칭, 리더십코칭, 학부모 코칭, 그룹코칭 등 전문분야별로 코칭이 나누어 지고 분야별 코치가 자기분야에 전문성을 가지고 코칭 할 때 좋은 성과가 나지 않을까요. 이는 결국 코치들은 전문코치여야 하고, 자기 전문분야를 확실하게 가지고 있어야 더 좋은 코칭이 이루어질 수 있다고 생각합니다.

TALC: 그것은 두 분이 전문성이 있기 때문에 그런데 안 그런 코치들도 많고요. 하지만 조직경험이 정말 없는데 정말 잘 들어주는 것을 잘해서 인정받는 분들도 있어요.

박상국: 그것은 코칭을 받는 고객이 코칭을 받아들일 자세와 고객의 니즈가 매칭이 어떻게 되느냐에 따라 결과가 달라지는 것 같아요. 코칭 받는 사람의 자세가 열려있으면 몇가지 핵심질문만 해도 감동하는 경우가 많지요. 코칭의 성공 요인이 뭐냐고 질문을 받았을 때 저는 고객을 잘 만나는 거라고 대답해요.

코칭은 의무가 아니라 선택이 되야

김상범: 결국 코칭은 의무가 아니라는 거에요. 선택이고, 본인이 의지를 느낄 때 하는 것이 옳다고 봅니다.

TALC: 저희가 성공적으로 코칭 프로젝트를 진행한 L사의 경우 코칭을 긍정적으로 받아들일 수 있도록 핵심인재 중 희망자만 받아 코칭을 시작했어요. 그렇게 코칭 프로젝트가 시작되었더니 많은 인재분들이 기업에서 인센티브와 복지 차원으로 회사에서 코칭을 제공해주는 것에 대해 매우 긍정적인 반응을 보였고 결과적으로는 대부분의 핵심인재들이 2년에 걸쳐 임원코칭을 서로 받게 되었죠.

김상범: 맞아요. 코칭은 그렇게 변화하고 발전하고자 하는 사람들을 대상으로 우선 시작해야 해요. 그런데 기업에서 문제가 있는 사람을 코칭해서 해결해 달라고 요청하는 경우도 많아요. 받는 사람도 원하지 않고 해주는 사람도 자신이 해결할 수 없는 문제를 떠넘길 때가 꽤 있는 거죠.

박상국: 맞습니다. 아무리 유능하고 경험 많은 코치도 변화와 발전에 관심이 없고 부정적인 사고방식을 가진 상태로 코칭에 임하는 고객에게서 좋은 결과를 얻기는 어렵지요.

TALC: 그래도 임원코칭이 효과가 있는 것은 그 자리에 갈 정도로 노력 하신 분들이고 더 성장하기 위해 애쓰시는 분들이기 때문에 자신이 변화해서 더 나은 모습이 되고 더 좋은 리더가 될 수 있다는 필요성만 느끼면 정말 놀랍게 발전되는 것 같아요. 그 누구에게도 할 수 없었던 이야기를 털어 놓으며 스스로 우선순위를 정리하고 힐링 받기도 하고요.

코칭 프로젝트 전 사전준비 철저해야

박상국: 코칭 프로젝트를 효과적으로 진행하기 위해서는 '사전 준비'를 철저히 해야한다고 생각합니다. **코칭회사와 고객사의 HR 부서 양쪽이 서로 사전 준비를 잘 해야되죠. 일단 고객사의 입장에서는 왜 우리가 코칭을 해야되는지, 왜 코칭에 대한 관심이 있는지에 대한 목적을 꼭 밝혀야 합니다.** 왜(?)에 대한 답이 나오지 않는 상태에서는 프로젝트가 진행 된다고 하더라도 방향없는 코칭을 받을 수 있어요. 그러면 성과는 기대 만큼 나오지 않게 되지요. 마치 우리가 목적없이 여행하는 경우와 목적을 가지고 여행 하는 것은 차원이 다른 것처럼 코칭도 목적을 명확히 하느냐 여부에 따라서 결과가 크게 다를 수 있죠.

특히 기업에서는 시간도 비용도 여유가 없잖아요, 그런 상황에서 코칭을 했는데 성과가 나오지 않는다면 안타까운 일이지요. 코칭을 통한 성과 창출은 중요합니다. 성과있는 코칭이 되기 위해서는 코칭의 목적을 분명하게 하고 사전준비를 해야 해요. 한 외국계 기업의 경우 임원리더십 코칭을 받는다고 하면, 수개월 전에 임원들에 대한 다면 평가를 통한 리더십역량 검사를 실시하고, 본인의 성격 유형 검사를 해서 리더 자신이 본인의 강점과 약점을 인지하게 하고, 각자가 자신이 어떤 부분에서 코칭을 받는 것이 좋겠는지에 대해 미리 생각해 보게 합니다. 그리고 코치에게는 고객들에게서 사전에 파악한 내용을 보내주어 고객에 대한 파악을 미리 할 수 있도록 하고, 심지어 코치들이 코칭할 회사에 대해서 업의 특성과 회사의 비전, 회사가 추구하는 핵심가치, 임원들에게 바라는 리더십 역량 등에 대해 일주일동안 코치들한테 교육을 하고 테스트까지 시킨다고 하더라고요. 이렇게 쌍방에서 준비를 하고 코칭을 했더니 코칭이 매끄럽고 의미 있게 진행되어 목적 달성은 물론 그 효과가 배가 되었다고 합니다. 그런데 많은 경우 기업에서는 코칭을 받을 때도 정보를 공유하지 않아 본인들이 왜 왔는지도 모르고 코칭에 임하는 경우도 있지요. 그런 상태에서 코칭을 진행하다 보니 코치도 힘들고 코칭 받는 고객도 힘들어 하면서 미미한 성과를 낳게되는 결과가 나오지요.

TALC: 동감합니다. 기업입장에서는 코칭이 중요하다고 들었는데 깊이 있게 어떤 준비를 해야되는지 모르는 것 같은 경우가 많아요. 자신들의 니즈도 파악되지 않은 상태에서 3년 계획을 달라고 할 때도 있고요. 무조건 제안서를 달라고 하죠. 프로젝트가 확정된 후에도 내부 조사 없이 준비 자체까지 코칭업체에 요구하는 경우 때문에 서로 힘들어질 때가 종종 있어요.

박상국: 코칭이 잘 진행되기 위해서 임원 코칭에 있어서는 다면 평가 자료나 MBTI 같은 같은 성격유형 검사, 인터뷰등을 하는 것이 꼭 필요하다고 생각합니다. 자기 자신을 어느 정도 알고 다른 사람에게는 내가 어떤 모습으로 비춰지는지를 인식하면서 코칭 주제를 찾을 수 있게 하는 거죠. 임원코칭 시 사전에 이러한 준비를 하고 코칭을 했던 경우와 그렇지 않았던 경우를 비교해보면 사전 준비를 한 경우가 훨씬 결과가 좋았어요. 리더십 관련 다면 평가를 한 경우 처음에는 리더 본인이 굉장한 쇼크를 받아 받아들이기 힘든 상태가 되지만 시간이 지나면서 스스로가 어떻게 해야하나를 고민하는 가운데 코칭을 받게 되니까 명확한 주제와 본인의 변화의지가 함께 만나 코칭의 효과가 배가 되는 것 같아요.

김상범: 코칭이 특히 더 좋은 것은 진단 기능을 발휘할 때 인 것 같아요. 고객에게 어떤 것이 필요한지 알아내는 것은 코칭 방법론이 참 좋은 것 같습니다. 코칭 스킬과 프로세스를 통해 고객이 컨설팅, 교육, 혹은 다른 세부영역의 개발이 필요하구나라는 것을 파악하는 거죠.

코칭의 ROI는 작은 부분부터 성과를 찾을 수 있다

TALC: 실제적으로 고객사 내의 이해관계자들의 목표가 서로 다른 부분도 있어서 어려움이 있는 것 같아요. 또 효과성에 대해서 시간과 비용에 의문이 남아있기도 하고요. 아무것도 모르겠는데 코칭을 무조건 장기적으로 하자고 할 수는 없잖아요.

박상국: 효과나 성과를 생각해 볼 때 보통은 커다란 모습을 연상하게 되는데 실제로, **성과는 작은 것에서부터 기인하는 경우가 많습니다.** 예를 든다면 상사의 한마디 말에 직원들은 천당과 지옥을 경험하게 되지요. 상황에 맞는 상사의 한마디 격려가 직원들을 동기부여 시켜주고 동기부여 된 직원들의 열정에서 큰 성과가 나타납니다. 성과를 이야기 할 때 꼭 생각해야하는 것 중의 하나는 성과에 영향을 줄 수 있는 동인(Driver)을 파악하고 동인에 긍정적인 변화가 있는지를 관찰하는 것입니다. 비록 그 동인이 작아보여도 동인의 변화는 성과에 절대적인 영향을 미칠 수 있지요. 모든 결과는 결국 인과관계로 이루어져 있기 때문에 성과에 영향을 주는 선행요소인 동인을 찾아내서 그 동인을 건드려 주는 것이 핵심이기 때문입니다. 성과에 대한 인과관계를 가지고 고객에게 설명을 하면 장기적인 관계 유지의 필요성도 이해시킬 수 있지요. 하지만 이런 생각과 관점을 고객사에게 이해시키고, 코칭업체게 설득력을 갖기 위해서는 **다양한 프로젝트 수행사례를 갖고 있어야 합니다.** 그러면 고객의 니즈에 맞는 가장 유사한 사례를 이야기해 줄 수 있으니 기업들은 코칭업체에 더 큰 신뢰를 갖게되고, 해결 해야할 사안별로 장기적으로 끌고 갈 수 있는 계기를 마련 할 수 있지요.

작은 변화가 큰 성과를 가져온 D사의 경우를 예로 들어보겠습니다. D사는 수출하는 제품의 단가가 지속적으로 하락하면서 적자경영을 하게 되었고 적자를 탈피하기 위한 방안으로 전사적 원가절감 노력을 했습니다. 하지만 단가 하락의 속도가 워낙 가파르게 진행되다 보니 지속적인 적자로 경영의 어려움이 가중 되었지요. 그 때 획기적인 원가절감 방안에 대한 교육과 컨설팅을 했는데 뿌리를 내리지 못하고 생각만큼 효과가 나타나지 않는 거예요. 원인을 찾아보니 최고경영자의 소통방식에 문제가 있었던 거예요. 경영혁신 회의를 하는데 의견을 제시하면 제시된 의견을 무시하거나 심하게 무안을 주다보니 누구도 아이디어를 내지 않는 거예요. 결국은 최고경영자의 소통 방식에 문제가 있음을 경영자가 알게되었고 소통방식을 지시 일변도의 한방향 커뮤니케이션이 아닌 질문하고 대답하고 진행 내용에 대한 적절한 모니터링과 피드백으로 양방향 커뮤니케이션을 하면서 획기적인 변화가 일어나기 시작한 것이지요. 원가를 무려 40%나 절감하여 적자에서 흑자경영으로 바뀐 경우이지요. 교육과 컨설팅을 받아 혁신 방법과 내용을 이해하고, 그것을 실행하는 단계에서 코칭의 강점이 발휘되는 코칭 커뮤니케이션이 접목되자 좋은 성과가 난 것입니다.

결국 큰 성과 창출은 성과에 영향을 주는 **작은 동인**에서 출발한다는 것이 중요합니다. D사의 경우 **소통방법을 달리했을 뿐인데 생산성이 획기적으로 향상된 경우이지요.**

김상범: 예전 근무하던 회사에서 글루코사민을 판매할 때 난리 났었어요. 관절강화에 도움이 된다는 이유였죠. 하지만 사실 장기적으로 복용하면 사실 관절이 약해져요. 근력을 키워주는 게 중요한 거죠. 장기적 근력을 키워줘야 합니다. 컨설팅 이후 코칭을 통해 액션을 계속 하며 자신의 것으로 만들면 그것이 조직의 진정한 힘이 되고 DNA가 되는 거죠.

코칭과 컨설팅의 조화와 효과

TALC: 요즘 컨설팅 산업이 잘 되고 있지는 않지만, 코칭과 컨설팅을 조합했을 때 고객의 반응이 훨씬 좋고 두 분도 이 조합으로 프로젝트를 진행한 경험이 많으시다고 들었습니다.

박상국: 코칭과 컨설팅을 조합했을 때 좋은 성과가 나오는 것은 코칭의 강점과 컨설팅의 강점을 결합하여 성과를 창출할 수 있기 때문입니다. 즉 컨설팅은 제도나 시스템 등 전문화된 구체적인 솔루션을 제공해 주는 강점이 있는 반면, 커뮤니케이션의 부족으로 개개인에게 동기부여가 어렵고 실행력이 떨어진다는 과제를 가지고 있지요. 따라서 많은 비용과 노력을 기울여 컨설팅을 받고도 소통 등 여러가지 이유로 실행이 되지 않아 성과가 반감되는 경우가 많이 발생됩니다. 반면에 코칭의 강점은 양방향 커뮤니케이션과 주도적 과제해결, 강력한 실행력이니 컨설팅에서 필요로 하는 것을 보완해 줌으로서 시너지 효과가 크다는 것입니다. 많은 회사들이 다양한 유형의 과제를 가지고 있는 바, 이러한 다양한 유형의 과제를 해결하는 방안으로 어느 한가지 방법으로는 해결 할 수 없는 경우가 대부분 입니다. 따라서 때로는 컨설팅에 코칭을 결합시키고, 때로는 코칭에 컨설팅을 결합시키면서 잘 조화를 하여 진행한다면 좋은 결과가 나올 수 있다고 생각합니다. 성과평가 시스템을 도입한 A사의 경우를 보면 평가 시스템 방법은 컨설팅을 해주고, 평가제도에서 가장 민감한 핵심평가지표(KPI)는 코칭을 통해 당사자 들이 워크샵을 실시하여 직접 선정을 하게 함으로써 실행과 평가의 어려운 문제를 해결하고 성공적인 운영을 하게 한 경우가 이에 해당합니다.

김상범: **중소기업은 아무래도 시스템에 문제가 많고 대기업은 소통의 문제가 많은 것 같습니다. 코치님들 말씀을 정리해보면 코칭 과정에서 나타난 우선순위에 따른 문제들, 컨설팅 + 티칭 + 강의를 해주는 것이 좋지 않을까요. 기업들 스스로 프로젝트를 설계하려는 의지가 강하기 때문에 많기 때문에 그것을 해결할 수 있도록 도와주는 거죠.** 한 경영학 박사는 코칭과 컨설팅은 중소기업이 니즈가 워낙 많기 때문에 시장이 밝다고 얘기를 하더라고요. 요즘은 코설팅, 런설팅, 이런 말도

많이 나와요. IBM도 제안서에 보니까 고객들이 고액의 컨설팅을 부담스러워하기 때문에 코칭을 권하고 있기도 하더라고요.

TALC: 고객들이 코칭의 생산성이나 결과에 대해 많은 관심을 갖고 있고 컨설팅과 코칭의 조합의 성공적인 사례에 대해 다양하게 알기를 원하고 있습니다. 제안서에는 어느 정도까지 사례에 대해 표현이 되어야 하고 고객이 만족스러워 할까요?

박상국: 다양한 성공 사례를 계속해서 만들어 나가야 합니다. 그리고 고객과 대화를 하면서 고객들의 니즈를 정확히 파악하고, 고객사의 니즈에 맞는 성공 사례를 소개 함으로써 고객들이 바로 이거다 라고 이해시키고, 그런점이 차별화 되는 포인트임을 알릴 필요가 있습니다.

김상범: A사 같은 경우는 좋은 사례인 것 같아요. 코칭을 받긴 했지만 그들이 실제로 원했던 것은 성과중심의 단기 컨설팅이었죠. 그 니즈를 파악해서 코칭 의뢰였지만 저희가 단기컨설팅으로 바꿔서 진행한게 좋았어요. 코칭을 받는 것은 시기상조 였고 문화나 어느정도 바탕과 교육이 있은후에 코칭을 하는 게 더 나은 상황이었죠. 그런 다각도의 접근이 필요하지 않나 생각합니다.

TALC: 고객들은 사실 코칭의 개념에 대해 혼란스러워 할 때가 많은 것 같아요. 리더십 교육과 커뮤니케이션 교육이 각각 개별적인 것이라고 생각해요. 코칭이 전체를 아우르는 방법론이라는 개념 자체가 없는 거죠.

김상범: 마빕의 코칭에서 에네모토 히데다케가 코칭은 '대체의학'이라고 표현했어요. 좋은얘기라는 생각이 들었습니다. **컨설팅이 현대의학이면 코칭은 예방의학인 거죠.** 기업도 마찬가지로 생사가 심각할 정도로 매출이 떨어지면 현대의학으로 수술하는 것이 좋다는 거죠. 그것에 대한 진단이 제대로 되어야 하고 한 사람의 문제가 아니라 조직전체가 변화가 필요한 점이 많을 때가 상당해요. F사의 경우 일주일이라는 기간에는 진단이 정확히 이루어지지 않은 상태였으나 코칭을 하면서 오랫동안 얘기를 하다보니까 진짜 문제가 뭔지 보이더라고요. 사실 대표를 계속 탓했지만 알고보니 간부들이 문제를 어떻게 해결할지에 대한 방법을 모르고 경험도 없었던 거에요. 자신들의 약점을 숨기기 위한 변명을 하기에 급급했기에 조직 전체의 소통이 되고 있지 않았던 것입니다. 그러니까 처음에 얘기한것처럼 코칭적 접근법도 하나의 진단이 되는 것이죠.

박상국: G사도 유사한 경우였어요. 소통에 대한 문제가 있다고 해서 코칭 프로젝트를 시작했는데 소통이 안되는 근본적 원인은 바로 임원들의 업무수행 능력이 부족한 데서 비롯된 거였죠. 그렇기 때문에 서로 비난하고 핑계대고 책임 회피하려고 했던 거였어요.

김상범: 유사한 경우를 '미움받을용기'에서 정확하게 정리해주고 있어요. 트라우마를 부인하지 않고 두려움을 미움받을 용기로 승화해야 한다고 얘기를 하더라고요. 변명거리 없이, '사장님 때문이에요'가 아니라 '저희 때문이'라고 이야기 해야 하는 거죠.

박상국: 사실 변명을 하거나 다른 사람들을 강하게 비판하는 등 부정적인 용어를 많이 쓴다는 건 자신감이 없다는 거에요. 그걸로 두려움이나 무능함을 감추려고 하는 거죠.

김상범: 맞습니다.

박상국: 어쨌든 코칭이든 컨설팅이든 또는 두 가지의 결합이든 프로젝트 수행으로 끝나는 것이 아니라 코칭이나 컨설팅 결과가 업무나 생활에 스며들어서 성과를 창출하고 삶의 질을 높이는데 기여해야 합니다.

김상범: 코칭을 하다보면 컨설팅도 필요하고 컨설팅을 하다보면 코칭도 부분별로 필요하다는 것을 깨닫게 되더라고요.

박상국: 맞습니다. 상황에 따라 때로는 컨설팅이 주이면서 코칭을 접목시키고, 때로는 코칭이 주이면서 컨설팅을 해주는, 때로는 절반절반의 비중으로 상황에 따라 진행하는 것이 필요하다고 생각합니다.

김상범: 저희가 진행하고 있는 다수의 프로젝트도 그렇게 가고 있어요. 끊임없이 소통과 진단을 하며 정말 도움이 될 수 있는 것을 채워주기 위해 장기간으로 노력하니 효과가 정말 놀랍게 보이고 기업과 코칭업체와의 신뢰도 더 깊어지는 것 같아요.

김상범: 한 전문가의 말을 들었었는데 진단을 해서 KPI를 정하고 BEST PRACTICE를 구축하고 트레이닝 후에 코칭을 해야 한다고 말하더라고요. 크게 공감했습니다.

박상국: 맞습니다. 컨설팅한 내용을 실행하는 단계에서, 코칭은 수행할 내용의 공유와 공감대 형성은 물론 원만한 소통으로 실행을 촉진하는데 큰 도움이 됩니다.

김상범: 직장인들은 기존 자료와 현상 속에서 동일한 생각밖에 못한다면 학자들은 새로운 관점을 만들어 내는거고 컨설턴트나 코치들은 기존 현상 속에서 새로운 생각을 하는 사람들이거든요.

김상범: 목적을 분명히 하는것, 정확하고 신중한 디자인이 결국 중요하다는 것이죠.

코칭 프로젝트는 경험 많은 코칭 업체에서 리딩하고 설계해야

김상범: 사실 정말 효과적으로 프로젝트를 진행하려면 **코칭회사의 담당자가 코칭 프로젝트 설계를 리딩해야 한다고 생각해요. 경험과 코칭에 대한 지식 때문이죠. 한 기업의 인사담당자가 코칭을 해본 경험이 많을까요 12년 동안 코칭기업을 운영해본 우리가 많을까요?** 처음부터 코칭을 도입하는 과정에서부터 전문가의 조언을 듣고 부분적으로 설계해서 하거나 컨설팅이 필요하면 기업 담당자들이 정할 수 있어야 합니다.
저는 제일 황당했던게 외국계 B 기업이었어요. 코칭 결과를 보고 이 친구가 변화가 없으면 그 친구를 짜르겠다고 했을 때 얼마나 황당했는지 몰라요. 그곳에서는 코칭을 최후통첩으로 사용한거죠.
그런 잘못된 접근방법을 피하기 위해서 컨설팅이나 티칭, 코칭 모두 고려하면서 준비과정에 포함하는 것이 좋은 것 같습니다. 처음 프로젝트를 디자인하는 과정에서부터 구분하는게 중요하다고 생각합니다.

TALC: 어떨 때는 단기간, 1년에 1번 받는 약 16시간의 코칭교육 혹은 몇 시간 안 되는 특강으로만 효과를 보고자 하는 기업들도 많아요. 동기부여도 해 달라고 하고 소통의 문제도 해결해 주고 좋은 관리자가 될 수 있도록 코치로도 육성해 달라고 하는데, 사실 의뢰하는 본인들도 헛웃음을 지어요. 어렵지만 많은 것을 요청하는 건 아는데 가능하게 해달라고 조르시죠. 그래서 역으로 그렇게 단기간으로 진행해서 효과를 본 프로젝트가 있냐고 물어 보면 다들 아무 말도 못해요. 정말 회사를 위하고 진정으로 변화되는 것을 희망할 경우 제대로 진단하고 제대로 코칭하고 제대로 컨설팅을 차근 차근 진행해야 진정한 효과를 볼 수 있는데 대기업들의 경우 특히 더 단기간으로만 보는 경향이 있어요. 자신들이 짜 놓은 틀에만 코칭을 맞추고 효과가 있네 없네 판단하는 거죠.

박상국: 현실이 그렇다 보니 참으로 안타까운 경우가 많겠습니다. 그러나 다른 한편으로는 HR 담당자들이 변하는 것도 중요하지만, 코칭기업과 전문코치들의 코칭 역량 향상이 필요하다고 생각합니다. 그 이유는 코치는 고객의 거울 역할을 해야하기 때문이지요. 거울은 말은 하지 않지만 스스로를 정확히 보게 비춰줌으로써 자신이 무엇을 어떻게 해야할 지를 알려주지요. 코치는 눈에 보이지 않는 것 까지도 고객이 자신의 모습을 있는 그대로 볼 수 있게 함으로써, 스스로 자신을 발견하고 해결해야 할 과제들을 인식하여 변화를 일으키게 하는 것이 필요한데 그렇게 하기 위해서는 코치의 내공이 많이 필요하기 때문이지요. 그것도 짧은 시간에 해결 해 줄 수 있으면 더욱 좋으니까요.

김상범: 또한 HR담당자들은 본인이 코칭 전문가라고 생각해서는 안 됩니다. HR, 인재육성에 경험이 있는 것과 코칭을 아는 것은 다른 문제입니다. 본인들이 코칭 프로그램을 설계하려고 해서는 안되는 거죠. 그 부분은 코칭업체의 도움을 받아야하는 것이 분명합니다.

코칭 프로젝트의 목표에 대한 내부 이해관계자의 합의가 필요

TALC: 프로젝트를 의뢰할 때 내부에서 사안을 합의하고 가져오는 것도 중요한 것 같아요. 프로젝트 담당자, HR 팀장, 그룹장, CEO 등의 기업 내 이해관계자들의 의견이 다 다르면 코칭회사도 혼란스러울 수 밖에 없는데 은근히 그런 경우가 상당히 많아요.

박상국: 그럴 경우 각각의 이유를 들어보고 HR 쪽에서 최고경영자를 설득할 수 없는 경우에는 최고 책임자의 말을 따르는게 답이라고 생각합니다. (웃음)

김상범: K기업에 갔을 때 교육부장한테 이번 코칭 교육을 통해 어떤 결과를 원하는 지 물었는데 당황하면서 아무 대답이 없었어요. 위에서 시켜서 그냥 하려고 하며 회사들만 나열해서 비교한 서류였죠. 사실 어이가 없었습니다. 기대와 목표를 내부에서 명확히 정하지 않으면 잘 될 수가 없어요.

TALC: 남들이 하니까, 뭔가 새로워서 라고 말하며 코칭 프로젝트에 대한 뚜렷한 목표가 없는 기업이 많은 것 같아요.

김상범: 맛보기 교육, 새로운 걸 원하는 부분이 확실히 있는 것 같습니다.

박상국: 사실 프로젝트에 대한 의견이 모아지면 제일 좋죠. 그러나 고객사가 그것을 할 수 있는 역량이 없을 때는 코칭기업과 함께 그것을 논의하며 판단하는 것이 필요하다고 생각합니다. 회사에서 성과 창출에 영향을 미치는 요소는 무수히 많은데 어떤 것을 하는 것이 현 시점에서 가장 필요한지를 파악하고, 해결 방안으로 코칭을 할 것이지 컨설팅을 할 것인지, 아니면 교육을 할 것인지, 이들을 조합해서 실행할 것인지를 정하는 것이 좋다고 생각합니다.

김상범: 〈재능은 어떻게 단련되는가〉에서 제프콜빈은 재능이 '신중하게 계획된 연습'이라는 말을 합니다. 훌륭한 코치와 계획이

중요한 것처럼 코칭의 성패요인은 HR담당자들이 코칭 전문가와 함께 신중하게 코칭을 디자인하고 진단하고 가져갈 때 결과를 낼 수 있습니다. 본인들이 설계한 틀 안에서 3~4시간의 짧은 코칭을 하는 경우는 결코 좋은 결과를 낼 수 없습니다. 결국 코칭이든 교육이든 목적을 분명히 하는 게 중요한 것 같아요.

TALC: 오늘 코칭 프로젝트의 효과성을 높이기 위한 방법과 필수 요소에 대해 이야기 나눠보았는데요 이렇게 정리되는 것 같습니다.

코칭 프로젝트 성공 전략을 위한 10가지 팁

1. 전문성 있는 코치가 고객에게 도움을 줄 수 있다.
2. 코칭 프로젝트 전 의뢰하는 기업과 코칭회사 두 곳 모두 사전준비가 철저해야 한다.
3. 코칭 프로젝트의 목표에 대한 내부 이해관계자의 명확한 합의가 필요하다.
4. 프로젝트 앞단에서 예비진단을 꼭 해야 한다.
5. 조직문화를 바꾸기 까지는 장기간의 시간이 필요하다는 것을 인식하고 크게 봐야 한다.
6. 코칭 프로젝트는 경험 많은 코칭회사에서 리딩하고 설계해야 효과적이다.
7. 코칭은 의무가 아니라 선택이 되어야 한다.
8. 코칭의 ROI는 작은 부분부터 확인할 수 있다. 그 중요성에 대해 인식해야 한다.
9. 컨설팅은 문제를 명확히 하는 현대의학, 코칭은 조직을 건강히 할 수 있도록 해주는 예방의학으로 이해하면 효과적이다.
10. 코칭 프로젝트의 성공은 목적을 분명히 하고 신중하게 설계되었을 때 효과를 높일 수 있다.

김상범
김상범은 경영학 박사이다. 서울과학종합대학원 영업혁신 MBA 주임교수로 활동하고 있으며 〈영업, 코칭이 답이다〉 외 다수의 저자이다.

박상국
박상국은 경제학 박사로 인코칭의 전문코치이다. 한국코치협회인증코치 KPC이며 생산성본부의 상무이사를 역임한 생산성 분야의 전문가이다.

조직의 가면을 벗어라: 코칭으로 만드는 미래

TALC · 14 질문의 어려움 나와 비슷한 성향의 고객을 만났을 때

코칭 Q&A

조직에서 코칭을 잘 하고자
하지만 코칭을 하며 어려움에
좌절하는 사람들도 있다.
이들을 위해 코칭을 하다 막힌
사람들의 질문을 받았다.

Q1. 평소 듣는 것은 잘해 코칭을 잘 할 수 있을 거라고 생각했는데, 질문하는 것이 너무 어렵다.

우리가 평소 쉽게 질문, 질문 하지만 사실 좋은 질문을 한다는 것은 너무 어려운 일이다. 그것은 전문코치가 되어도 끊임없이 고민하는 부분이다. 코칭을 시작할 때 강력한 질문에 매료되어 강력한 질문을 하려고 애쓰는 경우가 많다. 강력한 질문은 경우에 따라 다르지만 코치가 고객을 한 방 먹이는 질문이 아니다. 심플하면서도 마음에 울림이 있는 질문이다. 흔히 코칭 입문과정에서 많이 가르치는 "당신이 진짜 원하는 것이 무엇입니까?"의 질문이 진짜 원하는 것을 찾고 있는 사람에게는 너무나 강력한 질문이 될 수 있기 때문이다. 강력한 한 방으로 고객에게 코칭을 힘을 보여주고 싶은 나머지 질문을 잘 해야한다는 강박에 사로잡혀 오히려 고객 이야기의 맥락을 놓쳐서 곤혹을 치렀다는 이야기를 자주 듣는다.

이런 초입자들에게 전문코치들은 하나같이 경청을 잘해야 질문을 잘 할 수 있다고 답변하지만, 초입자들에게는 답답하기 그지 없다. 분명 잘 듣고 있는데 질문이 생각나지 않는데 어쩌란 말인가? 하지만 잘 생각해보자. 정말 적극적인 경청을 했는가 말이다. 보통 잘 들어준다고 착각하지만 적극적 경청이 아닌 그저 듣고 있는 수동적 경청을 하고 있을 수 있다. 이는 실제 코칭장면에서의 경청이라고 보기 어렵다. 친구와의 수다처럼 편안하게 들리는 대로 듣고 있다면 이는 적극적 경청이라고 보기 어렵다. 코칭에서 제대로 경청을 하고 나면 진이 빠질 정도로 에너지를 뺏긴다. 고객에게 온전히 몰입하여 호기심을 갖고 핵심을 찾아나가는 과정이기 때문이다. 코칭 세션에 들어가기 전에 코칭에 몰입하기 위한 나만의 시간, 방법을 가지고 들어가면 고객에게 몰입하여 질문이 수월해지는 것을 느낄 수 있다.

조직 내 코칭

질문이 어렵다는 초입자들에게 전문가들은 말한다.

1. 좋은 질문 읽고 쓰기를 연습하라. 책이나 코칭 교육에서 배운 질문을 자주 읽고 써보면서 나의 것으로 만드는 것이다. 혹자는 코칭을 외국어에 비유하기도 한다. 그동안 자주 사용하던 질문이 아니기 때문에 어색하고 낯선 것은 당연하다. 그래서 외국어를 연습하듯이 자주 읽으면서 내 입에 익숙하게 만드는 과정이 필요하다. 또한 글을 잘 쓰는 사람들이 좋은 작가들의 글을 필사하면서 글쓰기 연습을 한다. 이와 같은 이치로 좋은 질문을 써보면서 내 것으로 만드는 것이 필요하다.

2. 코칭 스크립트를 작성하여 질문 바꿔보기를 하라. 고객의 양해를 구하고 코칭 장면을 녹음하여 스크립트를 작성한다. 이때 내가 한 질문을 좋은 질문으로 바꿔보는 연습이다. 내가 평소 하는 질문 스타일이나 말투와 습관을 알 수 있는 좋은 기회이다. 좋은 질문으로 바꿔보면서 나에게 잘 맞는 코칭 질문을 만들어 낼 수 있다. 일반적으로 코칭 교육이나 책에서 가르쳐 주는 질문이 내 입에 딱 맞지 않은 경우가 많다. 나에게 맞는 질문을 만들어 활용한다는 것은 코칭을 잘하는 데 아주 중요한 부분이다.

3. 코칭 진행 중 정말 질문이 생각나지 않을 때도 있다. 이럴 땐 요행이지만 한 번 정도는 고객에게 "지금 무슨 질문을 받고 싶은가요?"를 묻고 고객이 말한 질문을 그대로 해보는 것도 방법이다. 단 고객과의 신뢰가 잘 형성되어 있을 경우에만 활용해보기를 권한다. 신뢰가 형성되어 있지 않은 상태이거나 자주 사용하면 고객이 코치의 실력을 의심하게 되고, 결국 신뢰가 깨질 수 있다.

Q2. 나와 비슷하여 객관적으로 코칭하기 어려운 고객을 만났을 때 코칭이 가능한가?

코칭을 시작하면 주변 사람들부터 코칭 고객으로 요청하기 쉽다. 유유상종이라고 했던가? 이런 경우에 나와 비슷한 성향을 가진 고객이 현재 내가 고민하고 있는 비슷한 이슈를 가지고 나타난다. 고객이 너무나 이해되고 공감된 나머지 첫 세션부터 무지막지하게 달려버린다. 고객도 코치님이 내 마음을 너무 잘 이해한다며 격한 반응을 보인다. 갑자기 내가 너무 괜찮은 코치인 것 같아 자신감이 샘 솟는다. 그런데 세션이 더 해갈수록 뭔가 이상하다. 같은 자리를 빙빙 돌고 있는 이 기분. 고객도 더 이상 기뻐하지 않고 지루해 하기까지 한다. 이정도 되면 코치가 정신을 차려야 한다. 무엇인가 잘못되었다는 것을. 초기에 이런 경험은 필요하다. 경험을 해야 고민하게 되고, 자신의 코칭의 부족함을 고민하기 때문이다. 다행히 지인이라 계약을 파기하지 않는다면 아직 만회할 수 있는 기회는 있다. 하지만 비즈니스 현장에서 이런 상황이 되면 중간에 계약이 파기되거나 고객의 우선순위에 밀려 코칭 세션이 질질 늘어지는 상황이 펼쳐진다. 그렇다면 이런 상황에서 코치는 어떻게 해야 할까?

코치도 사람인지라 나와 비슷한 성향, 이슈를 가진 사람에게 마음이 동하는 것은 어쩔 수 없다. 먼저 코치가 고객과의 코칭 세션에서 공감보다 동감이 많이 일어나고 있다는 것을 발견하는 것이 중요하다. 코치가 중립성을 잃고 있다는 것을 발견하고 나면 일단 반은 빠져나온 것이다. 인식을 했으면 최대한 고객의 이야기를 객관적으로 들으려고 노력해야 한다. 고객의 이야기에 너무 빠져있으면 몸이 자연스럽게 고객 쪽으로 향해 있을 것이다. 몸을 일부러 뒤로 빼고 적당한 거리를 유지하는 것도 방법이다. 그리고 마음 속으로도 거리를 둔다는 생각으로 고객의 이야기를 듣는다. 예를 들어 이 방의 저 벽 끝에서 고객의 이야기를 듣는다고 상상을 한다. 객관성을 유지하려고 애쓰는 과정에서 서서히 고객을 객관적으로 바라보고 있는 자신을 발견하게 된다.

마지막으로 고객과 객관적인 거리를 유지하지 못했다고 해서 실망하지 않아도 된다. 그 순간 그 고객을 위한 마음으로 함께 했다는 것 만으로도 이미 고객에게 큰 힘이 되기 때문이다.

TALC · 15
코칭 받은 기업인의 이야기, 코칭하는 기업 자포스, 코칭포유 수강자들의 소감 | 조직 내 코칭

코칭 받은 계기와 느낀 점

어떤 사람들이 1:1 코칭을 받고
무엇을 느꼈을까?
코칭 받았던 고객으로부터
코칭 받은 계기와
코칭을 통해 깨달은 점을
들어 보았다.

ZDA 박상근 대표

코칭이 회사 발전에 필요하다는 것을 느꼈음에도 실제 맛볼 계기가 없었는데 운 좋게 우리가 인코칭을 만나게 됐죠. 우리 회사는 상당히 급성장한 상황이어서 중간관리자들이이 각 단계별로 모자랐던 역량들을 채울 수 있는 계기가 되지 않을까 하는 마음으로 코칭을 받게 됐습니다. 그 결과 회사 업무에도 보탬이 되었지만 우리 직원들 스스로가 주위 즉 가정, 학교, 친구들에게도 상당히 자랑을 하는 부분들이 많아요. 일도 도움이 되고 내 삶에도 도움이 된다는 얘기를 많이 들었어요. 직원들이 고맙게 생각하고 있고 삶 속에서 가족이나 친구들과도 코칭을 전달하려는 모습을 봤어요. 직원들이 반복적 일을 많이 하다 보니 토론할 기회가 별로 없었는데, 코칭으로 토론을 도입하니 좋았고, 몇 회 차 교육을 하고 나니 상당히 팀워크와 회사에 대한 고마움이 많이 생긴 것 같아요. 그래서 나 자신보다 회사를 먼저 생각하고 회사에 대해 긍지를 가진 사람이 많아졌어요.

초반에는 부정적인 반응도 있었어요. 코칭을 받기 때문에 모두에게 무조건 좋은 소리만 해야 하는 것으로 생각해서 부담을 갖고 힘들어 했었습니다. 그러다 코칭이 좋은 소리만 해 주는 게 아니라 필요한 부분을 돕기 위해서는 다양한 방법으로 즉 가르칠 수도 있고 야단까지 아니라도 부족한 것에 대해 정확히 전달하고 피드백 하는 것이 다 사용될 수 있다고 하니까 편하게 받아들이고 많은 발전을 했습니다. 6년이 지났는데도 코칭이 기억에 남는다면서 고맙다고 합니다.

우리회사가 변화됐다는 부분들이 코칭으로 인해 가능했다는 생각 때문에 인코칭의 코칭은 단체에 꼭 필요한 교육이 아닐까, 하는 생각이 들어요.

저희 회사는 아주 작은 중소기업이었고 인원도 불과 2~30명 되는, 사실 코칭을 하기에는 적합한 상황은 아니었죠. 그 때 대표로서 가장 힘들었던 건 조직문화를 슬기롭게 이끌기에 부족함을 느꼈던 것이죠. 그래서 분명 전문 지식을 가진 사람들의 도움이 필요하다 생각해 코칭에 임하기 시작했습니다. 정말 기억에 남는 것은 코칭을 통해서 늘 문제가 되었던 것, 즉 경영자는 경영자의 입장에서만 사원은 사원의 입장에서만 있었던 것, 이것이 서로 입장을 바꿔서 볼 수 있는 것, 상대방 입장을 충분히 이해하게 되었다는 것이 가장 인상에 남습니다. 또 아무래도 서로를 이해하게 되는 과정을 거치니 이해의 폭이 넓어졌고 서로 이해하게 되는 단계로 다다랐다는 자체가 기업을 운영할 때 가장 중요한 터닝포인트라고 생각합니다. 회사가 안정이 되고 서로 긍정적인 마인드로 한 목표를 향해 달려갈 수 있는 터닝 포인트가 바로 서로 이해하는 것이라고 보는데 이것이 달성된 것이 가장 큰 보람이었습니다. 그리고 실제로 화합의 분위기가 되니 업무 성과도 당연히 좋아지고요 일에 대한 효율도 증가했고, 마지막으로 중요한 것은 함께 일한다는 것이 정말 즐겁고 행복하다는 느낌을 받을 수 있게 된다는 것, 이것이 코칭을 받았을 때 가장 원했던 바인데 이것을 상당 부분 이룬 것 같습니다.

제 문제, 경영자의 문제는 문제 직원들을 오래 붙들고 있는 것이 문제였어요. 코칭을 통해 그것이 문제였다는 것, 적합하지 않는 사람들에 대해 분명히, 단호하게 선택하는 자신감을 얻었고요. 그 이후로 어떤 면에서는 이직률이 높아졌지만 병든 것을 참고 오래 견디지 않고 바로 바로 결정할 수 있었고요, 아직 매출이 얼마나 늘었는지 계산해보지 않았지만 회사의 안정된 정서가 형성되어 성장하고 있다는 것을 말씀 드리고 싶습니다.

코칭을 통해 자기 자신을 깨닫게 되고 자신의 문제가 무엇인가, 기업에서 자신의 위상은 무엇이며 어떤 위치에서 어떤 일을 해야 하는 지 생각하다 보니, 저 자신부터 시작해 자발적인 업무를 하게 되고, 이러다 보니 업무 분위기와 효율이 높아지게 되었습니다.

산돌 커뮤니케이션

석금호 대표

저희가 처음 회사를 만들 때 주로 엔지니어 몇몇이 모여 시작했는데 회사가 커가는 것과 리더십으로 회사를 이끌어가는 부분에 부족함을 느꼈습니다. 그래서 저 자신과 직원들이 배움을 통해 우리가 왜 일을 하고, 내가 맡은 자리에서 어떤 것들을 해야 하는 지 배워야 할 것 같다고 생각해서 코칭을 시작했죠. 처음에는 사람들끼리 안 어우러졌던 부분들이 코칭을 받으면서 참여의식도 높아졌고, 우리 회사가 나아가야 할 방향에 대한 정확한 목표와 비전이 확실히 설립이 되어가고 있는 것 같습니다. 그래서 굉장히 기대가 큽니다. 앞으로 계속 성장을 하면서 계속 해야 할 필요가 있다고 느끼고 있습니다. 성과도 보고 있다고 생각합니다.

엔지니어로만 처음 구성됐다 보니 처음에는 기술이 중요했지만 커질수록 본인이 임원과 간부가 되어가면서 회사를 유지하면서 배워야 하는 것들이 학습이 덜 됐다는 걸 알게 되었습니다. 인코칭의 코칭 프로그램을 배워서 회사가 나아가야 할 방향성, 비전, 우리가 어떤 일을 해야 하는 지 체계적으로 학습하면서 앞으로 어떻게 해야할 지 준비할 수 있어서 좋았습니다. 크게 즐거웠던 것은 참여하는 상당한 사람들이 코칭을 받고 있는 것에 대해 스스로 변화해가는 것에 보람과 자신감을 갖는 것에 기분이 좋습니다. 앞으로 코칭 프로그램은 단기간이 아니라 굉장히 장기적으로 계속 진행하면서 더 큰 성장을 위해 기대하고 있습니다

BSP

박홍진 대표

(주) 씨크릿우먼

창조적 기업으로 각광받으며 획기적인 아이디어와 특허출원으로 성장하던 씨크릿우먼은 100억대 매출을 달성하면서 더 큰 도약을 위한 고민을 해야만 했습니다. 외향적 성장도 중요하지만 오래가는 기업이 되기 위해서는 조직원의 성장이 화두였습니다. 조직원 스스로의 변화와 혁신을 통해 성장하고 스스로 미쳐있는 조직이 되지 않으면 지속 성장은 어렵다고 판단내렸기 때문입니다.

한의학에서는 호전반응이라고도 하는 명현현상은 약을 쓰면 안 좋은 부위가 드러나져 약을 쓴 직후에는 환부가 더 안 좋아지는 것처럼 보이는 현상이 있는데요. 코칭을 도입한 초반 3개월은 마치 명현현상처럼 급변하는 조직의 변화에 모두가 적응하는 기간이었던 같습니다. 이 과정에서 대표를 비롯한 HR부서는 코칭과 코칭 교육에 대한 지원을 아끼지 않았습니다. 그만큼 절실했기 때문입니다. 대표의 변화하려는 노력에 조직원들도 서서히 변화하며 동참하기 시작했습니다. 코칭의 다음세션과 교육일정을 기대하고 기다리며 모두가 긍정적인 변화에 동참하고 있었습니다. 이 시간이 지나고 난 후 씨크릿우먼의 변화는 놀라울 정도였습니다.

마케팅실 유황재실장: "씨크릿우먼은 예전에 상황별로 대처하는 것이나 사람관계에 있어서 서로 협력하고 소통하는 데 어려움을 겪고 있었습니다. 그러나 이제 이 모든 것의 답은 서로가 나에게 있고 내가 어떻게 보고 생각하느냐에 따라 모든 상황은 달라질 수 있다는 변화의 가능성을 찾게 되었습니다. 상황별로 해결방법을 찾아나가는 것이나 관계에 있어서 내가 어떻게 상황이나 관계를 바라보느냐에 따라 다르다는 것을 인식하게 된 것이죠. 또 상대를 인정하고 모든 것은 변화가 가능할 수 있다는 새로운 동기가 되었습니다. 이에 따라 스스로 자기 성찰을 통해 상생하는 문화가 생기고, 행동하는 방법에 대한 실행 프로세스를 수립하게 되었습니다. 또한 서로가 긍정적인 에너지로 소통하고 협력자로서 상생을 통한 동반성장을 지원하는 동료라는 사실을 깨달으며 서로에게 감사하는 마음으로 바라보게 되었습니다."

외국계 물류회사

K 팀장

주위에 몇몇 분들이 코칭 관련 회사를 다니고 있어 코칭에 대한 일반적인 개념은 가지고 있었으며 코칭이 나를 어느 정도 자극하고 성장 시킬 수 있는지에 대한 기대가 있기에 종종 코칭 회사의 커리큘럼을 보면서 교육을 받아보고 싶다는 생각을 하였습니다. 하지만 코칭 비용과 시간에 대한 부담감이 있어서 많이 망설였는데 스스로의 성장에 대한 투자가 필요한 시점이라는 생각이 들어 과감하게 2주에 한번 만나는 코칭 세션 날짜를 정하여 코칭을 시작하였습니다.

정해진 자료가 있는 것도 미리부터 정해 놓은 주제가 있어 생각을 준비 해오는 것도 아니었습니다. 만난 날 나의 감정과 요즘 주된 생각들을 편하게 이야기 하다 보면 코칭 주제가 정해지게 되었고 코치님의 질문을 통해 점점 깊게 나의 마음 안으로 들어가게 되고 내 안에 있던 어쩌면 숨기고 싶은 나의 솔직한 모습들을 보게 되었습니다. 애정문제, 과거의 상처들, 그리고 나의 미래의 커리어에 대한 여러 가지 내가 힘들어하는 이슈들에 대해 이야기들을 했습니다.

몇번의 코칭 세션이 진행되면서 나의 현재의 문제들을 나누면서 객관적으로 이슈들을 바라볼 수 있었고 내가 선택할 수 있는 변화의 방법들에 대해서 이야기를 하였습니다. 저의 이야기를 지속적으로 경청해주는 코치님에게 마음을 열게 되면서 나도 모르게 과거에 있었던 아픔들까지 나누게 되었습니다. 오랜 시간 죄책감에 시달렸었는데, 어린 시절 이야기를 나누면서 내가 어린 나를 무척 많이 나무라고 실망해왔었다는 것을 알았고 그럼에도 불구 하고 정말 노력하며 잘 자라온 나라는 것을 보았습니다. 그래서 스스로에게 '죄책감에서 벗어나서 넌 참 잘 견디고 잘해 왔다' 고 격려 해 줄 수 있고 안아 줄 수 있었습니다. 스스로를 힘들게 했던 오랜 이슈를 정리하며 또한 불명확한 나의 미래 – 내가 하고 싶어 하는 일들에 대해서– 를 더욱 구체적으로 계획하고 잡아가기 위한 준비에 대한 이야기와 계획들을 세울 수 있었습니다.

제가 느낀 것으로 코칭에서 정말 중요한 것은 나와 만나는 코치님을 내가 얼마나 믿을 수 있고 그분에게 나의 모든 것을 털어 놓을 수 있는 신뢰관계의 형성인 거 같습니다. 나의 솔직한 감정과 어쩌면 가장 보이고 싶지 않은 부분들을 누가 알까 봐 겁내며 그것을 감추고 살아 왔지만 내가 그런 나의 모습들과 마주 하고 왜 스스로 그런 생각과 감정을 가지고 있었는지에 대해 이야기를 하다 보니 나 또한 알기 두려웠던 나의 감정의 실체가 드러나게 되었습니다 하지만 감정들의 실체가 드러나 보게 되면 그것은

> **"나에게 코칭은... 내 자신을, 그리고 나의 삶을 다시 사랑하는 것이 무엇인지 보게 해 준 중요한 터닝포인트입니다."**

그냥 여리고 상처 받기 두려워 나를 보호하기 위한 강한 척임을 알게 되었습니다. 이렇게 까지 나도 잘 모르던 내 안의 감정들을 코치님은 편안하게 내 안 깊은 곳에서 잘 이끌어주셨습니다. 진정한 새로운 변화를 위해서는 먼저 나의 안에 꼬인 문제들을 바라보고 풀기 시작하면서 비워낸 후에 새로운 계획과 그림들이 들어갈 수 있다는 것을 알게 되었습니다.

코칭의 전반기 세션에서 나의 깊은 욕구와 내면을 직면하면서 후반부 세션에서는 현재와 앞으로의 내 삶을 더 구체적으로 기대하면서 계획 할 수 있었습니다. 또한 코치님과 매 세션마다 과제를 정하고 제가 준비하고자 하는 것들을 리서치하며 현재 계획들에 적용함으로 하루하루 더 성장하는 저의 모습을 선물로 받았습니다. 기존에 있던 생활에 또 다른 활력소들을 넣고 아침에 일찍 일어나 영어학원을 등록하고 책을 읽는 등의 새로운 습관들을 만들어 나가기 시작했습니다. 예전에도 여러 번 그런 시도들을 해왔었지만 지금과는 다른 부분이 많습니다. 왜 그것들을 준비해나가야 하는지에 대한 뚜렷한 목적을 스스로도 잘 이해하지 못하고 '막연히 해야 하니까..'라는 의무감에 했었던 것들이 지금과의 차이점인 거 같습니다. 또한 이 전처럼 저를 너무 몰아세우지 않고 인정하고 칭찬하며 스스로를 사랑하는 마음도 함께 가져가고 있습니다. 짧은 시간 안에 곧 바로 큰 변화를 가져오는 것은 아니지만, 변화의 시작점이 되어 준 코칭이며 몇 달 동안의 코칭 세션들을 통하여 앞으로도 셀프코칭을 하며 스스로에게 동기부여를 할 수 있는 프로세스들을 배운 것이 정말 큰 성과였습니다.

코칭하는 기업 자포스

미국 라스베가스에서 재미, 차별화, 독특함을 추구하며 일하는 사람들, 스스로 '자포니언'이라 부르며 '자포니아'에 종사하는 사람들, 그들 스스로의 행복이 고객의 행복이라 믿는 사람들.

그들은 'Zappos'다. 자포스는 1999년 신발 전문 쇼핑몰로 출발한 미국의 온라인 쇼핑몰이다. 설립 10년만에 매출 10억달러를 달성하고 Fortune지 선정 일하기 좋은 기업에 6년 연속 선정된 회사로, 2009년에는 무려 12억달러에 아마존에 인수되기도 했다. 이들의 성공에는 몇 가지 키워드가 있다. 바로 독특한 기업문화, 직원 행복 장려, 그리고 코칭 기반의 문화다.

자포스 문화와 직원 행복

"단순히 문화가 중요하다고 말하기보다, 문화를 회사의 No.1 가치로 삼고 있다."
- Tony Hsieh, CEO of Zappos.com, Inc.

자포스의 평범한 오후에는 맛있는 간식이 가득 올려진 테이블을 볼 수 있다. 사무실에서는 댄스파티, 퍼레이드가 펼쳐지고 직원들의 끊이지 않는 웃음소리를 들을 수 있다. 자포스에서는 누구나 자유롭다. 약간의 괴팍함과 재미를 추구하는 그들은 행복해한다. 그들만의 재미있고 자유로운 방식으로 행복을 장려하고 있다.

자포니언(직원들이 스스로를 이르는 말)은 업무에 큰 제한을 받지 않는다. 별다른 회사 매뉴얼 없이 고객에게 감동을 주기 위한 서비스를 자율적이고 창의적인 방법으로 제공한다. 고객 만족을 위해서라면 뭐든지 해도 좋다고 할 정도의 엄청난 권한과 책임을 가지고 있다. 또한 자포스는 직원의 성장을 돕기 위한 투자도 아끼지 않는다. 의료보험비를 회사가 전액 부담하며, 점심을 무료로 제공한다 직원들의 발전을 위한 full-time 라이프 코치도 있다.

직원들은 자포스에서 일하는 것이 행복하다고 말한다. 이들의 행복은 독특한 기업문화에서 비롯된다. 자포스의 CEO 토니 셰이(Tony Hsieh)는 기업문화를 가지는 것을 아주 중요하게 생각했고, 자포스 설립 초창기부터 좋은 기업문화를 만들기 위해 힘썼다. 그는 고유의 문화를 형성하는 데 가장 중요한 것이 핵심가치라 생각해 일방적이 아닌 직원 100여명과 함께 1년이라는 시간을 들여 10가지의 핵심가치를 결정했다. 그 핵심가치에는, '변화 추구', '겸손' 등의 일반적인 것과 함께 'WOW서비스 실천', '재미와 괴팍함 창조'와 같은 독특한 것도 있다. 이러한 10가지의 핵심가치를 바탕으로 지금의 자유롭고 독특한 자포스의 문화를 형성하기에 이르렀다.

자포스의 CEO
토니 셰이 Tony Hsieh

자포스 대표 문화_ Be fun and weird

자포스는 P. E. A. C. E.부서를 가지고 있다. 이 부서의 미션은 재미와 사기 충전 기회를 제공하는 것이다. 직원들의 성장과 존속을 위해 '재미'를 창조하는 톡특한 부서다.

이들은 몇 가지 프로그램을 운영하고 있다. 직원들의 소원을 들어주는 'Wishez', 동료가 주는 50달러의 보너스, 사내 애견 입양 박람회, 생일파티 등 다채롭고 놀라운 프로그램들을 진행한다. 더욱 강력하고 끈끈한 가족같은 팀을 만들기 위해 동료를 위한 모금, 자원봉사 등도 실시한다.

P. E. A. C. E.
Programs,
Events,
Activities,
Charity & Engagement

이 모든 프로그램의 궁극적 목표는 바로 사기 진작이다. 이러한 재미는 프로그램, 이벤트, 모금들이 결국에는 직원들간의 연결고리와 더욱 끈끈한 팀을 만들게 한다. 이들이 하는 일들은 자포스 문화를 가장 잘 드러내고 있다.

자포스 문화와 HR

자포스 HR팀은 외부인들이 볼 때는 인재관리와 대외협력을 담당하는 부서다. 하지만 자포니아(직원들이 자포스를 이르는 말)에서는 'Defender Z'로 불린다.

이들은 자포스의 4C를 중심으로 핵심가치 10가지를 위협하는 것들을 저지하는 역할을 한다. 채용 면접을 볼 때도 자포스의 핵심가치를 꼭 물어본다. 그리고 그들의 문화와 잘 어울리는 사람을 골라 채용한다. 신입사원은 트레이닝 기간에 10가지 핵심가치에 대해 배우고 자포스 문화의 주체가 자신임을 교육받는다. 직원들을 평가할 때도 문화를 기반으로 그들을 평가한다. 무조건 능력과 스킬이 좋은 사람이 아니라 핵심가치를 존중하고 장려하는 직원이 승진에 유리하다. 심지어 해고할 때도 문화를 기준으로 한다. 문화가 자포스에서 실제적으로 얼마나 중요한지 잘 알 수 있다.

또한 DefenderZ는 회사 직원들끼리의 관계 형성에 집중한다. 관계 형성은 모든 직원들의 생산성, 긍정적 태도, 재미, 자포스 특유의 분위기를 형성하는 데 도움을 준다. 이는 곧 직원들의 사기 진작과 핵심인력 보존을 가능케 하고 매출을 높인다. 따라서 DefenderZ는 서로 다른 업무의 모든 측면을 다각도로 고려해 하나 되는 공동체를 만들기 위해 노력한다.

앞서 설명했듯이 HR팀 역시 모든 업무의 기준은 자포스 문화이다. 그들은 "우리 팀의 가장 중요한 역할은 자포스 문화를 유지하는 #1 핵심가치인 WOW 서비스를 HR팀의 고객인 직원들에게 전달하는 일이다. 우리 고객들을 돕기 위해 최선을 다한다."고 말한다.

자포스 문화와 코칭

자포스는 코칭 기반의 문화를 가지고 있다. Tony Hsieh는 2004년에 코칭을 시작해 긍정적 효과를 경험하고 회사를 위해 코칭을 지속적으로 실시하기로 결정했다. 자포스 핵심가치 중 하나가 성장과 배움이다. 직원들을 위한 라이프 코치를 회사에 상시로 둠으로써 직원들의 직업적, 개인적 성장을 이룰 수 있게 도와주고, 비생산적인 직원의 문제점을 해결해 효율적인 직원으로 탈바꿈시키기도 한다. 이는 곧 회사에 긍정적인 ROI를 가져다 준다. 자포스는 노하우를 담은 코칭 트레이닝인 'Coaching Event'를 매출 향상에 직결되는 코칭 비결을 배우고자 하는 외부 교육생을 대상으로 운영하고 있기도 하다.

4C
culture
connections
community
customer service

코칭을 보다 체계적으로 시행하기 위해 자포스는 'Goal'이라는 부서를 따로 마련했다. 이 부서는 자포스 직원들의 목표를 이룰 수 있게 도와주는 역할을 한다. 효과적인 코칭을 위해 다음과 같은 코칭 프로세스를 꾸준히 실천하고 있다. 우선 이틀 간의 목표 워크샵을 진행한다. 워크샵에서는 직원들이 코칭 프로세스에 대해 배우고, 코치와 직원들이 서로가 바라는 것에 대해 말하며 함께 목표를 설정한다. 워크샵이 끝나면 한 달간 진행되는 Goal Sessions에 매주 참여하게 되고 모든 세션이 끝나면 목표 부서에서 축하 의식을 열어준다. 기간 동안 목표를 달성한 직원들을 위해 화려한 오찬을 마련하는 등의 방식으로 목표 관리와 달성을 장려한다. 목표를 모두 달성한 직원들은 "The Goals Club."의 멤버가 된다.

이 외에도 자포니언들은 코칭을 통해 성공 메트릭스, 코칭의 윤리학, 조직 성장을 위한 코치 고르기, 긍정적 기업문화 형성 및 유지방법 등을 배운다. 이를 통해 직원들의 자신감, 행복, 사기를 충전하고 그들의 능력을 끌어올릴 수 있도록 최선을 다한다. 회사에 상주하며 직원들을 도와주는 라이프 코치는 궁극적으로 개인의 목표, 부서의 목표, 그리고 회사 전체의 목표가 조화되고 효율적으로 이루어질 수 있도록 조정하는 역할을 한다.

자포스는 말한다.
"직원의 삶의 발전을 장려하는 것은 곧 회사와 기업문화를 성장시키는 것이다."

자포스의 10가지 핵심가치

1. Deliver WOW Through Service
2. Embrace and Drive Change
3. Create Fun and A Little Weirdness
4. Be Adventurous, Creative, and Open-Minded
5. Pursue Growth and Learning
6. Build Open and Honest Relationships With Communication
7. Build a Positive Team and Family Spirit
8. Do More With Less
9. Be Passionate and Determined
10. Be Humble

출처 : http://www.zapposinsights.com/about/fact-sheets

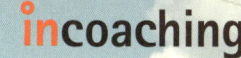

A Balanced Coach®

밸런스드 코치®는 인코칭에서 준비한 코칭의 심화과정입니다. 전문코치로 활동하고 싶으신 분들을 위해 준비한 특별한 시간, 함께 하시기 바랍니다.
인코칭 전문코치의 1:1 피드백과 깊이 있는 상호작용을 통해 코칭 노하우를 전수받아 보다 전문성 있는 코치로 성장할 수 있습니다.

참가 대상
- 코칭포유® 수료자 혹은 코칭입문과정 수료자
- KPC자격취득에 도전하시는 분
  ** (사)한국코치협회 인증프로그램 (24시간)
- 코치형 리더로서 보다 전문적인 코칭스킬이 필요하신 분

교육 내용

모듈명	주요 내용	시간
1. 코칭의 기초	코칭의 개념 및 특성 – ABC 패러다임 – 나의 코칭 패러다임 정립	8.0 H
2. A Balanced Coach	BALANCE의 의미 – COACHING COMPETENCY의 구성요소 – 자신의 COACHING COMPETENCY 발전 로드맵	2.0 H
3. 코칭스킬의 심화	코칭의 핵심스킬과 서브스킬	4.0 H
4. 코칭 프로세스 관리	세션진행 프로세스인 In-GPS모델 활용 기법 다회코칭의 전개 과정인 변화모델 – 단회코칭과 다회코칭의 관계	11.0 H
5. 코칭 툴에 대한 이해	코칭툴의 기본개념	2.0 H
6. 코칭 전략	코칭을 효과적으로 진행하기 위해 필요한 전략 코칭 과정 중에 발생할 수 있는 문제와 대응책	3.0 H

프로그램 후기

"과거에 받았던 과정을 마무리하면서는 코칭에 대한 태도 및 마음자세가 그리 강하지 않았으나, 이번 과정을 통해 실제 코칭의 모습과 가능성, 실제적 코칭 접근법을 배우고 나니 코치가 되고 싶은 의욕이 많이 높아졌습니다."

"그동안 내가 코치로서 할 수 있을까 생각했지만, 일상에서 작은 것부터 경험을 쌓다 보니 자신감이 생겼습니다."

"단순히 코치가 될 수 있는 스킬을 익힌 것이 아니라 인생을 살아가는데 있어서 중요한 도구를 얻었습니다."

"코칭에 대한 확실한 개념이 정립되었습니다. '나는 코치다'라는 자신감으로 자신을 리모델링할 수 있었습니다."

교육 문의
T. 02-780-5464   H. www.incoaching.com   F. facebook.com/incoachingKR
Coaching Log: report.coachtown.org   A. 서울특별시 서초구 방배로 117

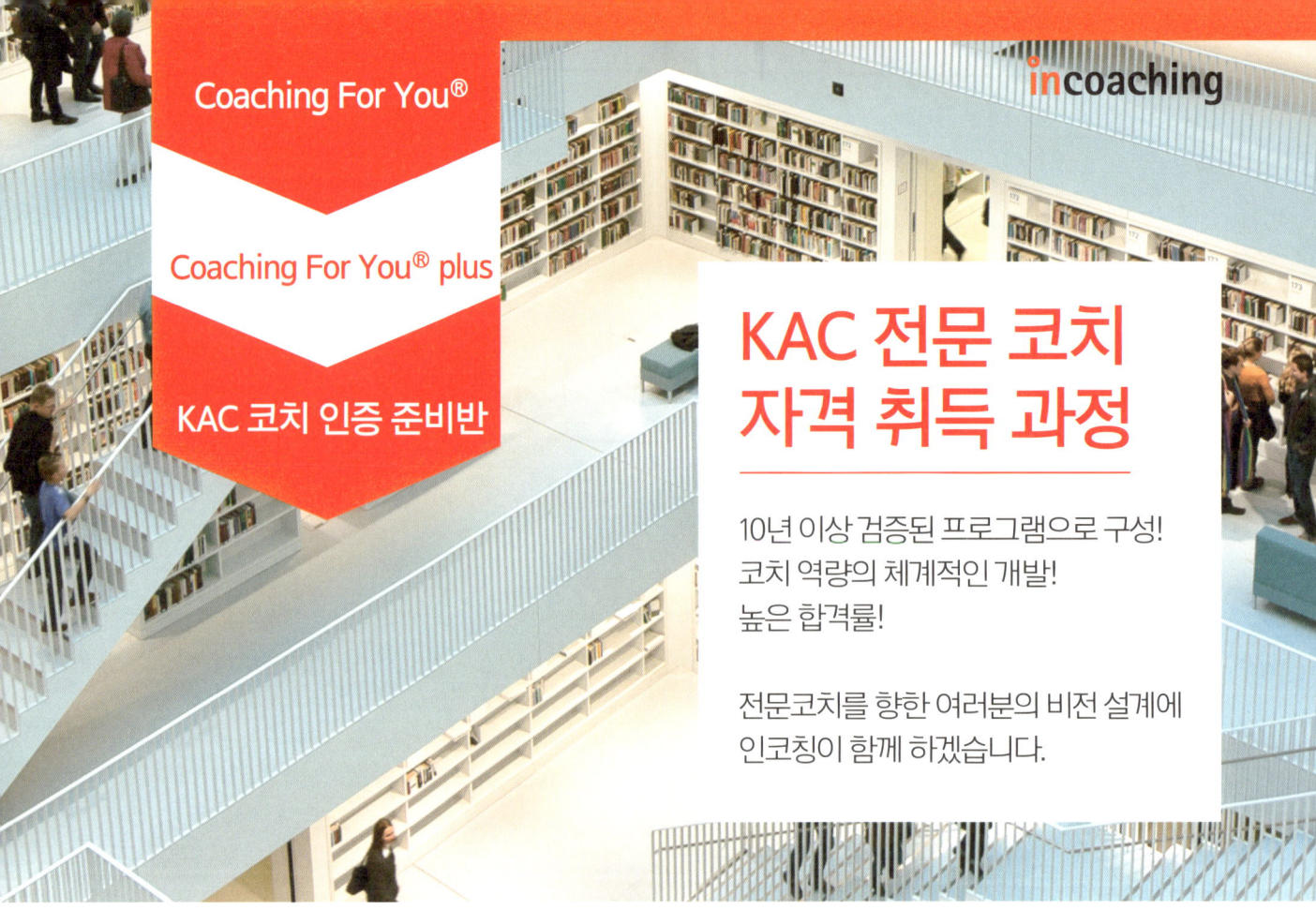

Coaching For You®

Coaching For You® plus

KAC 코치 인증 준비반

KAC 전문 코치 자격 취득 과정

10년 이상 검증된 프로그램으로 구성!
코치 역량의 체계적인 개발!
높은 합격률!

전문코치를 향한 여러분의 비전 설계에
인코칭이 함께 하겠습니다.

KAC 코치 인증 준비반

KAC 코치 인증 준비반은 코치 인증 자격을 갖추고 전문코치로 활동하실 분을 지원하기 위한 체계적인 코치 자격 취득 과정입니다.

교육 특징

› 소그룹(5명 정원) 방식의 코치더코치를 통한 집중적인 코칭 역량 향상 과정
› 총 11시간의 코칭실습 시간 확보 (오리엔테이션 + 코치더코치 7회)
› 한국코치협회 코치인증 심사위원/ 기관인증 심사위원인 인코칭 파트너코치들이 직접 과정 진행
› 요청 시, 총 Class별 버디코칭 매칭
› 코치인증 시험 서류 점검 서비스 제공
› 코치인증 시험에 필요한 코치 추천서 제공
› 인증 준비반 매뉴얼 제공 (필기시험 및 실기시험 Tip 제공)
› 신청자가 최소 4명 이상 시 진행 (5명 정원)

교육 운영

› 2달에 한 번씩 오픈
› 1 : 4~5 소그룹 방식의 코치더코치 형식으로 진행
› 진행방법 : 1:1 코칭 장면을 전문코치가 바로 피드백
› 세션 이후 과제에 대한 피드백과 Q&A

교육 문의

T. 02-780-5464   H. www.incoaching.com
F. facebook.com/incoachingKR   Coaching Log: report.coachtown.org
A. 서울시 서초구 방배로 117

TALC · 16

전문코치

코치에 대한 DATA

코칭의 확산과 함께 직업적으로 전문코치가 되고 싶어하는 사람들이 증가하고 있다. 코치 데이터에서는 코치의 수, 배경, 준비 등을 통해 코치의 현황을 살펴 보고자 한다.

코치에 대한 DATA

한국코치협회에 따르면 코치 자격증을 보유한 사람들이 2014년 기준 2,917명으로 나타났다. 성장속도도 2011년부터 거의 두배에 가까운 성장률을 보이고 있다. 자세히 보면 KAC 자격 취득자는 2012년에서 2013년에 두배가 넘는 신규등록이 이루어진 것은 2012년에 인증받은 프로그램 수가 급격하게 늘어난 영향이라고 볼 수 있다. 반면, KPC는 2013년 급격하게 감소했음을 알 수 있다. 이는 KPC의 인증심사 기준이 강화되면서 나타나는 현상이라고 볼 수 있다. 이후 KPC 신규등록은 많이 늘지않고 있는 실정이다. 또한 2016년 7월 기준으로 지원조건[1] 이 더욱 강화된다고 한국코치협회가 지난 7월에 발표한 바 있다. 이에 따라 내년 7월 이전에 KPC지원자가 일시적으로 증가할 것으로 보인다.

아울러 2013년부터 시작한 커리어코치 자격인 KCAC(Korea Career Associate Coach), KCPC (Korea Career Professional Coach)가 있고, 학습진로코치인 KEPC(Korea Education Professional Coach)는 2014년부터 자격인증이 시작되었다. 다양한 분야의 전문코치들이 양성되고 전문가로 활동하는 시작이라는 점에서 의미가 있다.

[1] 변경된 KPC자격지원조건은 133페이지 참조

한국코치협회에 따르면 코치 자격증을 보유한 전문코치의 수는 2014년 기준 2,917명이다.

2,917

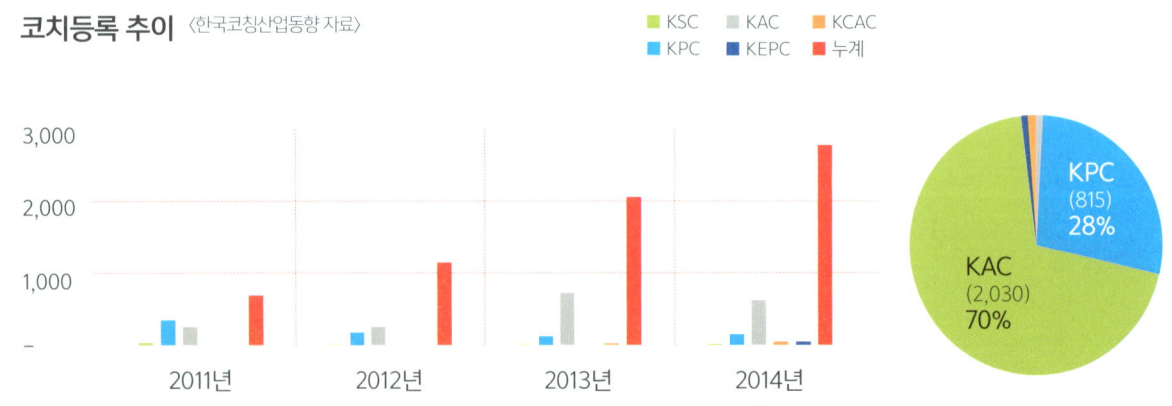

코치등록 추이 〈한국코칭산업동향 자료〉

구분		2011년	2012년	2013년	2014	계	
신규등록	KSC	15	4	1	2	22	1%
	KPC	389	222	21	113	816	28%
	KAC	276	311	793	648	2,030	70%
	KEPC	–	–	–	24	24	0.8%
	KCAC	–	–	9	17	26	0.9%
누계		682	537	394	804	2,917	
		682	1,219	2,113	2,917		
성장률		–	79%	73%	38%		

(Source: 한국코치협회 기업코칭연구회 2015)

코치의 연령대는 ICF(International Coach Federation)의 조사와
한국코치협회의 조사가 유사하게 나타났다.
가장 평균적인 코치의 나이는 46-55세였다.
활동하고 있는 코치들은 30대 중반에서
60대 초반까지 다양하게 나타났다.
2012년보다 2013년에서 2014년의 40대 중반 코치 비율이
높아지는 것을 볼 때 앞으로 코치의 연령대는
더 낮아질 것으로 예상된다.

46-55세

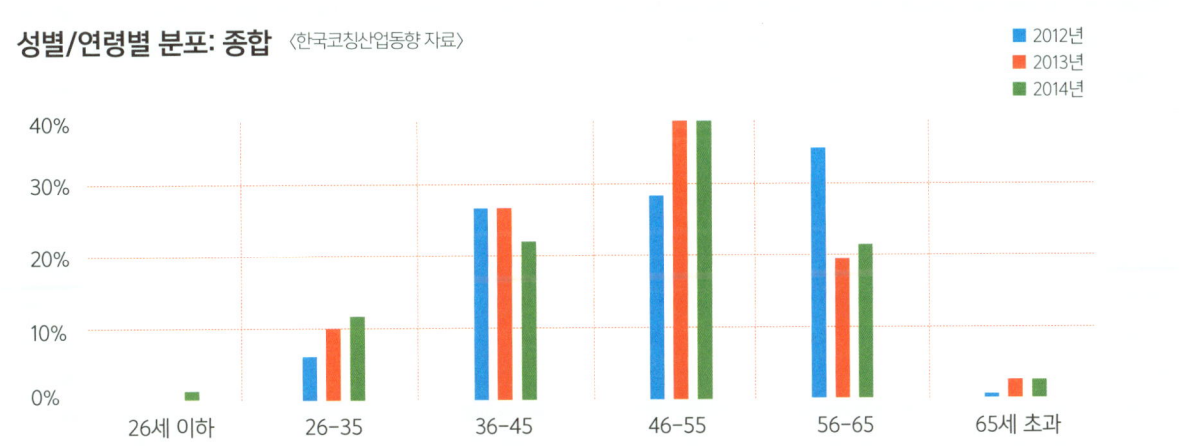

성별/연령별 분포: 종합 〈한국코칭산업동향 자료〉

구분	26세 이하	26-35	36-45	46-55	56-65	65세 초과
2012년	-	7%	27%	28%	36%	1%
2013년	-	10%	27%	40%	19%	3%
2014년	2%	12%	22%	40%	21%	3%

(Source: 한국코치협회 기업코칭연구회 2015)

성별로 살펴보았을 때 한국의 경우 남성이 여성보다 조금 높지만 거의 유사한 것으로 나타났다.
미국 ICF에서는 3명 중 2명이 여성인 것으로 볼 때 한국은 상대적으로 남성의 비율이 높다는 것을 알 수 있다.

이는 한국의 코칭산업은 기업코칭에 치우쳐져 있는데, 이는 코치들의 전문배경 데이터를 보면 확연이 드러난다. 대부분이 기업과 관련된 커리어를 가지고 전문코치로서 활동하고 있음을 알 수 있다. 최근 많이 변화하고는 있지만 아직 기업에서는 기업체 출신인 코치를 원하는 경향이 높아 연령대가 높을수록 남자 코치가 상대적으로 많은 비율을 차지하는 것으로 보인다. 그러나 낮은 연령대로 갈수록 기업경험의 차이가 별로 없어 성별 인원수 대비 여성의 비율이 더 높아지고 있음을 알 수 있다.

남성

성별/연령별 분포: 남녀별

〈한국코칭산업동향 자료〉

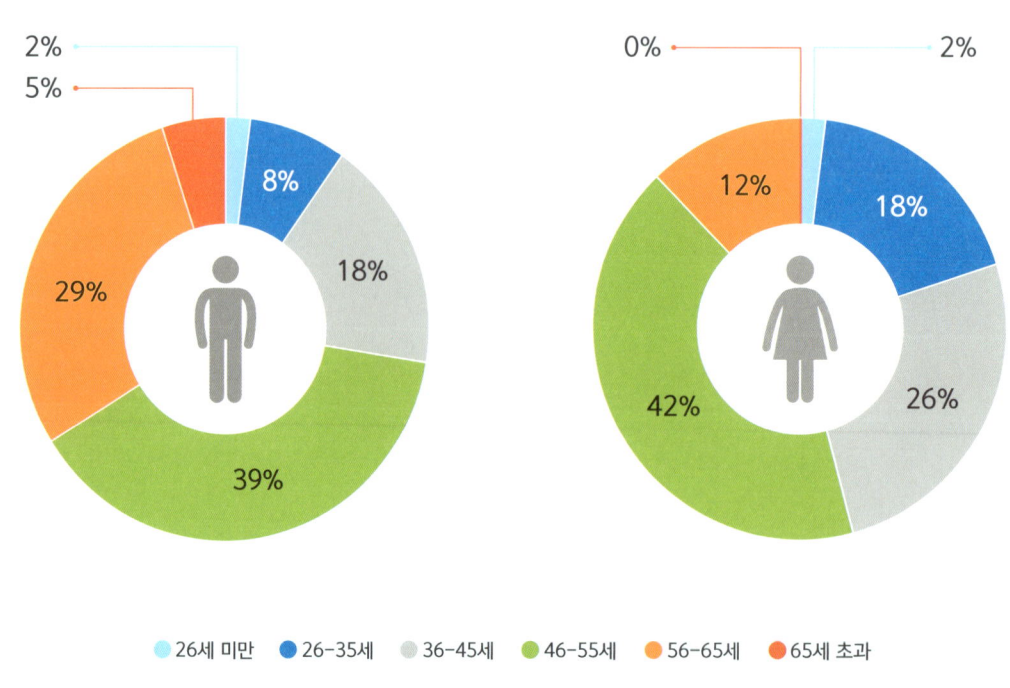

● 26세 미만　● 26-35세　● 36-45세　● 46-55세　● 56-65세　● 65세 초과

(Source: 한국코치협회 기업코칭연구회 2015)

많은 수의 코치들은 기업의 임원과 관리자 출신이 많았으며
기업 강사와 상담 전문가 출신도 많다는 것을 알수 있다.

임원출신 22%

전문배경 〈한국코칭산업동향 자료〉

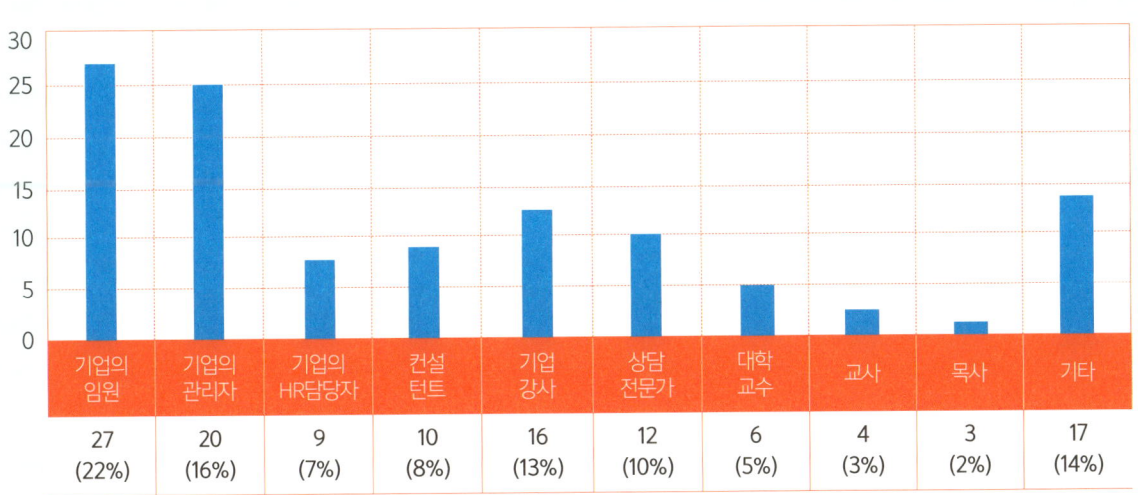

기업의 임원	기업의 관리자	기업의 HR담당자	컨설턴트	기업 강사	상담 전문가	대학 교수	교사	목사	기타
27 (22%)	20 (16%)	9 (7%)	10 (8%)	16 (13%)	12 (10%)	6 (5%)	4 (3%)	3 (2%)	17 (14%)

(Source: 한국코치협회 기업코칭연구회 2015)

코치의 거주지역은 수도권이 80%이상이다.

지방보다는 수도권의 기업에서 코칭을 도입하는 경우가 많다. 지방이라고 하더라도 수도권에 본사가 있거나 대기업이기 때문에 지방에 있는 코치들을 활용하기 보다는 서울권의 코치들이 지방에 있는 업체에 가서 코칭을 하는 경우가 대부분이다. 지방기업이나 지방에서의 코칭 인식이 아직까지 확산되어 있지 않은 것이 가장 큰 이유이다. 또한 코치들이 교육을 받고, 정보를 공유하고 활동하기에 서울을 비롯한 수도권이 비교적 수월하기 때문에 지방보다 유리한 조건이다. 예전에 비해 지방에서 활동하는 코치가 늘어나고 있다는 것은 고무적이라고 본다. 지방에서 활동하며 한국코치협회 지부를 운영하는 코치들은 사명을 가지고 상당히 고군분투하고 있는 것이다.

거주지역  〈한국코칭산업동향 자료〉

거주지역	합계(명)	수도권	충청권	경상권	전라권	강원
종합	121	100	9	9	5	1
		81%	7%	7%	4%	1%
남자	67	53	6	6	1	1
		79%	9%	9%	2%	2%
여자	54	47	3	3	4	0
		83%	5%	5%	7%	0

(Source: 한국코치협회 기업코칭연구회 2015)

수도권 100
강원 1
충청권 9
경상권 9
전라권 5

코칭을 하면 공부를 평생 많이 해야한다는 말들을 한다. 다양한 사람들을 만나서일까? 틀린 말은 아니다. 코치들의 학력은 대부분 고학력으로 나타났다. 국제연맹코치협회(ICF)의 조사에 따르면 60% 이상이 석사나 박사학위를 갖고 있다. 한국의 코치들도 40%가 석사, 18%가 박사 학위 보유자이다. 코치의 학력은 세계적으로 고학력이라는 것을 알 수 있다.

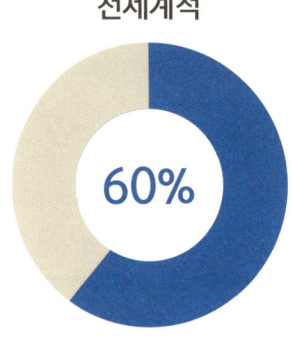

전세계적
60%
석사·박사학위 소지자

(Source: 국제연맹코치협회 ICF)

석사이상 40%

학력

〈한국코칭산업동향 자료〉

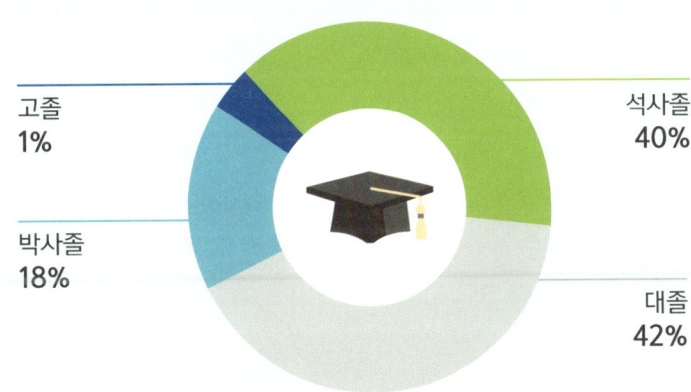

고졸 1%
박사졸 18%
석사졸 40%
대졸 42%

학력	합계	고졸	대졸	석사졸	박사졸
종합	124	1	52	49	22
		1%	42%	40%	18%
남자	67	1	26	30	10
		1%	39%	45%	15%
여자	57	0	26	19	12
		-	46%	33%	21%

(Source: 한국코치협회 기업코칭연구회 2015)

전문 코치들은 코칭 교육에 100시간 이상의 교육을 참가하며 코칭에 대한 지식과 경험을 쌓아가는 것으로 나타났다.

또한 학력뿐만 아니라 코칭 교육에 100시간 이상의 교육을 참가하며 코칭에 대한 지식과 경험을 쌓아가는 것으로 나타났다. 코칭산업에서 빼놓을 수 없는 분야가 바로 전문코치를 양성하는 교육프로그램과 양성과정이다. 해를 거듭할수록 다양한 분야에서 전문코치가 되기 위한 교육을 받고 자격시험에 지원한다. 최근에는 기업에서 외부 전문코치를 활용하던 것에서 내부에 사내코치를 육성하여 활용하는 방향으로 내부 인력을 전문코치로 양성하는 경향도 나타나고 있다. 전문코치가 되고자할 때 사람들이 일단 교육을 많이 듣고 본다. 그리고 실습 현장에서 부족함을 느끼면서 교육을 또 찾게 되는데, 이러한 영향으로 100시간을 초과하여 다양한 프로그램을 듣는 전문코치들이 많다.

100시간 초과

교육시간

〈한국코칭산업동향 자료〉

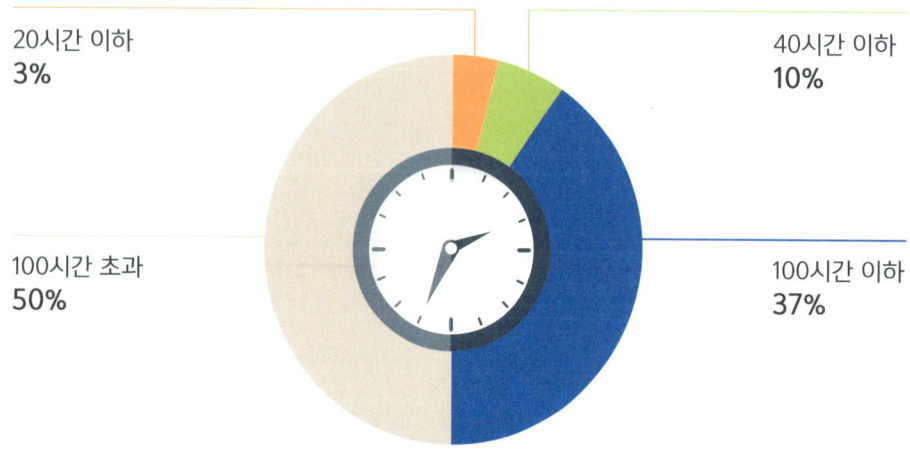

- 20시간 이하 3%
- 40시간 이하 10%
- 100시간 이하 37%
- 100시간 초과 50%

(Source: 한국코치협회 기업코칭연구회 2015)

코치의 유형은 54%로
비즈니스 코치가 가장 많았고
라이프 코치도 47%로 높은 비율을
차지했다.
코칭의 니즈가 기업과 개인
모두에게 있다는 것을 보여준다.

비지니스 코치 44%

코치 유형

〈한국코칭산업동향 자료〉

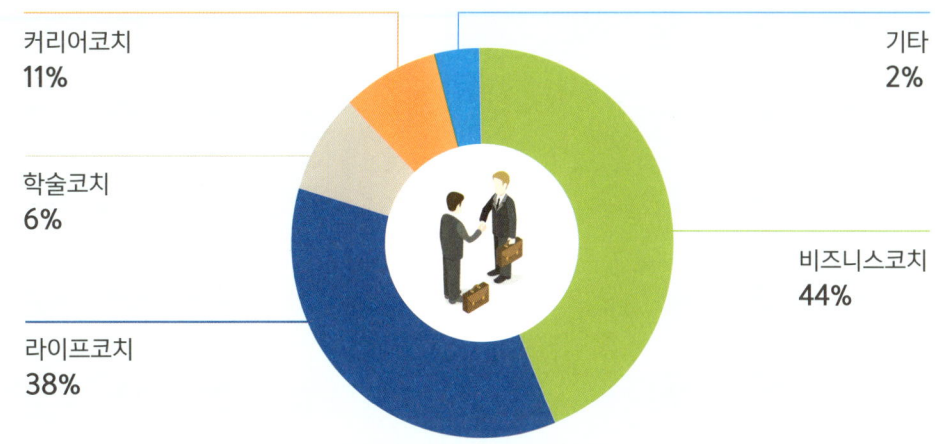

- 커리어코치 11%
- 학술코치 6%
- 라이프코치 38%
- 기타 2%
- 비즈니스코치 44%

(Source: 한국코치협회 기업코칭연구회 2015)

**코칭 경력의 경우 한국이 ICF 코치들 평균과 비교할 때 더 짧게 나타났다.
ICF의경우 10년 이상의 코치라 19%, 5년 –10년 경력의 코치가 30%로 나타난 것에 반해
한국은 10년 이상 경력을 가진 코치는 약 10%로 나타났다.**

한국에 코칭분야가 시작된지 10년이 조금 넘은 것을 감안했을 때 10년 이상된 코치의 비율이 적은 것은 절대적인 인원수의 차이라고 볼 수 있다. 다만 아쉬운 점은 한국에서의 전문코치의 평균 경력이 4년을 전후로 한다는 것이다. 2012년에 3~4년의 경력을 가지고 활동하던 코치들이 다른 경력기간에 비해 가장 많았는데, 그 다음해인 2013년에 3~4년과 5~6년 있어야 할 인원이 많이 줄고 1~2년의 코치들이 증가했다는 것은 한국에서는 전문코치로 활동하는데 4년을 넘기는 것이 쉽지 않다는 것을 의미한다. 초반에 열정을 가지고 4년까지는 버티지만 그 기간동안 전문코치로 자리잡지 못하거나 자신의 분야를 개척하는 어려움으로 중도하차 하는 경우가 많다. 근본적인 이유는 경제적 부담이다. 코칭은 처음 시작할 때 투자비용이 많이 든다. 반해 전문코치로 활동하며 경제활동을 이어나가는 것은 상대적으로 쉽지 않다. 고비는 5년째인 것으로 보이고, 이후 경력기간은 증가폭이 작기는 하지만 매년 증가하는 것으로 봤을 때 5년~6년이 지나고 나면 전문코치로 계속 활동하는 것으로 보인다.

코치 경력

〈한국코칭산업동향 자료〉

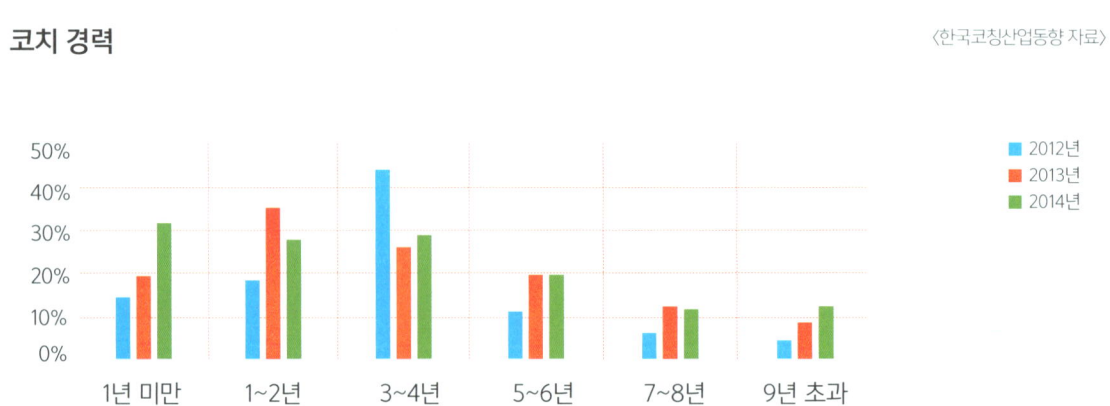

구분	평균 코칭 경력	1년 미만	1~2년	3~4년	5~6년	7~8년	9년 초과
2012년	4.0년	14 14%	18 18%	44 **44%**	11 11%	7 7%	5 6%
2013년	4.1년	19 15%	35 **29%**	26 22%	19 16%	13 11%	9 7%
2014년	3.9년	31 **25%**	27 22%	29 23%	19 10%	12 10%	13 11%

코치 자격증

한국코치협회 코치자격인증은 커리어코치나 학습진로코치 자격을 제외한 일반적으로 알려져 있는 KAC(Korea Associate Coach)와 KPC(Korea Professional Coach), KSC(Korea Superviser Coach) 세가지 종류가 있다.

ACPK(Accredited Program in Korea) 지원			
코치인증자격	KAC	KPC	KSC
지원서		별도 양식	별도 양식
교육시간	20시간	40시간	100시간
코칭시간	50시간	100시간	500시간
멘토코칭받기	-	2개월 이상 6시간	3개월 이상 10시간
고객 추천서	2인 각 1통(총 2통)	2인 각 1통(총 2통)	-
코치 추천서	2인 KAC이상으로부터 각 1통 (총 2통)	2인 KPC이상으로부터 각 1통 (총 2통)	2인 KSC이상으로부터 각 1통 (총 2통)
	실제 코칭을 관찰 후		
필기시험	실시	실시	에세이 제출
실기시험	실시		
인증 심사비	20만원	30만원	40만원
코치자격 유지기간	3년 주기 연장	5년 주기 연장	5년 주기 연장
의무사항	-인증 후 인증자격 별 보수교육 및 협회 교육참가 -인증자격 유지를 위해서는 협회 정회원 이상의 자격을 유지해야 함		

포트폴리오 지원			
코치인증자격	KAC	KPC	KSC
지원서		별도 양식	별도 양식
교육시간	20시간	40시간	100시간
코칭시간	50시간	100시간	500시간
멘토코칭받기	-	3개월 이상 10시간	5개월 이상 15시간
고객 추천서	2인 각 1통(총 2통)	2인 각 1통(총 2통)	-
코치 추천서	2인 KAC이상으로부터 각 1통 (총 2통)	2인 KPC이상으로부터 각 1통 (총 2통)	2인 KSC이상으로부터 각 1통 (총 2통)
	실제 코칭을 관찰 후		
코칭테이프 제출	30분 분량의 코칭시연 비디오 또는 오디오 테이프 1개 제출		
필기시험	실시	실시	에세이 제출
실기시험	실시		
인증 심사비	35만원	45만원	60만원
코치자격 유지기간	3년 주기 연장	5년 주기 연장	5년 주기 연장
의무사항	-인증 후 인증자격 별 보수교육 및 협회 교육참가 -인증자격 유지를 위해서는 협회 정회원 이상의 자격을 유지해야 함		

http://www.kcoach.or.kr/03certi/certi0101.html

일반적으로 자격취득에 대해 어려움을 호소한다. 이유는 서류작성이 비교적 까다롭다는 것과 익숙하지 않은 전화환경에서 실기시험을 본다는 것이다. 물론 온라인으로 치르는 필기시험도 만만치는 않다. 한국코치협회는 인증 초기 시절부터 ICF의 인증심사 기준을 한국실정에 맞게 조정하여 기준을 만들었다. 해를 거듭하며 자격인증이 더욱 견고해졌다. 코칭 교육을 받고 코칭이 좋아 코치자격에 도전하는 사람들이 늘어나고 있다. 이들은 처음에는 막연히 코칭이 좋아 시작했다가 까다로운 조건에 일단 놀라게 되고, 50시간이 생각보다 많아 부담을 느끼게 된다. 그럼에도 불구하고 교육 이후 코칭을 더 해보고 싶어 하는 분들께 코치자격시험을 준비하시라 말하는 이유는 실습시간을 채워나가는 그 과정에서 코칭의 참 맛을, 묘미를 느낄 수 있기 때문이다. 혹자는 코칭은 돈도 많이 들고, 자격기준도 까다롭다고 투덜거리며 중도하차 하시는 분들이 계시다. 어느 분야든지 마찬가지다. 시간과 돈과 노력없이 전문가가 되기는 어렵다. 하지만 확신할 수 있는건 그 시간과 돈과 노력이 내 삶에 분명 변화를 준다는 것이다. 단순 전문코치가 되어서가 아니다. 내 삶을 대하는 자세와 마음가짐이 달라진다. 그러한 코칭의 힘이 있기에 지금도 많은 사람들이 코치자격에 도전하는 것이다.

KAC는 제 1단계로 비교적 취득이 용이하다. 일반적으로 한국코치협회에서 인증한 코칭프로그램을 코칭업체에서 받고, 기관인증으로 인증된 코칭펌에서 자격취득 시험을 보는 경우가 일반적이다. 포트폴리오 지원이 있지만 ACPK에 비해 취득이 쉽지 않고 비용도 많이 들기 때문에 현재는 대부분이 ACPK지원으로 자격시험을 지원한다. ACPK지원이 가능한 프로그램이 꾸준히 늘고 있어 2014년 현재 86개의 다양한 인증프로그램을 통해 자격 지원이 가능해졌다. 한국코치협회가 5천명의 인증코치를 배출하고자 하는 비전을 실현하기 위해 향후에도 KAC 자격확대는 계속될 것으로 보인다. KAC는 20시간의 기본 코칭교육을 수료하고, 50시간의 실습을 완료하면 지원이 가능하다. 이외에 서류들이 많지만 교육시간 수료와 실습시간이 응시 조건의 핵심이라고 볼 수 있다. 특히 KAC의 경우는 처음 지원이라 서류작성에 많은 어려움을 호소한다. 특히 실습리스트 작성에서 서류탈락의 사유가 많이 나오는데, 서류 작성하기 전에 협회에서 제시하는 서류작성 설명을 꼼꼼이 읽어봐야한다. 시험 응시에 어려움이 있는 사람들이 비교적 쉽게 지원할 수 있도록 각 코칭펌에서는 실습대상자를 찾기 어려워하는 사람들이나, 시험 준비에 어려움을 느끼는 사람들을 위해 인증 준비반 과정을 따로 운영하기도 한다. 기관인증심사가 가능한 코칭펌에서 코칭교육을 받은 사람은 KAC자격 시험에 한해 기관(코칭펌)에서 인증자격시험을 응시할 수 있다. 기관인증으로 지원할 경우 인증심사비와 서류는 기관(코칭펌)으로 제출해야 한다.

KPC는 제 2단계로 Korea Professional Coach의 준말이다. 현재 전문코치로 활동하고 있는 코치들이 일반적으로 갖추고 있는 자격이라고 볼 수 있다. KPC자격을 취득한 코치가 증가함에 따라 인증심사기준도 강화되고 있고, 앞서 말한 바와 같이 지원자격기준도 2016년 7월 기준[2]으로 강화될 예정이다. 이는 KPC자격을 취득한 전문코치의 실력을 강화하여, 현장에 나가서 바로 전문코치로 활동할 수 있는 요건을 갖추도록 하기 위함이라고 한다. 그래서 한국코치협회에서는 KPC를 취득한지 1년 이내의 회원들에게 역량강화 교육을 제공하기도 한다. KPC를 취득하고도 전문코치로 바로 활동하기 어려워하는 사람들을 위해 협회 차원의 지원이라 볼 수 있다. 2016년부터 변경되는 지원자격 중 가장 큰 변화는 교육 시간과 실습시간인데 교육시간은 기존 40시간에서 60시간으로 늘어났다. 기존에는 협회에서 인증 프로그램 40시간이면 되었던 조건이 변경이후에 기본교육은 20시간까지만 가능하고 심화와 역량강화 프로그램으로 나머지 40시간을 들어야하는 기준으로 바뀌었다. 기존에 기본 프로그램으로만 40시간 듣고도 지원이 가능하던 조건이 총 60시간 중 기본 20시간과 심화 20시간이 필수가 되었고, 나머지 20시간은 심화프로그램이나 역량강화 프로그램으로 채워야하는 조건을 충족해야 지원이 가능하다. 심화 프로그램과 역량강화 프로그램으로 인증된 프로그램이 아직 정리

[2] 2016년 7월 KPC지원자격 변경기준

항목	변경전	변경후	비고
지원자격	KAC자격취득 후 6개월 이상/정회원	변경 없음	KAC 최종 합격자 발표일로부터 6개월 이후 서류접수 가능
서약서	코치윤리강령준수 서약서	변경 없음	
지원서	별도 양식	변경 없음	
교육	40시간	60시간	기본+심화+역량강화 인증프로그램 교육이수
코칭실습	100시간	200시간	*유료+무료+코치더코치 *유료 40시간 이상 *1:1코치더코치 10시간 이상
멘토코칭	2개월 이상 6시간	2개월 이상 5시간	
고객 추천서	2명의 고객으로부터 각 1부씩 (총 2통)	변경없음	
코치 추천서	2인 KPC이상으로부터 각 1통 (총 2통)	변경없음	
테이프 제출	면제	변경없음	
필기시험	실시	변경없음	
실기시험	실시	변경없음	
심사비	30만원	변경없음	
인증기간	5년	변경없음	
자격유지 보수교육	인증 후 매년 협회교육 참가	인증 후 5년간 50시간 보수교육 참가	자격유지 보수교육 공지사항 참조

가 되어 있지 않아 올해 하반기에 협회에서 제공하는 종류별 프로그램을 잘 확인하여 수료하여야 내년 7월 지원부터 KPC지원이 가능하다. 이수 교육시간이 늘어난 만큼 실습시간도 기존 100시간에서 200시간으로 변경되었다. KAC를 취득하고 50시간만 더 실습하면 지원이 가능하던 KPC지원이 이제는 150시간을 더 해야 지원이 가능해졌다.

KSC는 제 3단계로 Korea Superviser Coach의 뜻으로 지난 2011년에 신설된 한국코치협회에서 인증해주는 최고의 단계이다. 2014년 현재까지 22명으로 합격의 문턱이 높다. KSC는 교육 100시간과 실습 500시간의 조건을 충족시켜야 지원이 가능하다. 교육시간은 KPC기준이 변경조건 기준이 높긴하지만, 인증심사 기준도 높아 합격률이 높지 않다.

이러한 일련의 과정을 지나 전문코치들이 자신의 전문코치분야에서 활동하고 있다. 일반적으로는 새롭게 전문분야를 개척하기 보다는 기존의 커리어를 살려 전문코치로 활동하는 경우가 많다. 그렇게 제 2의 인생을 새롭게 만들어가는 전문코치들의 이야기가 이제부터 시작된다.

최영지
한국코치협회 인증 실무에서부터 심사위원으로 10년째 활동중이며, 인코칭의 전문코치로 활발하게 활동하고 있다.

김재은
인코칭의 TALC 편집장이자 한국코치협회의 기관 인증심사위원이다. 삐딱한 긍정직원 삐딱한 부정직원의 저자이며 코칭포이노베이션, WING, 코칭 포유 영문 프로그램 등 다양한 코칭 프로그램을 개발해 수출하고 있다.

TALC · 17 코치로 사는 인생 2막

전문코치

조직원이 인정하는 꽤 괜찮은 일터를 만드는 방법

코치가 되기까지의 Story

김상범	코치로 사는 인생 2막
우성식	코칭은 삶의 디폴트
박상국	Best coach 3인의 이야기 1
방성희	Best coach 3인의 이야기 2
이민신	Best coach 3인의 이야기 3

人코칭: 코칭하는 사람들

人코칭은 사람을 코칭한다는 의미이다.
人은 두사람이 서로를 받치고 있는 형태로 구성되어 있다.
서로가 서로를 마주보며 붙잡아 주고 지탱해 주는 모습으로.
만약 한 사람이라도 힘이 빠지거나 약해지면 한쪽으로 기울고
人의 모양새가 제대로 갖춰질 수 없게 된다.
그렇기 때문에 사람들은 서로를 붙잡아 주고 지지해주며
함께 살아가는 것이다.
人코칭은 사람들이 서로를 성장시키기 위해 시작되었다.
人코칭은 코칭하는 사람들의 이야기이다.

조직의 가면을 벗어라: 코칭으로 만드는 미래

김상범

김상범은 경영학 박사이다.
서울과학종합대학원 영업혁신 MBA
주임교수로 활동하고 있으며
〈영업, 코칭이 답이다〉 외 다수의 저자이다.

코치로 사는 인생 2막

십여 년 전 마흔을 목전에 두고 밥 버포드의 "하프타임"을 읽게 되었다. 돌이켜 보면 큰 행운이었다. 그때부터 인생의 후반부를 어떻게 설계해야 할 지 나의 고민은 시작됐다. 처음으로 내 삶을 '성공' 중심에서 '의미' 중심으로 생각해 보았다.

그 무렵 코칭을 만났다. 코칭에서 강조하는 철학이 마음에 닿았고, 무엇보다 나를 정리해 가는데 큰 도움이 되었다. 코칭을 배워가면서 스스로에게 질문이 많아졌다.

" 나는 누구인가? ", "왜 일하는 가? ", 로부터 시작된 질문은 꼬리에 꼬리를 물고 나를 혼란스럽게 했다. 이대로 좋은가?, 나의 꿈은 무엇인가? 등, 코칭과 함께 시작된 40대는 혼란과 불안 그 자체였다.

코칭 워크샵에서, 지금은 고인이 되신 사부를 만났다.

그가 물었다. 어떤 삶을 살고 싶으세요?
한참동안 대답하지 못했다.
그래도 생각해 보란다. 또 대답을 못했다. 또 생각해 보란다. 지금 생각해 보면 사부는 터프한 코치셨다. 나를 도전하게 하셨다.
40대를 당장 살아낼 그림이 없는데 후반부를 어떻게 설명하랴. 그 때의 막막함이 오늘을 있게 했다.

결국 실행계획으로 "10년 후의 풍광"을 작성하기로 약속 했다.

몇 일간 치열하게 고민했고 "10년 후의 풍광"이라는 제목으로 40세인 당시, 50세 까지 10년을 미리 살아보고 미리 50세가 되어 지나온 10년을 회고하는 형태로 10가지 주요사건을 정리 했었다.

- 국제코치연맹 컨퍼런스에 참가했다.
- 국제코치연맹 인증 코치가 되었다.
- 코치가 되고 회사를 그만 두었다.
- 대한민국 대표 세일즈 코치가 되었다.
- 경영학 박사 학위를 받고 대학 강단에 섰다.
- 가족과 유럽을 다시 여행했다.
- 책을 집필하고 베스트셀러 작가가 되었다.
- 100명의 코치를 양성하였다.
- 코칭으로 봉사하는 삶을 살았다.
- 교사가 모두 코치인 유치원을 설립했다.

50을 갓 넘긴 현재 7개를 이루었다.
유치원을 설립하는 것은 내 길이 아니라는 판단 하에 진작 포기했다.
100명의 코치를 양성하지 못했다.

하프타임
밥 버포드 지음
이창신 번역

"나는 누구인가?", "왜 일하는 가?", 로부터 시작된 질문은 꼬리에 꼬리를 물고 나를 혼란스럽게 했다. 이대로 좋은가?, 나의 꿈은 무엇인가? 등, 코칭과 함께 시작된 40대는 혼란과 불안 그 자체였다.

그리고 코칭으로 수입을 올렸지만 봉사는 하지 못했다.

유치해 보이지만 지금 돌이켜 보아도 어지간히 코치가 되고 싶었던 모양이다. 물론 요약한 내용이라 그렇지 한 문장 한 문장이 대단히 자세한 실행계획과 함께 작성되었다. 작성 당시 사부가 읽어 보시고 이렇게 피드백을 주었다. "사람을 질리게 할 만큼 정교하다" 당장 실행에 옮겨라!

사회생활을 시작한지 24년차, 직장인으로 12년을 살았고, 코치라는 끈을 붙들고 12년째 살고있다. 지금은 내 삶 자체가 코칭이다. 40세까지 12년간 배운 것이 영업이었고. 직장을 그만 둔다면 코치가 되고 싶었고. 지금까지 배운 영업과 앞으로 하고 싶은 코칭을 접목시켜보니 "세일즈 코칭"이란 단어가 만들어 졌다.

10년 전 "대한민국 대표 세일즈 코치"라는 단어를 만들었다. 그리고 그렇게 살려고 노력했다.

글을 쓰면서 "코칭"이란 단어를 생각해보니 감회가 새롭다.

나는 지금 코치다. 아침에 눈을 뜨면 코칭 회사로 출근 한다. 출근해서 종일 코치들과 함께 일한다. 코칭이 필요한 고객을 만나고 코치가 되려는 사람들을 만난다.

개인과 조직에 코칭을 제안한다.

하루를 보내고 나면 코칭을 주제로 글을 쓰고 잠자리에 든다.

김상범 코치님이라는 호칭이 편하고 자연스레 들리니, 누가 뭐래도 나는 코치임에 틀림없다.

코칭과 더불어 후반부의 10년을 행복하게 살았다. 50이 된 지금 마흔에 그랬던 것처럼 10년을 미리 살아보고 60이 됐을 때 회고록을 써 보아야겠다.

사부는 내 인생의 코치였다. 사부 덕에 인생 후반부를 설계할 수 있었다. 감사드린다.

조직의 가면을 벗어라: 코칭으로 만드는 미래

코칭은 삶의 디폴트

우성식 코치

인코칭 전문코치로 이학박사이며 유니젠 공동창업자이다. 한국코치협회 인증코치 (KPC)이며 국민대학교 겸임교수, 신한대학교 건강과학연구소 소장을 역임하고 있다.

저는 생명공학을 전공한 이학박사이고 미국과 한국의 대학에서 연구하고 학생들 가르치는 일 밖에는 모르던 교수였습니다. 그러던 제게 십 몇 년 전 뜻밖의 기회가 찾아와서 바이오 벤처회사를 모 기업과 공동으로 창업하게 되었습니다(저는 우스개 소리로 '바람이 났다'고 말하곤 합니다). 상아탑에만 머무르던 백면서생이 연구소장(Chief Scientific Officer), 총괄운영임원(Chief Operating Officer) 등 기업의 리더로서 새로 시작하는 조직을 책임지게 되었습니다.

초기의 스타트업 회사가 대부분 그렇듯이 A부터 Z까지 많은 것이 부족했습니다. 특히 글로벌 비즈니스를 지향하는 기업의 사업모델과 비전에 적합한 경험과 문화가 절실했습니다. 그 당시 저는 대학에서 최첨단의 유전체(분자 유전학) 연구분야에서 세계적으로 앞서나가며 인정받는 연구를 하고 있었습니다. 저는 제가 배우고 경험한 최고 수준의 모든 것을 사랑하는 제자를 키우듯이 R&D의 영역뿐만 아니라 회사 전체와 조직원들에게 가르치고 심어주고 싶었습니다. 시간이 지남에 따라 조직은 틀을 잡아가고 회사는 성장하였습니다. 하지만 저는 거꾸로 저의 리더십에 대한 위기와 성장에 대한 갈증을 점점 더 느끼게 되었습니다. 처음 시작 할 때처럼 조직과 후배를 사랑하는 열정은 항상 가지고 있지만 경륜이 부족했고 회사 내부에서 적절한 롤모델도 찾기가 어려웠습니다. 그런 제가 절박한 심정으로 붙잡은 것이 코칭 리더십 이었고 그 이후 코칭은 저의 리더십뿐 아니라 제 삶의 구명보트가 되었습니다.

과학자로 훈련 받은 저는 후배를 믿고 신뢰하며 스스로 할 수 있도록 도와주고 기다려 줄 때에 내가 잘 모르는 분야에서 조차도 관계와 실적 모두가 만족스런 결과를 가져다 주는 코칭 리더십의 경험이 처음에는 신기하기만 했습니다. 이후에 지주회사로 자리를 옮겨 그룹 전체의 농업담당 총괄임원(Chief Agricultural Officer)으로 근무할 기회가 있었습니다. 미국 텍사스, 멕시코 탐피코, 중국 하이난, 러시아 연해주 등 전세계에 흩어져 있는 해외 농장법인들을 관리하고 지원하는 새로운 책임이었습니다. 그 당시에 매우 어려운 상황 가운데 있는 해외 농장법인들을

내가 잘 모르는 분야에서 조차도
관계와 실적 모두가 만족스런 결과를 가져다 주는
코칭 리더십의 경험이 처음에는 신기하기만 했습니다.

도우며 저는 더욱 더 깊고 풍성한 코칭의 원리와 수확을 체험하게 되었습니다.

지주회사와 그룹 전체는 원료의 재배와 가공, 이를 뒷받침하는 연구 개발 그리고 유통과 판매를 유기적으로 결합하여 부가가치와 효율성을 극대화 하고자 하였습니다. 천연물 신소재 사업을 수직계열화 한 그룹의 비즈니스 사업모델에서 해외의 대규모 농장들은 가장 밑바탕 근본이었습니다. 하지만 농장들은 부적절한 입지조건과 예상치 못한 기후변화로 인하여 냉해, 가뭄, 홍수를 반복하며 몸살을 앓고 있었습니다. 단기적 성과와 비용절감 위주의 경영으로 지력과 생산성은 곤두박질 치고 있는 위기 상황이었습니다. 서로 다른 지역과 시간대에 있는 현지의 법인장과 농장장들을 한데 묶어 일주일에 한번씩 전화회의를 주관하였는데, 처음 우리가 나눌 수 있는 것은 오직 암울하고 어처구니 없는 이야기뿐이었습니다. 남부 텍사스의 불타는 더위 속에서도 수십 년 만에 찾아올까 말까 한 냉해가 한해 걸러 한번씩 발생하였습니다. 멕시코에서는 몇 년을 애써 키워서 수확을 바로 앞둔 농작물이 농장 옆을 흐르는 강물의 범람으로 몽땅 떠내려 가버린 적도 있었습니다. 러시아에서는 일년 전에 주문한 농약과 비료가 제때에 도착하지 않아서 발을 동동 구르는데, 중국에서는 관리자들 모르게 장기간 과다 사용한 제초제와 화학 비료의 오남용으로 작물이 피해를 입고 땅까지 망가지는 형편이었습니다. 한편에서는 수개월 동안 비가 오지 않아서 수확을 할 수 없는데, 같은 시기 다른 곳에서는 파종기에 계속 내리는 비로 땅이 너무 질어 트랙터가 밭에 들어가 파종을 할 수도 없는 그런 다양하고 모순된 위기 상황에 처해 있었습니다. 현장에서 많은 시간을 함께 보내기도 했지만, 서울의 사무실로 돌아와 전화로 함께 회의를 할 때에는 제 생각과 판단 만으로 이렇게 보고 받고 저렇게 하라고 지시만 할 수 있는 상황은 아니었습니다.

놀랍게도 이렇게 어렵고 긴박한 상황을 뚫고 시간대와 거리를 뛰어넘어 오히려 코칭의 가장 기본적인 질문들이 기적과도 같이 서로의 마음을 깊이 파고들며 강력하게 작동하기 시작했습니다.

지금 현재의 상황은 어떤가요?
어떻게 되고 싶으세요?
무엇을 해보시겠어요?
수확까지 예상되는 가장 큰 리스크는?
우리가 서로 어떻게 도와줄 수 있을까요?
저는 무엇을 도와드릴까요?

언어, 문화, 환경이 모두 다른 다양한 인종의 사람들이 자발적으로 함께 참여하여 농장의 역사와 역할을 재정립하고, 공통의 미션, 비전, 핵심가치를 세울 수 있었습니다. 전세계 농부들이 매일 아침 한국어, 영어, 스페인어, 중국어, 러시아어 각자의 언어로 만들어진 꼭 같은 실천 원칙을 읽으며 하루를 시작하게 되었습니다. 서로 협력하여 집단 지성과 경험을 나누며 자연재해를 극복할 수 있도록 위기를 스스로 관리하고 생산성을 높일 수 있었습니다. 유기 농법과 GAP(Good Agricultural Practice) 시스템을 도입하고 더 좋은 새로운 농지를 확보하여 근본적인 리스크를 줄이며 안정적인 농장들을 새로이 개척할 수 있었습니다.

컴퓨터 과학에서 디폴트란 프리셋이라고 부르기도 하는데 컴퓨터나 프로그램이 시동되면 사용자의 개입이 없어도 자동으로 설정되는 기본값을 말합니다. 일반적으로 장치 또는 프로그램을 즉시 사용 가능하게 하기 위해 사용됩니다.

이제 코칭은 저와 제가 섬기는 모든 사람들의 성장과 성과를 돕는 제 삶의 디폴트가 되었습니다. 코칭을 통하여 유전자에서 신소재로 그리고 실험실에서 농장으로 지구를 한 바퀴 돌아온 저의 경험과 함께 과거의 저와 같은 고민을 가지고 수고하는 많은 분들이 함께 성장하며 풍성한 수확을 얻을 수 있도록 돕기를 소망합니다.

박상국 코치

인코칭의 전문 코치로 경영학 박사이며, 한국코치협회 인증코치 (KPC)이다. 코칭과 컨설팅을 조합해 프로젝트를 진행하는 전문가이다.

생산성 향상을 통해 코칭 통찰력을 보여준다

코칭 입문 이야기
어떻게 코칭에 입문했습니까?

지금으로부터 10여년 전 인코칭의 홍의숙 사장님의 소개로 코칭 교육을 받은 것이 인연이 되어 코칭에 입문하게 되었습니다. 인코칭에서 진행하는 코칭 교육을 받으며 내 나름대로 느낀 점은 코칭의 정의 `코칭이란 개인의 변화와 발전을 지원하는 파트너십 과정이다` 에서 보듯이 코칭은 개인에 초점이 맞추어져 있는 점이 나에게는 크게 다가왔었지요. 특히 개인의 변화에 포인트를 두고 있는 점에 마음이 끌렸습니다.

그 당시 컨설팅을 하는 컨설턴트들의 공통된 애로사항은 같은 컨설팅 프로그램을 지도했음에도 불구하고 어느 회사는 큰 성과가 나는 반면에, 어느 회사는 성과가 미미하게 나오곤 하는데 이점을 어떻게 해결해야 할 것 인가였었습니다. 그것을 해결하기 위해 그 당시 활용했던 방안은 컨설팅을 하면서 변화관리 프로그램(인식공유 - 공감대 형성 - 혁신 Mind)을 병행하여 진행 했었지요. 전사적 차원에서 변화관리를 위한 프로그램을 대대적으로 추진하면 일정기간 동안은 호응이 좋습니다. 그러나 일정 기간이 지나면 혁신분위기가 차갑게 식는 것이 문제였습니다. '이것을 해결 할 수 있는 방법은 무엇일까?' 를 찾고 있었는데 코칭이 그것을 해결 해 줄 수 있을 것이란 생각이 머리 속을 스치고 지나가는 것이었어요.

즉 개개인의 내면의 의식 변화 없는 전사 차원의 변화관리 운동은 혁신마인드를 지속시키는데 한계가 나타나는데, 코칭이 그 문제를 풀 수 있는 답이 될 수 있다는 생각이 들었습니다. 이후 코칭에 관심을 두고 교육도 열심히 받고, 책도 많이 보고, 다른 코치님들의 이야기도 들어보면서 차츰 코칭의 세계로 빠져 들어간 것이 코칭에 입문하게 된 계기가 되었습니다.

코칭을 통해 가장 많이 배운 것은 무엇입니까?

코칭을 하면서 배운 것이 참 많습니다. 그 중에서도 코칭을 통해서 가장 많이 배우고 느낀 것 세가지를 말해보겠습니다.

첫째는 감성의 중요성을 크게 인식하는 계기가 되었습니다. 오랫동안 컨설팅을 해 오면서 매사를 논리적으로 접근하고 이성적으로 판단하는데 익숙한 나였는데, 어느 때부터 감성의 중요성을 알기 시작했지요. 옛말에 `말 한마디에 천량빚을 갚는다`는 말이 있는 것처럼, 무심코 한 한마디 말이 상대방에게 긍정에너지를 줄 수도 있고, 반대로 에너지를 뺏을 수도 있지요. 이러한 현상은 모두 감정과 관련이 있는 것으로 감성의 중요성을 단적으로 보여주는 예라고 생각됩니다. 언제부터인가 타인의 감정을 고려해서 언행을 하려 하고, 건설적인 방법으로 자신의 감정을 조절하려는 노력을 하는 나를 발견하면서 많이 달라졌음을 느꼈습니다. 또한 아무리 논리적으로 타당하다고 하더라도 공감대 형성이 되지 않으면 추진력을 잃어 버릴 수 있음도 알게 되었지요.

둘째는 대화 방식이 바뀌고 있다는 것입니다. 대화를 하는 경우 말을 많이 하기 보다는 상대방의 말을 많이 들으려 하고, 말을 할 경우에도 본인의 의견은 간결하게 말하고, 상대방에게 활력을 불어넣는 질문을 하여 상대방이 말을 많이 할 수 있는 계기를 만들어주지요. 다른 한편으로는 상대를 존중하고 진정성을 가지고 진지한 태도로 대함으로써 커뮤니케이션 효과를 높일 수 있도록 노력하지요. 이런 우호적인 대화 방법의 변화는 사람들과의 관계개선에도 도움이 되는 것 같습니다. 또한 본인과의 대화를 하는 습관이 생겼지요. 스스로에게 질문을 하고 대안을 찾아내는 방법을 많이 활용하고 있지요. 예를 들면 `지금 나에게 가장 중요한 것은 무엇이지?` `핵심은 무엇이지?` 가끔 이런 질문도 하지요. `나는 누구이지?` `내가 주요시하는 가치는 무엇이지?` `나의 강점은 무엇이고 나의 약점은 무엇이지?` `어떤 대응방법이 있을까?` 등등의 질문들을 스스로에게 던져 내 자신을 성찰하고 코칭 하는 시간도 갖게 되었어요.

셋째는 긍정적으로 보는 습관이 생겼습니다. 성공했거나 실패했거나, 어떤 경우든 부정보다는 긍정적으로 보려고 노력하지요. 즉 실패했을 경우에도 실패에 대해 좌절하기 보다는 실패로부터 얻을 수 있는 것이 무엇인지 생각해보고, 성공을 위한 디딤돌로 활용할 수 있는 방법을 찾지요. 또한 상대가 나와 다름을 인정하고 내 생각과 다른 경우에도 비난하거나 무시하는 대신 상대의 의견을 존중하고 어떤 이유에서 의견을 달리하는지 참고할 것은 무엇인지 찾게 되지요. 언제부터인가 매사에 감사하는 마음이 생겼습니다. 또 상대방을 이해하고 배려하려는 마음도 생겼고요. 또한 코칭 하는 사람들과의 만남과 교류를 통해 긍정적 에너지를 주고 받는 즐거움도 누리고 있지요.

Best Coach 상을 받은 이유, 코치로서 자기 자신을 자랑한다면?

훌륭한 코치님들이 많은데 기대하지 않았던 베스트 코치상을 받아 기쁩니다. 굳이 상을 받은 이유를 말한다면 수년 전부터 생각해왔던 `코칭과 컨설팅의 조합이 만들어 내는 효과`를 구상으로 끝나지 않고, 실제로 `성과관리시스템 프로젝트`를 수행하여 기업에 도입 운영하였다는 것이라고 생각합니다.

21세기는 지식의 대통합이 일어나는 통섭의 시대라고 합니다. 통섭은 학문간의 통섭뿐만 아니라 지식의 융·복합을 함께 일컫는 말로, 급변하는 21세기에 개인 또는 기업이 생존하려면 지식의 융·복합으로 자신만의 차별화를 이끌어 내는 것이 핵심이라고 합니다.

코칭과 컨설팅의 융합은 코칭의 강점과 컨설팅의 강점을 잘 결합하여, 높은 Output을 산출해 내는 방법입니다. 좀더 구체적으로 말하면 코칭의 강점으로는 ①양방향 커뮤니케이션, ②고객주도 과제해결, ③강력한 실행력을 들 수 있고, 컨설팅의 강점으로는 ①세부화 전문화된 영역, ②Solution 제공, ③제도나 시스템 도입을 들 수 있는데, 각각의 강점에서 보듯이 코칭은 Inside out의 성격을 가지고 있고, 컨설팅은 Outside in의 성격을 가지고 있어서 이를 잘 조합하면 큰 성과를 창출할 수 있는 결과물을 낼 수 있다는 것입니다. 따라서 이 융합프로그램은 고객에게는 높은 부가가치를 창출해 줄 수 있고, 코치나 코칭 회사에는 새로운 수익 모델이 될 수 있어 관심을 가지고 적극적으로 추진하는 것이 필요하다고 생각합니다.

코치로서 자신을 자랑한다면 30여년간의 다양한 컨설팅 수행경험과 10여년간의 코칭 수행 경험을 통하여 얻은 지식을 바탕으로 코칭과 컨설팅을 조합한 `융합프로그램`을 수행할 수 있는 역량을 가지고 있다는 점이라고 생각합니다.

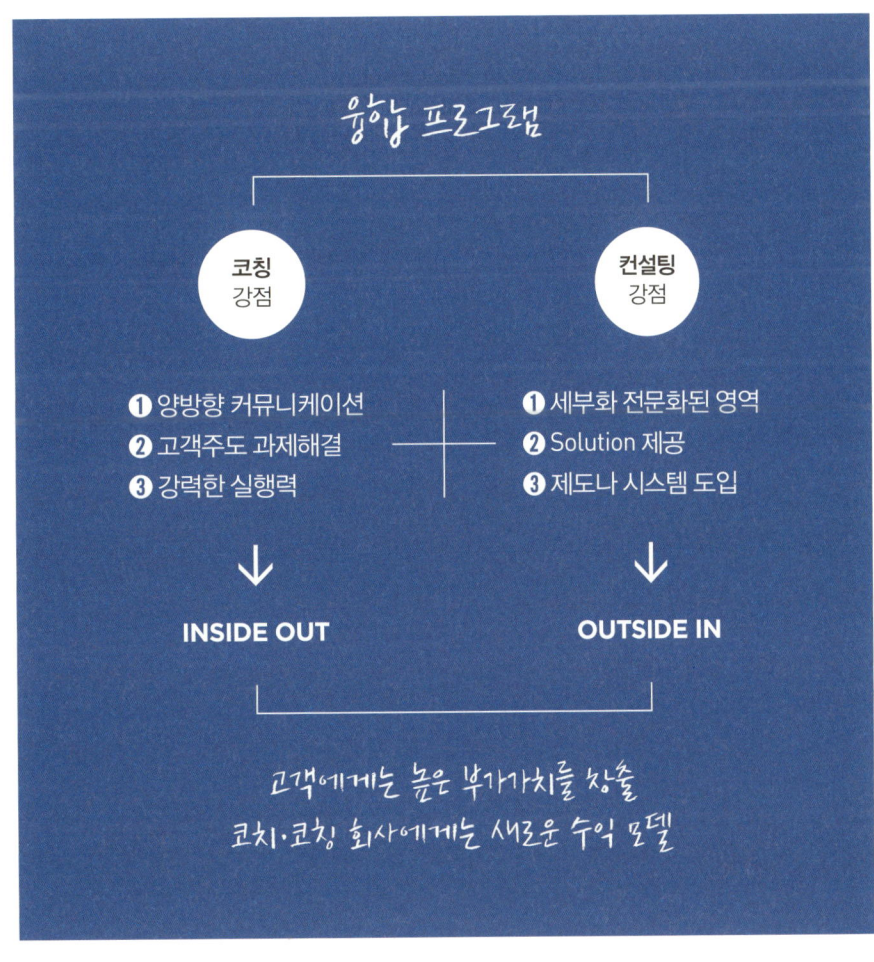

가장 인상적인 기업코칭 / 코칭 경험을 나눠주세요.

코칭을 하면서 인상적 이였던 경험은 10여 년전 나로서는 처음 코칭을 했을 때의 경우로, '적극적 경청' 실행 사례가 떠오릅니다. 그때 그룹 코칭에서 '전회 차 액션플랜 실행 공유'를 하는 시간이었는데 발표한 내용을 소개하면 다음과 같습니다.

상사 A: 면담신청을 했는데 어떤 내용인지 말해주겠나?

부하 B: 예, 제가 말씀 드리고 싶은 것은 이번 인사발령에서 새로 신설된 CS(Customer Satisfaction)부서에 제가 발령이 났는데, 왜 제가 그 부서로 발령이 났는지 알고 싶습니다. 그 자리는 모두가 기피하는 자리이고, 좌천 될 때 가는 자리라고 생각하는데 왜 하필이면 저인지요? 이해가 되질 않는군요. 그 동안 열심히 근무했고 우수 직원으로 평가 받아 상도 받았는데 왜 그 동안 열심히 근무했고 우수 직원으로 평가 받아 상도 받았는데 이해가 되질 안습니다. 너무 황당하고 실망스럽습니다.

상사 A: 아 그랬군. CS부서로 인사발령이 난 것 때문이었군. 그 동안 마음 고생이 많았겠구먼. 지금의 우리회사 분위기로는 충분히 그런 생각을 할 수 있지. 내가 자네 입장이라도 그렇게 생각했을 거야… 더 하고 싶은 말은 없는가?

부하 B: 예, 없습니다.

상사 A: 그러면 내 이야기를 들어 보겠나?

부하 B: 예, 말씀해주세요

상사 A:: 자네도 알다시피 우리회사는 업무의 특성상 민원이 많고, 보상금 등 고객과의 갈등을 야기하는 일들이 많은데, 금년에 고객 만족을 주기 위한 일환으로 CS부서를 만들고, 좀 더 고객에게 다가가는 전략을 짜고 실행에 들어가게 되었지. 그런데 회사가 추진하는 소기의 목적을 달성하기 위해서는 CS 부서 담당자는 아무나 가면 곤란하고 근속년수는 최소한 5년 이상이어야 하고, 우리회사 업무를 잘 파악하고 있어야 하며, 성실한 사람으로, 대인 관계가 원만해야만 한다는 기준을 세웠지. 그래서 이런 조건에 맞는 사람을 인선하다 보니 자네가 선정 되었네. 만약 자네가 내 입장이라면 자네는 어떻게 의사결정을 했겠나?

부하 B: (잠시 생각을 하다가) 그랬군요 생각해 보니 저도 상사님의 입장이었다면 그렇게 의사결정을 했을 겁니다. 제가 그런 상황을 모르고 원망을 많이 했었는데 열심히 해서 회사에 도움이 될 수 있도록 최선을 다하겠습니다.

상사 A: 그렇게 말해주니 정말 고맙네.

부하 B: (들어올 때와는 달리 밝은 표정으로 문을 열고 나갔다.)

실행 사례 발표를 마치고 나서 먼저 발표자의 소감을 물으니, 고객 A는 사실 면담 신청이 들어 왔을 때 본인은 무엇 때문에 면담 신청을 했는지 알고 있었답니다. 그리고 지금까지 해온 방식대로 '하라면 해야지 뭐 말이 많아 하고 말할까?', '어떤 방법이 있을까?' 망설였다고 합니다. 그런데 코칭을 받으며 경청의 중요성을 알게 되어, '일단 들어보자'는 생각이 들어 들어보았다고 합니다. 부하가 하고 싶은 말을 모두 해서 그런지 처음과는 분위기가 많이 달라졌고 그 다음은 자연스럽게 대화가 연결되더라는 것이었지요. 발표 후 A코치이는 '제가 한 것이 잘 한 것인지요?' 라고 반문을 했습니다. 어찌 보면 평소와 달리 열심히 들어준 작은 변화를 주었을 뿐인데 상대방에게는 크게 와 닿은 것 같은 느낌이 들었다는 말을 했습니다. 사례 발표를 듣고 있던 Group Coaching member들은 정말 멋진 사례라고 피드백을 해 주었고. 코칭 커뮤니케이션의 중요성을 새롭게 인식하는 공유의 장이 되었었지요. 저 또한 코칭의 파워가 이처럼 크다는 것을 그때 경험하면서 코칭에 점점 더 다가가게 되는 계기가 되었습니다.

방성희 코치

인코칭 전문코치이자 한국코치협회 기획위원으로 활동하고 있으며 한국코치협회 인증코치 (KPC)이다. 내면에 대한 깊은 통찰력을 바탕으로 공감력과 개인의 변화를 이끌어내는 전문가이다.

부드러우면서도 핵심을 명확히 짚어내는 따뜻한 카리스마 방성희 코치

코칭 입문 이야기
어떻게 코칭에 입문했습니까?

조직 생활을 하면서 쉽게 풀리지 않았던 고민들로 해답을 찾고 있을 때 코칭을 만났습니다. 갈증이 느껴지면 목을 축일 무언가를 찾게 되듯이, 10년 전쯤 삶에서 갈증이 느껴질 때 지인으로부터 코칭 관련 책을 건네 받아 읽게 된 것이 계기가 되었습니다. 당시 국내에서 코칭이 많이 알려지지 않았던 터라 호기심으로 책을 읽어가던 중, 오랫동안 얽혀있던 실타래의 매듭이 하나둘 풀리듯 제 삶의 목표가 선명하게 그려지는 순간이 있었습니다. 이후 인코칭의 홍사장님을 만나게 되었고 상대방의 성장을 돕고 함께 성장해 나가는 코칭 세계에 입문하게 되었습니다.

인코칭의 전문코치로서 지금까지 다양한 고객분들과 함께 조직의 가치 있는 성공을 위해 코칭 강의와 조직내 코칭을 진행하는 과정에서 작은 성공 케이스들이 모여 조금 더 큰 성과로 이어져 왔습니다. 그 과정에서 고객과 조금 더 편안하게 호흡하는 방법들을 알게 되었고, 함께 성장하며 누리는 기쁨을 경험하고 있습니다.

코칭을 통해
가장 많이
배운 것은
무엇입니까?

첫째, 존중과 진정성의 가치를 배웠습니다.

코칭 과정에서 코치는 어떤 태도와 존재감으로 함께 해야 하는지, 녹록치 않은 현실 속에서 고객과 함께 한다는 것은 어떤 의미인지에 대해 많은 고민을 하게 되었습니다. 다양한 고객을 만나 현장에서 이런 저런 씨름을 하면서 때로는 투명하게 고객을 비춰주는 거울처럼, 때로는 소금처럼 녹아져서 제대로 된 맛을 내도록 그 자리에 온전히 머무는 것이 필요함을 깨닫게 되었습니다. 그 과정에서 존중과 진정어린 태도가 얼마나 소중한지를 배웠습니다

조직의 리더분들과 코칭을 진행한 후 듣게 되는 소감들을 소개하면, "이제껏 이렇게 마음을

털어놓고 얘기를 해본 적이 없습니다. 늘 누군가에게 지시하거나 그들의 이야기를 들어주는 입장이었지, 제 이야기를 이렇게까지 하고 나니 새로운 생각과 다짐을 하게 됩니다. 코칭을 통해 많은 것을 얻게 되었습니다. 참으로 귀한 시간이었습니다." 코칭 대화에서 제가 도운 것이 있다면, 자신을 들여다보실 수 있도록 한 것이었습니다. 그 역할을 제대로 감당할 때 고객은 편안하고 자유롭게 자신의 가능성을 발견하고 앞으로 나아가기 시작한다는 것을 배웠습니다.

둘째, 관점의 전환과 대화 방식의 변화를 들 수 있습니다.
코칭은 고객이 진정으로 원하는 것이 무엇인지 온전히 고객의 이야기에 귀기울이며, 각 사람의 잠재력과 가능성을 끌어내어 최선의 결과를 얻도록 돕는 파트너십 과정입니다. 코칭 과정에서 고객이 과거에 머무르지 않고 좀 더 앞으로 나아가도록 돕기 위해 자기 중심적인 관점을 내려놓고 새롭게 바라볼 수 있도록 새로운 관점에서의 질문들을 개발하게 되면서 저의 일상생활 속에서도 스스로에게 보다 다양한 각도에서 새롭게 바라보고자 하는 습관과 스스로를 돌아볼 수 있는 질문들을 적용하게 되었습니다.

셋째, 실행의 중요성을 배웠습니다.
코칭을 통해 인식의 전환을 하고, 새로운 깨달음을 얻게 되어도 그것을 실행에 옮기지 않으면 아무런 열매를 맺지 못함을, 결국 개인과 조직의 변화는 결정적인 행동을 어떻게 실행으로 이끄느냐에 달려 있음을 배웠습니다. 코칭 세션을 진행한 후 다음 세션까지의 기간을 'between the session'이라 부릅니다. 이 기간에 고객이 실제로 어떤 실행을 하느냐에 따라 코칭의 성과가 크게 좌우됨을 경험으로 배웠습니다.

같은 현실을 바라보고도 누군가는 장애물을 디딤돌 삼아 넘어서는 경우가 있는가 하면, 작은 난관도 도저히 넘을 수 없는 장벽으로 여기고 아무 것도 할 수 없다 여기는 경우가 있습니다. 과거의 실패 경험이나 부정적인 경험들이 한발 더 내딛고자 하는 발목을 붙잡는 경우입니다..

고객: "우리 조직 문화가 원래 그래요. 혼자 노력한다고 뭐가 바뀌기나 할까요?"
코치: "지금 당장 조직이 변화하기는 어렵겠지만, 변화가 일어난다면 어떤 변화를 기대하십니까?" "그 기대사항을 이루기 위해 본인이 실행할 수 있는 것은 무엇인가요?"
할 수 있는 것과 할 수 없는 것을 구분하고, 가능한 것으로부터 시작하여 작은 변화를 실천하는 과정에서 부정적인 경험이나 시각이 새롭게 조정되는 과정을 경험하였습니다.

얼마전 파일 정리를 하다 코칭 과정에 참여하신 분들의 실행 소감이 적혀 있는 글들을 발견했습니다. 그 속에는 그 분들이 흘린 땀과 수고가 고스란히 담겨 있었습니다. 변화는 결코 한 순간에 이뤄지는 것이 아니라, 실행 과정에서 흘린 땀과 노력의 결과임을 다시금 마음에 새길 수 있었습니다.

Best Coach 상을 받은 이유, 코치로서 자기 자신을 자랑한다면?

감사하게도 Best Coach상을 받게 된 것은 무엇보다 인코칭의 전문코치로 지난 10년간의 코칭 프로젝트에서 신뢰로 함께 한 고객들 덕분이라고 여겨집니다. 코칭의 힘을 함께 경험한 고객들과의 만남은 제게 가장 큰 선물이자 삶의 원동력이 됩니다. 함께 수고한 인코칭의 스텝들에게도 감사 드리며, 더 나은 성장을 꿈꾸며 앞으로 The Best를 향해 달려갈 힘을 얻게 되었습니다. 고속 성장보다 중요한 것이 지속가능한 성장이며, 바른 성장이어야 하기에, 가치있는 성장에 보탬이 되는 코치이고 싶습니다.

저는 여러 기업과 기관의 코칭 강의 진행과 함께 2~3년간의 장기 프로젝트로 기업 전체의 변화를 그려나가는 전담 코칭을 여러 차례 수행해 왔습니다. 다양한 형태의 기업 코칭을 위해 코칭 전략을 가지고 진행하는 과정에서 전체 숲을 보는 시각을 익힐 수 있었습니다.

"뭐가 변하기는 변할까요?", "이런 경우도 코칭이 가능한가요?", "이런 경우엔 어떻게 코칭을 해야 하나요?" 현장에서 주로 접하는 질문들입니다. 코칭을 알고 접목해 나가려는 개인과 조직이 많아지기는 하지만, 여전히 그 맛을 느끼고 누리는 이들은 소수에 불과한 것 같습니다. 이 질문들에 맞는 해답들을 찾아 개인과 조직의 긍정적인 변화와 성장을 돕는 코치로 함께 해 나가는 것을 저의 사명으로 삼고 있습니다.

가장 인상적인 기업코칭 / 코칭 경험을 나눠주세요.

첫 번째로 소개할 기업코칭 사례는 전담 코칭으로 진행된 A사의 기업코칭 사례입니다. A사는 혁신 운동과 맞물려 구성원들의 역량 강화를 목표로 코칭이 도입되었습니다. A사 대표님은 빠른 판단력과 실행력을 갖춘 주도형 리더로 인터뷰를 통한 기대사항은 직원들이 좀더 자발적이고 주도적인 모습으로 변모되는 것이었습니다.

임원과 핵심 리더들을 시작으로 커뮤니케이션 역량 강화를 목표로 다회차 코칭이 진행되었습니다. 그 과정에서 "직원들에 대해 얼마나 알고 계십니까?"라고 질문하면 대부분의 경우, 잘 알고 있다고는 하지만 피상적인 부분들이 많습니다. 직원들의 성향과 그들이 진정으로 원하는 것이 무엇인지를 귀기울여 듣도록 격려하며, 실제 회의 장면을 관찰하고, 사전사후 직원들의 의견들을 반영하며, 워크샵 시간을 통해 전직원들과 소통하는 시간들을 만들어 나갔습니다.

또한 혁신팀 멤버들과 현장 리더들로 구성된 그룹과는 현장에서 경험하게 되는 어려움을 해결해나가는 토론의 장과 개선 아이디어를 반영할 수 있도록 그룹 코칭을 진행하였습니다.

코칭 과정을 통해 막혀있는 부분들을 서로 이어주고, 다른 부분은 조정해 나가는 작업들이 이어졌습니다. 대표님은 회의 석상에서 다른 임원과 리더들의 의견을 듣기 시작하셨고, 수동적이라고 생각했던 리더들의 모습에서 조금씩 변화가 일어나는 것을 보고 스스로에 대한 반성과 함께 좀더 직원들을 믿고 맡겨보겠다는 의지를 보이셨습니다.

이후 A사는 혁신 활동의 활성화와 함께 불량률이 크게 줄어드는 가시적인 결과를 가져왔습니다. 바쁜 업무 가운데에서도 우선순위를 두고 함께 모여 열띤 토론과 새로운 변화를 만들어 간 그분들의 열정이 지금도 생생하게 떠오릅니다. 직원들이 스스로 생각하고 스스로 해결해 나가는 조직내 코칭 문화가 지금까지 이어지고 있기에 가장 인상적인 성공 케이스로 여겨집니다.

두번째로 소개할 사례는 얼마전 기업의 핵심 리더들을 대상으로 '코칭 역량 강화'를 주제로 한 코칭을 진행하면서 새로운 변화를 경험한 리더의 이야기입니다.

평소 본인의 대화 방식은 주로 일방적으로 지시하고 가르치는 유형이었으나, 코칭 시간을 통해 변화를 시도해 보면서 부하 직원의 생각을 들을 수 있었고, 무엇보다 새로운 가능성을 발견하는 계기가 되어 기대 이상의 결과를 가져오게 되었노라고 공유한 코칭 노트입니다.

- 처음 코칭을 진행하면서 드는 생각은 질문에 답변을 하지 않으면 어떡하나 하는 걱정과 스스로 아직 익숙하지 않은 대화 패턴들로 많이 망설였지만, 용기를 내어 시도해 보면서 부하 직원들도 조금씩 마음을 열어 대화에 참여하기 시작하였고, 코칭을 마치면서는 서로가 좀더 깊은 대화를 나눌 수 있는 신뢰관계가 형성되었다.

- 막연하고 뒤엉켜 있는 생각들 중에서 가장 '시급'하고 '중요'한 사항을 구체적으로 표현할 수 있도록 질문하고 충분히 그의 생각을 듣고자 했다.

- 표현한 내용의 '인과 관계'를 스스로 자각할 수 있도록 질문하였다.

- 현재 본인이 느끼는 'Self-esteem'의 정도를 표현하고 그렇게 생각하게 된 계기를 물어보았고, 코치(새로운 부서장)를 포함하여 부서원들과의 대인관계에 어려움은 없는지, 있다면 원인은 무엇이라고 생각하는지 스스로의 생각을 표현할 수 있도록 하였다.

- 부서에서의 목표관리로 선정한 것 이외에 성장을 위하여 가장 '필요'하고 '중요'하다고 생각하는 업무는 무엇인지를 질문하였고, 스스로 동기 부여 할 수 있는 본인만의 자그마한 목표를 세워서 Self-esteem의 고취를 위한 첫 걸음을 내딛도록 하였다.

기업의 리더분들이 실제 코칭 대화를 진행하면서 느끼는 어려움은 상황에 따라 다르지만, 작은 노력을 꾸준히 실행으로 옮길 때 비로소 그 안에 새로운 해답들이 숨어있음을 발견하게 됩니다.

"혼자 꾸면 꿈이지만, 모두가 꾸면 현실이 됩니다." 이 문구처럼 함께 꿈을 꾸며, 많은 분들이 함께 코칭을 경험하고 새로운 변화를 만끽해 나갈 수 있도록 앞으로도 함께 해 나갈 것입니다.

이민신 코치

인코칭 전문코치이며 MSL Coaching 대표이다. 동기유발을 효과적으로 이끌어내는데 탁월하며 여성 리더십 전문가이자 한국코치협회 인증코치 (KPC)이다.

함께 있기만 해도 흘러 넘치는 긍정에너자이저, 열정 이민신 코치

코칭 입문 이야기
어떻게 코칭에 입문했습니까?

저는 삶에 어떠한 한계를 설정하지 않고 비전과 꿈을 향해 늘 도전하는 삶을 살고 싶었습니다. 또한, 사람의 긍정적인 생각과 적극적인 태도는 삶을 변화시키는 위대한 힘을 가지고 있다는 것을 삶을 통해 경험하였습니다. 조직생활을 하면서도 기회가 된다면 긍정적인 변화를 원하는 사람들에게 그들의 무한한 내적 능력을 개발할 수 있도록 도움을 주는 새로운 일을 하고 싶다는 비전을 품고 있었습니다.

시간이 흘러 어느 날 우연히. 신문에서 코칭에 대한 기사를 보게 되었습니다. 코칭이란 '사람들의 잠재력과 가능성을 최대한 이끌어내서 최대한의 성과를 낼 수 있도록 도와주는 것'이라는 내용을 읽으면서 가슴이 뛰기 시작했습니다. 코칭이 바로 제 자신이 찾고 있는 일이라는 생각이 들었고 주저함 없이 코칭에 입문하게 되었습니다. 코칭을 통해서 제가 항상 생생하게 그려왔던 비전을 실현할 수 있는 새로운 삶의 기회를 갖게 되었습니다. 코칭의 놀라운 파워를 경험한 저는 현재 전문코치로서 기업과 공공기관, 대학 등 다양한 곳에서 코칭을 행복하게 나누는 기쁨을 누리고 있습니다.

코칭을 통해 가장 많이 배운 것은 무엇입니까?

첫째, 코칭의 철학, 무해동입니다.

코칭을 처음 접하면서 '사람은 무한한 가능성을 가지고 있으며 해답은 그 사람 안에 있다. 코치는 함께 해답을 찾아가는 동반자이다'라는 코칭 철학이 저에게 깊은 울림을 주었습니다.

코칭은 제 자신을 무한한 잠재력과 가능성이 있는 존재로서 바라볼 수 있도록 긍정적인 패러다임의 전환을 가져다 주었습니다. 이를 통하여 자신이 목표를 이루어 낼 수 있는 내면의 저력을 지녔다는 자신감과 확신을 갖게 되었습니다. 더불어 이러한 코칭 철학을 바탕으로 타인의 가능성을 믿고 지지하면서 그들의 성장을 기대하고 기다려 줄 수 있는 태도를 지니게 되었습니다.

저는 코치가 고객의 성장가능성에 대한 신뢰를 가지고 코칭할 때 고객이 변화하는 놀라운 결과를 경험하였습니다.

바로 이런 코칭의 철학이 코칭의 위대한 힘이라는 것을 깨닫게 되었습니다.

둘째, 성장을 이끌어내는 코칭커뮤니케이션과 고객과의 신뢰구축의 중요성을 배웠습니다.

코칭에서는 고객의 가능성과 잠재력을 이끌어내기 위해 고객의 변화와 성장을 진심으로 바라면서 경청하고 질문하는 코칭대화를 합니다.

저는 제가 처음 코칭을 받았던 기억이 아직도 생생합니다. 코치께서 저의 이슈를 들으면서 진심으로 공감해주고 제 감정과 의도를 읽어주는 것만으로도 제 마음이 편해지는 것을 느꼈습니다.

또한 다양한 관점에서 제가 이슈에 대해 생각하고 해결방법을 찾을 수 있도록 질문을 하였습니다.

· 진정으로 원하는 것은 무엇입니까?
· 현재 상황은 어떻습니까?
· 여러가지 어려움이 있음에도 불구하고 어떤 것을 시도해보고 싶습니까?
· 그것을 할 수 있게 만드는 당신의 강점은 무엇입니까?
· 무엇을 당장 실행하겠습니까?

등의 질문을 받으면서 제 스스로 생각이 정리되고 답을 찾을 수가 있었습니다.

이와 같이 성장을 이끌어내는 코칭대화를 위해서는 코치로서의 존재감을 갖고 즉, 항상 깨어있는 마음으로 고객에게 다가가야 함을 배웠습니다. 이를 위하여 코치는 진정성 있는 자세를 지녀야 하고 고객에게 코치가 그들의 잠재력과 가능성을 신뢰한다는 믿음을 줄 수 있도록 해야 함을 깨달았습니다.

Best Coach 상을 받은 이유, 코치로서 자기 자신을 자랑한다면?

코칭 문화의 모범을 보이는 인코칭에서는 코치가 최상의 코칭을 할 수 있도록 완벽한 지원을 아끼지 않습니다. 그 덕분에 제가 날개를 달고 코칭을 할 수 있었고 베스트코치 상을 받을 수 있었다고 생각됩니다.

저는 코칭을 진행하기 위해 고객을 처음 만나는 순간이 늘 설레입니다. 일대일코칭, 그룹코칭, 코칭워크숍 등 다양한 곳에서 만나는 고객 한 분 한 분이 저에게는 너무나 소중한 존재입니다.

저는 코치로써 늘 겸손하고 긍정적인 마음으로 고객을 바라보려고 노력합니다. 또한 고객들이 코칭을 통하여 자신의 존재의 탁월성을 깨달을 수 있도록 동기부여를 잘 하는 강점이 있습니다. 저는 코칭을 통하여 자신의 가능성을 발견한 고객들이 자신감을 갖고 조직의 변화와 성장을 주도하는 코칭형 리더가 될 것을 믿고 기대합니다. 이런 저의 긍정적인 믿음이 고객에게 전달되면서 코칭의 시너지가 나는 것을 경험합니다.

코칭 워크숍을 진행할 때는 열정적이고 긍정적 에너지가 넘치는 퍼실리테이션을 통해 고객의 공감과 적극적인 참여를 유도합니다. 저는 고객 한분 한분에게 관심과 지지와 격려를 아끼지 않습니다. 또한 코치로써 제가 보이는 언어적, 비언어적인 코칭 스킬들을 통하여 고객들이 코칭의 본질을 느낄 수 있도록 모범을 보이고자 열정과 최선을 다합니다.

고객을 챔피언으로 만드는 인정과 지지, 마음을 열어주는 적극적 경청, 생각을 열어주는 질문을 통하여 고객 발전과 문제 해결의 균형을 이루는 코칭을 하도록 항상 노력하겠습니다.

가장 인상적인 기업코칭 / 코칭 경험을 나눠주세요.

코칭을 진행하면서 모든 사례들이 저에게는 소중하고 감동적인 경험이었습니다.
그중 한 기업의 사업본부장님을 코칭한 적이 있습니다. 그분은 성품이 온화하고 조용한 분이셨습니다. 그분은 사업본부장으로 승진 후 총괄하는 지역 내 지점장들에게 목표를 공유하고 목표 달성을 독려해야 했습니다. 그런데 지점장 중에는 선배도 있어 부담이 되고 리더십을 잘 발휘할 수 있을지 걱정이라는 코칭주제를 말씀하셨습니다.
저는 코칭을 진행하면서 그동안 조직을 잘 성장시켜 사업본부장으로 승진한 점을 진심으로 축하하고 지지하였고 리더로서 자신감과 정체감을 찾을 수 있도록 아래와 같은 질문을 했습니다.

· 본부장님이 생각하는 리더십의 정의는 무엇입니까?
· 왜 그것이 중요하고 필요한가요?
· 본부장님이 과거에 수행했던 프로젝트 중에서 가장 성공적이었던 경험을 말씀해주세요?
· 그것을 성공할 수 있게 발휘 된 본부장님의 리더십 역량은 어떤 것 입니까?
· 그러한 리더십 역량을 새롭게 맡은 업무에서 발휘한다면 어떤 성과를 기대하십니까?
· 본부장님의 새로운 역할과 책임은 무엇입니까?
· 혹시, 본부장님이 새로운 직책을 성공적으로 수행하기 위해 리더로서 변화해야 하는 부분이 있다면 구체적으로 어떤 것이 있을까요?

이러한 코칭 질문들을 통하여 고객이 조직에서 필요한 리더십과 자신이 발휘할 수 있는 강점 리더십 역량을 인식하면서 새로운 업무 수행에 대한 자신감이 많이 회복되었습니다. 이후 진행된 코칭에서 코칭대화 모델에 따라 고객이 겪는 조직의 어려움에 대해 경청하고 공감해주고 지지를 아끼지 않았습니다. 또한, 생각의 전환을 일으킬 수 있는 질문을 통해 고객이 자신의 이슈를 여러 관점에서 바라보게 되면서 스스로 해결책을 찾을 수 있었습니다. 이와 같이 코치와 고객이 목표점을 향해 함께 하는 코칭대화는 놀라운 파워가 있습니다.

코칭이 종료된 후 본부장님의 사업본부가 전국에서 매출 최상위권을 달성했다는 기쁜 소식을 전해들을 수 있었습니다. 그 외에도 저는 기업에서 코칭을 통하여 리더가 변화하면서 조직의 문화가 긍정적으로 변화되는 것을 보게 됩니다.

조직의 리더들이 "코칭을 통해 지시형 리더에서 코칭형 리더로 바뀌려고 노력하면서 팀원들과의 관계가 친밀감과 신뢰감이 쌓이게 되었고 의사소통에서도 일방적이 아니라 상호 소통하는 리더로 변화할 수 있게 되었다." "조직의 문제를 팀원에게 찾는 게 아니라 먼저 팀장들 자신의 변화와 발전에 포커스를 맞추어 셀프코칭해야 함을 느꼈다." "코칭의 파워에 대한 이해가 높아졌으며 조직에서 코칭을 접목하여 팀원들과 소통할 수 있겠다는 자신감이 생겼다." "의사소통의 능력과 긍정적/발전적 피드백을 할 수 있게 되었으며 조직에서 코칭 질문을 적극 활용하고자 하는 리더가 되고자 하는 의지가 생겼다." "내 자신의 삶을 성찰할 수 있는 계기가 되었으며 조직뿐 아니라 가정에서도 관계향상과 의사소통의 긍정적 변화가 일어났다."라는 피드백을 받으면서 코칭이 조직의 지속적 성장을 위한 큰 동력이라는 확신을 갖게 됩니다.

코칭이라는 두 글자만 생각해도 가슴이 뛰는 저는 고객이 자신의 탁월성과 가능성을 발견할 수 있도록 지원하면서 고객이 원하는 성장과 목표를 함께 이루어 내는 감동적인 코칭을 하고 싶습니다.

TALC · 18 개인, 상사, 조직의 코칭레벨 테스트   조직원이 인정하는 꽤 괜찮은 일터를 만드는 방법   **COACH**

코칭
슈퍼파월
Level Test

⟨점수⟩ 16~34: **1단계** / 35~49: **2단계** / 50~64: **3단계** / 65~80: **4단계**

	직장동료와의 관계는 얼마나 돈독하십니까?	전혀 아니다	아니다	보통이다	그렇다	매우 그렇다
1	우리는 코칭 세션에 높은 우선순위를 둔다.	1	2	3	4	5
2	우리는 코칭 세션을 기대하고 즐길 준비가 되어있다.	1	2	3	4	5
3	우리는 코칭 세션 동안 나를 투영할 수 있다.	1	2	3	4	5
4	코칭을 통해 다른 관점을 얻을 수 있는 기회는 소중하다.	1	2	3	4	5
5	우리는 정기적으로 코칭 관계를 되돌아보고 그것을 개선하는 방법에 대해 대화를 나눈다.	1	2	3	4	5
6	우리는 계획된 코칭 세션에 준비가 되어있다.	1	2	3	4	5
7	우리는 코칭대화를 시작하는 것에 자신감이 있다.	1	2	3	4	5
8	우리는 코칭과정에서 명확한 학습 목표를 가지고 있다.	1	2	3	4	5
9	우리의 대화는 창의적이고 표현이 자유롭다.	1	2	3	4	5
10	우리는 자신감을 가지고 동료와 관계를 논의할 수 있다.	1	2	3	4	5
11	우리는 어려운 문제를 마주 대하고 공개적으로 논의 할 수 있다.	1	2	3	4	5
12	우리는 코칭관계를 통해 배우고 있다	1	2	3	4	5
13	우리는 편안하고 숨김없이 말할 수 있다.	1	2	3	4	5
14	우리는 서로를 신뢰한다	1	2	3	4	5
15	우리는 서로를 존중한다.	1	2	3	4	5
16	코칭세션이 서로의 성과에 상당한 긍정적인 변화를 가져왔다.	1	2	3	4	5

1단계: [기초 공사 단계] 당신과 직장 동료와의 관계는 이제 막 집을 짓는 기초 단계입니다. 돈독하고 서로를 신뢰할 수 있는 기초공사의 초기단계인 지금 서로에게 어떻게 신뢰를 쌓아갈 수 있고 돈독함을 만드는 것의 중요성에 대해서 깊이 고려하고 실행할 액션플랜을 세우시길 추천합니다.

2단계: [짚으로 만든 튼튼 단계] 당신과 직장동료와의 관계는 아기돼지 삼형제의 첫째 집인 짚으로 만든 집입니다. 늑대가 입김을 후~ 불면 바로 다 날아가 버리는 '취약한' 관계의 집이죠. 하지만 실망하지 마세요. 지금부터 서로를 인정하고 칭찬하는 관계로 만들어 가는 노력을 꾸준히 한다면 튼튼하고 친환경적이고 안전한 짚으로 만든 스트로베일 하우스(미국 네브라스카에서 시작된 건축방법)로 바뀔 수 있습니다.

3단계: [나무로 만든 튼튼 단계] 당신과 직장동료와의 관계는 아기돼지 삼형제의 둘째 집인 나무로 만든 집입니다. 비교적 튼튼한 집이지만 늑대의 아주 강한 입김에 흔들릴 수 있는 집입니다. 하지만 서로를 공감하고 이해할 수 있는 대화의 시간을 정기적으로 가지면 흔들리지 않는 더 단단한 하드우드의 집이 될 것입니다.

4단계: [벽돌로 만든 튼튼 단계] 당신과 직장동료와의 관계는 아기 돼지 삼형제의 셋째 집인 벽돌집입니다. 서로의 관계가 단단하고 신뢰할 수 있는 집입니다. 지속적인 코칭대화를 통해 서로에게 힘이 되어주고 긍정적인 변화의 성과들을 갖는데 도움을 줄 수 있도록 잘 유지해주세요.

⟨점수⟩ 16~34: **1단계** / 35~49: **2단계** / 50~64: **3단계** / 65~80: **4단계**

	당신의 상사는 얼마나 촉촉한 사람입니까?	전혀 아니다	아니다	보통 이다	그렇다	매우 그렇다
1	나의 직속상사에게 코칭 받고 싶다.	1	2	3	4	5
2	나의 직속상사는 자기개발을 열심히 하며 나에게도 발전을 독려한다.	1	2	3	4	5
3	나의 직속 상사에게 코칭을 부탁할 때 기쁘게 받아들이는 것을 느낀다.	1	2	3	4	5
4	나는 내 성과를 향상시키기 위해 최대한 집중해야하는 부분을 명확하게 이해하고 있다.	1	2	3	4	5
5	직장에서 나에게 무엇을 요구하고, 나의 성과가 어떻게 측정이 될 것인지 명확하게 알고 있다.	1	2	3	4	5
6	나의 직속상사는 다른 우선순위로 바쁜 와중에도 코칭 대화를 위한 시간을 내준다.	1	2	3	4	5
7	나의 직속 상사는 코칭 세션을 위한 시간을 약속을 하면 반드시 그 약속을 지킨다.	1	2	3	4	5
8	상사는 경청을 잘하고 내가 직면한 문제에 공감을 잘한다.	1	2	3	4	5
9	나는 직속 상사로부터 스팟 코칭의 도움을 자주 받는다.	1	2	3	4	5
10	내가 필요할 때마다 상사는 분명하고 유용한 피드백을 제공한다.	1	2	3	4	5
11	상사는 내 피드백을 이끌어내고 구조화하는 것을 도와줌으로써 셀프 코칭이 가능하도록 한다.	1	2	3	4	5
12	상사는 외부 전문적인 정보를 적절하게 잘 활용한다.	1	2	3	4	5
13	상사는 항상 내가 문제를 직접 해결해 나가도록 도와주는 시기와 올바른 방향으로 이끌어 줘야하는 적절한 시기를 항상 안다.	1	2	3	4	5
14	상사는 우선순위를 정하는 일에 도움을 준다.	1	2	3	4	5
15	나는 필요할 때 마다 상사로부터 기꺼이 코칭을 받을 수 있다.	1	2	3	4	5
16	내가 해낼 수 있다는 신념을 상사가 가지고 있어 나에게 동기부여가 된다.	1	2	3	4	5

1단계: [심각한 수분 부족형] 고객님! 수분 자가테스트로 확인해 볼 때 고객의 상사께서는 심각한 수분 부족형이세요~ 이 때는 강력한 물광주사 처방과 함께 피부장벽 강화를 위해 세라마이드가 들어간 크림이 필요합니다. 시도 때도 없이 인정과 강력한 지지로 수분을 채워주시길 추천드립니다. 아기피부처럼 소중히 다루어 주셔야 합니다.

2단계: [수분 부족 건조형] 고객님! 수분 자가테스트로 확인해 볼 때 고객님의 상사께서는 수분부족건조형이세요~! 이때는 충분히 촉촉해질 수 있도록 일주일에 2~3회 수분팩이나 마스크 등의 시급한 관리가 필요합니다. 매주 집중적인 공감과 경청의 수분팩으로 촉촉함을 채워주시길 추천드립니다.

3단계: [꾸준한 수분관리 필요형] 고객님! 수분 자가테스트로 확인해 볼 때 고객님의 상사께서는 꾸준한 수분관리 필요형이세요~! 이 경우에는 조금씩 건조해지는 단계이므로 자주 물광미스트를 뿌려줌으로 촉촉하게 관리해주는 것이 필요합니다. 자주 긍정적인 피드백으로 관리해주시길 추천 드립니다.

4단계: [촉촉한 수분 탄력형] 고객님! 수분 자가케스트로 확인해 볼 때 고객님의 상사께서는 촉촉한 수분 탄력형이세요~! 수분량이 충분하고 건조함으로 인한 특별한 트러블도 없는 상태입니다. 자주 물을 마셔 수분함량을 유지해주고 탄력을 개선시키는 안티에이징 케어를 추가해서 관리한다면 지금보다 더 촉촉하고 윤기있을 수 있어요! 지속적으로 지지해주시고 긍정적 피드백과 발전적 피드백의 발란스 레벨을 지금처럼 잘 유지하시길 추천 드립니다. 촉촉한 상사 잘 만나셨습니다!

⟨점수⟩ 16~34: **1단계** / 35~49: **2단계** / 50~64: **3단계** / 65~80: **4단계**

당신은 직장에서 얼마나 좋은 팀장입니까?

		전혀 아니다	아니다	보통이다	그렇다	매우 그렇다
1	사람들이 나에게 코칭 받고 싶어 한다.	1	2	3	4	5
2	나는 자기개발을 열심히 하며 주위 사람에게도 발전을 독려한다.	1	2	3	4	5
3	나는 다른 사람들이 코칭을 부탁할 때 기쁘게 받아들인다.	1	2	3	4	5
4	나는 내 성과를 향상시키기 위해 최대한 집중해야하는 부분을 명확하게 이해하고 있다.	1	2	3	4	5
5	직장에서 나에게 무엇을 요구하고, 나의 성과가 어떻게 측정이 될 것인지 명확하게 알고 있다.	1	2	3	4	5
6	나는 다른 우선순위로 바쁜 와중에도 직장 구성원들의 코칭 대화를 위한 시간을 내준다.	1	2	3	4	5
7	나는 코칭 세션을 위한 시간을 약속을 하면 반드시 그 약속을 지킨다.	1	2	3	4	5
8	나는 경청을 잘하고 구성원이 직면한 문제에 공감을 잘한다.	1	2	3	4	5
9	나는 구성원들에게 스팟 코칭을 자주 한다.	1	2	3	4	5
10	나는 구성원이 필요할 때마다 분명하고 유용한 피드백을 제공한다.	1	2	3	4	5
11	나는 구성원이 피드백을 이끌어내고 구조화하는 것을 도와줌으로써 셀프 코칭이 가능하도록 이끈다.	1	2	3	4	5
12	나는 필요시 외부 전문적인 정보를 적절하게 잘 활용한다.	1	2	3	4	5
13	나는 항상 내가 문제를 직접 해결해야 하는 시기와 구성원들을 올바른 방향으로 이끌어 줘야하는 적절한 시기를 알고 있다.	1	2	3	4	5
14	나는 구성원이 우선순위를 정하는 일에 도움을 준다.	1	2	3	4	5
15	나는 필요할 때 마다 구성원들에게 기꺼이 코칭을 해준다.	1	2	3	4	5
16	나는 구성원들이 해낼 수 있는 신념을 가지고 있으며 그들에게 동기부여를 해준다.	1	2	3	4	5

1단계: [관계의 기초가 필요한 팀장] 팀장님께서는 관계의 기초가 필요한 단계이십니다. 주위에 인정과 지지로 평이 나 있는 분과 최대한 많은 시간을 보내면서 노하우를 배워 보세요. 그리고 주위 분들에게 체크리스트에 나온 내용을 시도하시며 관계의 기초를 다지기 위해 많은 노력을 기울이시길 추천 드립니다. 당신은 좋은 팀장이 될 수 있어요~힘내시길 바랍니다!

2단계: [노력이 필요한 팀장] 팀장님께서는 노력이 필요한 단계이십니다. 이때는 충분히 주위 사람들이 변화를 하기 위한 팀장님의 노력을 느낄 수 있도록 일주일에 2~3회 코칭 시간을 가지며 함께 시간을 보내는 등의 시도가 필요합니다. 신뢰할 수 있는 사람들과의 모임이나 코칭 워크샵 참여등을 통해 집중적인 공감과 힐링으로 변화되는 모습을 보여 주시길 추천드립니다. 성장할 수 있음을 믿으며 성장을 지지합니다!

3단계: [발전하고 있는 팀장!] 팀장님께서는 발전하고 있는 단계이십니다. 조금씩 성장하고 있는 단계이므로 궤도에 오를 수 있도록 지속적으로 관리해주는 것이 필요합니다. 스스로에게 자주 긍정적인 피드백으로 지지해줄 수 있는 개인적인 시간과 환경을 만들어 좋은 팀장이 되기 위해 지속적으로 관리해주시길 추천 드립니다. 잘해오셨습니다. 앞으로도 잘 하실 겁니다!

4단계: [최고의 팀장!] 팀장님께서는 최고의 팀장 단계이십니다! 축하드립니다~! 자신과 조직, 그리고 구성원을 관리할 수 있는 몸과 마음이 건강한 상태입니다. 최고의 팀장 단계를 유지하기 위해 주변의 소중한 지인들과 지속적으로 자주 코칭 대화를 통해 긍정적인 영향을 주고 받으시길 추천드립니다. 많은 사람들에게 모범이 될 수 있도록 더욱 힘내서 성장하는 모습 보여주시길 기대합니다! 팀장님 최고!

〈점수〉 16~34: 1단계 / 35~49: 2단계 / 50~64: 3단계 / 65~80: 4단계

	우리 조직의 코칭리더십 파워레벨은?	전혀 아니다	아니다	보통이다	그렇다	매우 그렇다
1	코칭이 훌륭한 투자로서 장려되는가	1	2	3	4	5
2	코칭을 전략, 프로세스 및 평가에 적용하는가	1	2	3	4	5
3	코칭과 고성과(高成果)를 연관시키는가	1	2	3	4	5
4	코칭이 핵심 비즈니스 동력을 정당화하는가	1	2	3	4	5
5	코칭이 비즈니스의 수단을 제공하는가	1	2	3	4	5
6	코칭교육이 통합되어 있는가	1	2	3	4	5
7	사내코치들이 자신들의 코칭에 대한 피드백을 받는가	1	2	3	4	5
8	사내코치들에 대한 교육 이후 Follow-up이 이루어지는가	1	2	3	4	5
9	사내코치들을 신뢰하고, 인정하며, 자격을 부여하는가	1	2	3	4	5
10	코칭의 성공사례와 역할모델이 나타나는가	1	2	3	4	5
11	코칭이 자율적으로 활용되고 있는가	1	2	3	4	5
12	코칭을 통한 성장이 이루어 지는가	1	2	3	4	5
13	코칭이 조직의 혁신을 이끄는가	1	2	3	4	5

1단계: [닥터 맨하탄 파워]

당신 조직의 슈퍼파워 단계는 닥터 맨하탄 파워입니다! 닥터 맨하탄은 순수하고 가공되지 않은 파워를 가지고 있습니다. 다만 힘이 잘 발휘되지 않는 이유는 세상을 향한 그의 '무관심' 이라는 약점 때문입니다. 지속적으로 공감하고 의미를 부여하며 소통하고 신뢰하는 코칭문화를 만들어간다면 잠재되어 있는 슈퍼파워가 세상을 구하고 평화롭게 할 것입니다.

2단계: [원더우먼 파워]

당신 조직의 슈퍼파워 단계는 원더우먼 파워입니다. 원더우먼은 슈퍼맨의 파워와 베트맨의 파이팅 스킬을 가지고 있는 슈퍼히로이지만 완전한 불사신이 아니며 날카로운 무기로 상처를 입을 수 있는 약점을 가지고 있습니다. 날카로운 무기를 막을 수 있도록 인정과 지지의 갑옷을 입는다면 어느 누구도 상처를 입힐 수 없는 슈퍼히로가 될 것입니다.

3단계: [슈퍼맨 파워]

당신 조직의 슈퍼파워 단계는 슈퍼맨 파워입니다! 슈퍼맨의 진정한 힘을 아는 이는 아무도 없다고 합니다. 하지만 슈퍼히로로 가장 존경받는 슈퍼맨은 뒤로 물러나지만 않는다면 진정한 힘을 발휘할 수 있습니다! 모두가 코치형 리더가 될 수 있는 적극적인 리더십을 발휘하는 조직으로의 성장이 기대됩니다!

4단계: [토르 파워]

당신 조직의 슈퍼파워 단계는 토르 파워입니다! 천둥의 신인 토르의 파워로 어떤 것이든지 무찌를 수 있고 공간과 시간을 완벽하게 컨트롤 할 수 있는 파워망치 즉 굳건한 신뢰로 구축된 코칭문화의 파워를 가지고 있습니다.

코칭 조직 실현을 위한 Roadmap

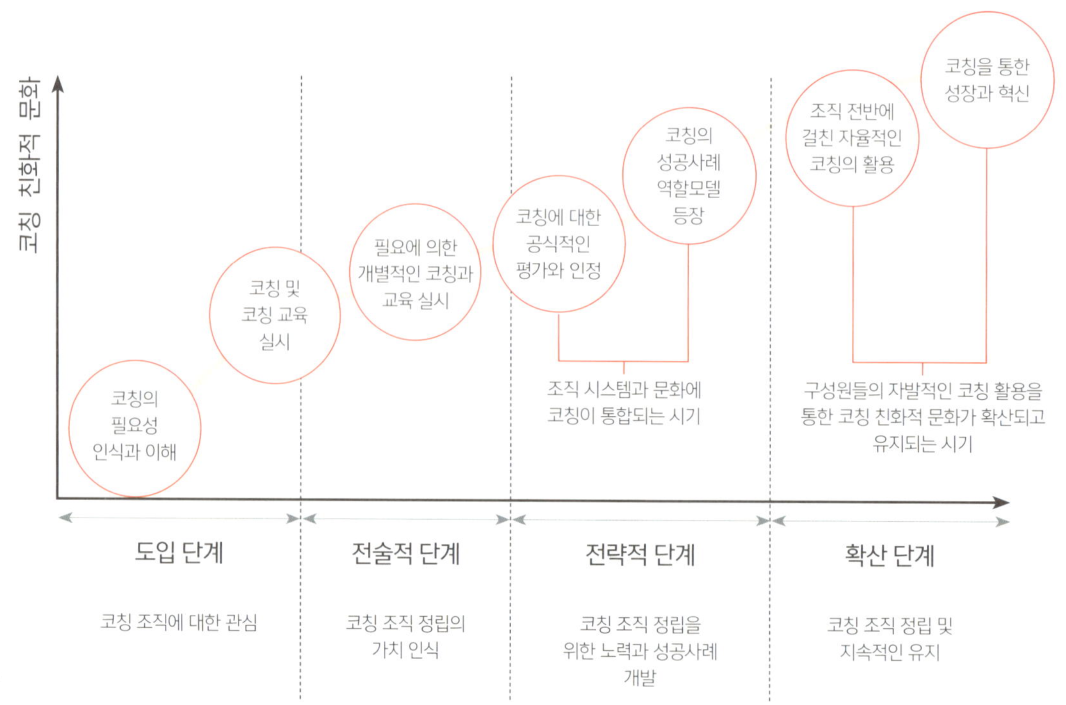

구분	도입 단계	전술적 단계	전략적 단계	확산 단계
주요 활동	코칭의 필요성 인식과 이해	코칭 및 코칭 교육 실시 / 필요에 의한 개별적인 코칭과 교육 실시	코칭에 대한 공식적인 평가와 인정 / 코칭의 성공사례 역할모델 등장 (조직 시스템과 문화에 코칭이 통합되는 시기)	조직 전반에 걸친 자율적인 코칭의 활용 / 코칭을 통한 성장과 혁신 (구성원들의 자발적인 코칭 활용을 통한 코칭 친화적 문화가 확산되고 유지되는 시기)
설명	코칭 조직에 대한 관심	코칭 조직 정립의 가치 인식	코칭 조직 정립을 위한 노력과 성공사례 개발	코칭 조직 정립 및 지속적인 유지

(Y축: 코칭 친화적 문화)

incoaching

WING
WOMAN INTERNATIONAL NETWORK GROUP

글로벌 여성 리더십 교육

WING 교육은 여성이 리더십 발휘를 통하여 조직을 활성화하고 지속가능한 글로벌 여성 네트워크를 만들어 상생의 공동체를 구축하며, 서로 나누고 함께하는 세상을 만드는 데 기여할 수 있도록 설계되었습니다.

교육 대상

기업의 성장을 리딩하는 핵심 여성 인재

교육 목적

› 글로벌 여성 리더가 갖추어야 할 필수적인 요소를 이해하고 자신의 비전을 설정함.
› 조직 내에서 성장을 주도하는 리더로 성장함.
› 성공적인 리더로서 사회에 긍정적인 영향력을 발휘하도록 지속 가능한 국제 사회 네트워크를 구축함.

교육 모듈 ▶ M1 자신을 아는 리더 ▶ M2 공감하는 리더 ▶ M3 성장하는 리더 ▶ M4 균형잡힌 리더 ▶ M5 나누는 리더

참가자 추천사

› Coaching + Leadership 교육
› 자존감을 높일 수 있는, 미래를 준비하는 프로그램
› 나 자신을 알게 되고 소통하게 되는 프로그램
› 새로운 변화, 성숙하기 위한 기회
› 자신을 알고 함께 성장하는 대박 프로그램
› 사람들과의 네트워킹 가능 & 자존감 높여주고 글로벌 리더로 성장할 수 있다는 믿음 생김
› 나를 더 나은 사람으로 발전시킬 수 있는 프로그램
› 나를 돌아보고 나와 남이 성장할 수 있게 도와주는 고맙고 벅찬 교육
› 나의 잠재적 리더십을 현실화 해주는 프로그램

교육문의   T. 02-780-5464   H. www.incoaching.com   F. facebook.com/incoachingKR
Coaching Log. report.coachtown.org   A. 서울시 서초구 방배로 117

일 잘하는 팀장의 50가지 직장생활 코칭 노하우

내 편으로 만들어라

지금 당장 문제가 있는 줄은 알고 있으나
어떻게 돌파해야 하는지 모르는 사람들에게 주는

'직장생활 적극대처 실용서'

센스 있게 핵심을 짚고 조직에선 인정받으며 존재감을 드러내다!
누구든 내 편으로 만들 수 있는 노련한 회사생활 기술

하루 종일 같은 공간에서 업무를 수행하다 보면 갈등이 없을 수 없다. 대부분의 일이 자신의 직장상사에게 업무지시를 받아 보고하는 형태로 구성되기 때문이다. 다양한 사람들이 모여 같은 목표를 향해 달리는 회사 생활에서 직위와 업무 내용에 따라 갈등은 필연적이다. 조직에서 다같이 융화되지 않는다면 어느 누군가는 튕겨져 나가기 마련이다. 그런데 함께 일할 만하다고 생각한 사람의 급작스러운 퇴사는 서로에게 독이 될 뿐이다. 그 문제가 독선적이고 아집 가득한 팀장에게 있다면 조직의 꾸준한 성장을 바라기 어렵다. 반대로 리더의 이야기를 듣지 않는 팀원들로 가득하다면 아무도 제대로 일하려 들지 않을 것이다. 또 조직의 생리를 제대로 파악하지 못한 신입사원이라면 다른 회사에 가더라도 다시 문제를 일으킬 가능성이 높다.

하지만 상황을 어떻게 바라보느냐에 따라 충분히 서로 이해와 소통의 창구를 만들 수 있다. 그 기본이 되는 것이 바로 '대화'다. 《내 편으로 만들어라》에서는 회사 내에서 일어나는 사례를 질문사항으로 정리했고, 상담 후에는 해결책까지 제시한다. 자신에게 맞는 사례를 골라 읽고 이를 어떻게 해결할 수 있는지 팁이 제시되어 있어, 이를 순서대로 따라가다 보면 해결 방법이 보일 것이다.

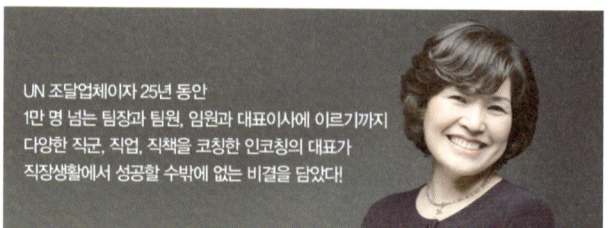